Warum Lehrer:in werden?

Analyse zu Basismotiven und Studienmotivation

Tillmann Grüneberg & Alexandra Süß

Unter Mitarbeit von: Heiko Frankenberg & Antje Knopf

Tillmann Grüneberg & Alexandra Süß

Unter Mitarbeit von: Heiko Frankenberg & Antje Knopf

Warum Lehrer:in werden?

Analyse zu Basismotiven und Studienmotivation

rspektive Schule 2

Gesamtherstellung:
wbv Media GmbH & Co. KG, Bielefeld
wbv.de

Umschlaggrafik:
tang90246/stock.adobe.com

Bestellnummer: 6004901
ISBN (Print): 978-3-7639-6757-5
ISBN (E-Book): 978-3-7639-6758-2
DOI: 10.3278/6004901w

Printed in Germany

Bibliografische Information der Deutschen Nationalbibliothek
Die Deutsche Nationalbibliothek verzeichnet diese Publikation in der Deutschen Nationalbibliografie; detaillierte bibliografische Daten sind im Internet über http://dnb.d-nb.de abrufbar.

Inhalt

1 Vorworte und Danksagung

Was treibt Menschen an? Wieso interessieren wir uns für einen bestimmten Beruf und ein bestimmtes Studienfach? Und warum sind manche von uns mit der eigenen Studien- und Berufswahl nicht so glücklich wie andere? Tillmann Grüneberg, Antje Knopf und Alexandra Süß bearbeiten diese zentralen motivationspsychologischen Fragen auf der Basis der Theorie der Persönlichkeits-System-Interaktionen (PSI) von Kuhl (2000, 2001). Diese Perspektive ist aus mindestens fünf Gründen innovativ und zukunftsweisend.

(1) Die PSI-Theorie zielt darauf ab, *objektive* Kompetenzen/Funktionen zu messen, die mit dem subjektiven Erleben der Person korrespondieren können, aber nicht müssen.

(2) Laut PSI-Theorie ist Persönlichkeit *hierarchisch strukturiert*: Elementare Ebenen (Gewohnheiten, Temperament und Affekt) steuern unsere Wahrnehmung und Bewegung automatisch und effizient, sind aber oft rigide. Höhere Ebenen (Motive, Ziele und Werte) eröffnen Freiheitsgrade im Handeln und Erleben, sind aber auch anstrengend und langsam. Die höchste Ebene (Selbstregulation und Selbstkontrolle) ermöglicht es uns, unser Handeln willentlich zu steuern und an persönlichen Erfahrungen zu wachsen. Durch die Betrachtung aller Ebenen der Persönlichkeit können personenspezifische Ursachen für ein Phänomen festgestellt werden (z. B. das Nichtumsetzen von Studienzielen wegen zu geringer vs. zu starker Zielfokussierung). Ebenso können mehrere Phänomene oft auf eine einzige Ursache zurückgeführt werden.

(3) Die PSI-Theorie ist *prozessorientiert*: Dynamische Wechsel im positiven und negativen Affekt bilden die Grundlage für die Zusammenarbeit von Systemen, die eigentlich antagonistisch verschaltet sind. Dynamische Wechsel auf der positiven Affektachse („zwischen Frust und Lust“) fördern die Umsetzung schwieriger Absichten. Dynamische Wechsel auf der negativen Affektachse („zwischen Schmerz und Herz“) fördern das Lernen aus Fehlern und die Integration negativer Erlebnisse in das Selbst.

(4) Die PSI-Theorie ist *entwicklungsorientiert*: Die Fähigkeit zur Affektregulation entwickelt sich zum Beispiel in guten Beziehungen, d. h. wenn Interaktionspartner prompt und angemessen auf persönliche Äußerungen reagieren.

(5) Laut PSI-Theorie fungieren *implizite Motive* als Schaltpult zur Herstellung von Koalitionen zwischen Persönlichkeitssystemen, die einer Person helfen, ihre psychologischen Bedürfnisse nach Anschluss, Leistung und Macht zu befriedigen.

Die PSI-Theorie stellt eine umfassende Rahmentheorie dar, die in der Forschung international anerkannt ist und in der Praxis breite Anwendung findet (vgl. ein rezentes Sammelwerk von Baumann, Kazén, Quirin, Koole 2018). Die Autoren verstehen es meisterhaft, die PSI-Theorie für die Frage der *„Motive und Studienmotivation von Lehr-*

amtsstudierenden" anzuwenden. Kernstück der empirischen Originalarbeit ist die Messung impliziter Motive Lehramtsstudierender. Dies erfolgt durch Bildergeschichten, die Studierende zu mehrdeutigen Bildern schreiben und die nach einem Kodierschlüssel ausgewertet werden. Implizite Motive sind unbewusste Quellen von Motivation und erlauben Langzeitvorhersagen über das Verhalten und Erleben. Daher sind sie nicht nur für die Studienwahl und -motivation zentral, sondern auch nachhaltige Prädiktoren für den späteren Erfolg und das Wohlbefinden im Beruf. Die Autoren zeigen auf, dass implizite Motive nicht immer mit den subjektiv berichteten Motiven korrespondieren, was zu Konflikten führen und die Studienzufriedenheit beeinträchtigen kann.

Die Autoren untersuchen nicht nur, *was* Lehramtsstudierende anstreben (z. B. Anschluss, Leistung und Macht/sozialen Einfluss), sondern auch *wie* sie streben: Setzen die Studierenden ihre Motive zuversichtlich, neugierig und wachstumsorientiert um? Sind sie aktionistisch und rigide? Oder streben sie ängstlich und sorgenvoll? Damit verknüpfen die Autoren die Erkenntnisse aus der Motivationsforschung mit den Erkenntnissen aus der Volitionsforschung und liefern ein umfassendes Gesamtbild objektiver Kompetenzen.

Die vielfältigen Ergebnisse der Studie werden sehr fundiert und ausgewogen diskutiert und leisten einen bedeutsamen Beitrag für Theorie und Praxis. Auf theoretischer Ebene leistet die Einbettung in die PSI-Theorie einen reichen, wissenschaftlich gut belegten Rahmen für die Differenzierung und Messung wichtiger Quellen von Studienmotivation (z. B. implizite Motive). Auf praktischer Ebene haben die Ergebnisse wichtige Implikationen für die Praxis der Lehrerbildung, da es um bedeutsame, verhaltens- und gesundheitsrelevante Quellen von Motivation geht, die den Personen selbst oft nicht bewusst sind. Die Bewusstwerdung kann heilsame Effekte haben und verborgene Kraftquellen freilegen.

Zusammenfassend bestätigt das vorliegende Buch die Aussage Kurt Lewins (1951), eines Urvaters der Motivationspsychologie: *„Es gibt nichts Praktischeres als eine gute Theorie"* (S. 169). Für Julius Kuhl war diese Aussage ein steter Ansporn bei der Entwicklung und Evaluation der PSI-Theorie. Tillmann Grüneberg, Antje Knopf und Alexandra Süß liefern ein exzellentes Beispiel dafür, wie praktisch die PSI-Theorie auch für das Verständnis der *„Motive und Studienmotivation von Lehramtsstudierenden"* ist. Das Buch liefert fundierte Einblicke darin, was Menschen antreibt, die weit über die Bereiche Studium und Lehramt anwendbar sind. Ich wünsche allen Leserinnen und Lesern viel Vergnügen bei dieser spannenden Lektüre.

Nicola Baumann

Prof. Dr. Nicola Baumann
Differentielle Psychologie, Persönlichkeitspsychologie und Diagnostik
Universität Trier

Referenzen

Baumann, N., Kazén, M., Quirin, M., Koole, S. L. (2018). Why people do the things they do: Building on Julius Kuhl's contributions to the psychology of motivation and volition. New York: Hogrefe.

Kuhl, J. (2000). The volitional basis of personality systems interaction theory: Applications in learning and treatment contexts. International Journal of Educational Research, 33, 665–703.

Kuhl, J. (2001). Motivation und Persönlichkeit: Interaktionen psychischer Systeme. Göttingen: Hogrefe.

Lewin, K. (1951). Field theory in social science – Selected theoretical papers. Ed. by D. Cartwright. New York: Harper & Row.

Schallender hätte die Ohrfeige nicht ausfallen können: Quereinsteiger – das Symbol einer gescheiterten Personalpolitik der Kultusminister – machen keinen schlechteren Job als neue Lehrpersonen, die über ein klassisches Lehramtsstudium in den Beruf gekommen sind. Das belegt jedenfalls eine im Juli 2020 veröffentlichte Studie (vgl. Lucksnat et al. 2020), in der die Kompetenzprofile von 770 traditionell ausgebildeten Lehramtsanwärtern mit denen von 72 Quereinsteigern für das Fach Mathematik untersucht wurden. Multivariate Kovarianzanalysen zeigen, dass sich im Hinblick auf Fachwissen Quereinsteiger und Lehramtsanwärter so gut wie gar nicht und im Hinblick auf fachdidaktisches Wissen nur wenig unterscheiden. Quereinsteiger weisen niedrigere Werte im Test zum pädagogisch-psychologischen Wissen als traditionell ausgebildete Lehramtsanwärter auf. Keine signifikanten Unterschiede zeigen sich in den motivationalen Orientierungen und in den Überzeugungen. Signifikante Unterschiede zeigen sich jedoch in den selbstregulativen Fähigkeiten. Übrigens bedeutet „keine Unterschiede" in einigen Bereichen auch, dass beide Gruppen wenig wissen, z. B. im Hinblick auf Klassenführung oder im Wissen zur Leistungsbeurteilung. Im Erklären gleich gut, im Wissen um Leistungsbeurteilung gleich schlecht – ein Armutszeugnis für die Lehrerbildung – oder?

Versuchen wir eine andere Lesart: Lässt sich sagen, was eine gute Lehrperson ausmacht und ob man die entsprechenden Kompetenzen erlernen kann? Was einen wirkungsvollen Unterricht ausmacht, hat das Center for Psychology in Schools and Education der American Psychological Association (APA) in einer modifizierten Delphi-Studie untersucht und zu den Top 20 Principles From Psychology for PreK–12 Teaching and Learning (APA 2015) verdichtet. In fünf Kapiteln (Wie denken und lernen Schüler:innen? Was motiviert Schüler:innen? Warum sind der soziale Kontext, zwischenmenschliche Beziehungen und emotionales Wohlbefinden wichtig für das Lernen von Schüler:innen? Wie kann man am besten Classroom-Management betreiben? Wie kann man den Fortschritt von Schüler:innen beurteilen?) werden jene Kompetenzen beschrieben, die jenseits des Fachwissens die Professionalität von Lehrpersonen mit bestimmen. In dieser Lesart könnte man argumentieren: Egal, ob Mathe-Lehramtsanwärter oder Seiteneinsteiger mit Mathe-Diplom oder Ingenieursabschluss – wenn das Wissen um Denken und Lernen, um Motivation und um das Beziehungssetting fehlen, dann sind beide Personenkreise auf ihre individuelle Rudimentär-Didaktik zurückgeworfen: „Naja, ich erkläre euch das jetzt, aber lernen müsst ihr das schon selbst!“

Man möchte Mäuschen spielen – oder lieber auch nicht: Das Elend ist absehbar. Ist Dreisatz motivierend? Wer hat Lust auf Rechnen in der Restklassenmenge mod3? Wer brennt auf Term-Kürzungen und Doppelbrüche? Oder lineare Optimierung? Manche freilich müssen drunten sterben, andre wohnen bei dem Steuer droben, wusste bereits Hofmannsthal (1895). Manche sind wenig motiviert, andre wohnen bei dem Steuer droben und sind hochmotiviert. Aber kann man voraussetzen, dass diejenigen, die für Mathematik motiviert sind, automatisch auch über hohe Motivation für gute Lehre verfügen?

Was wissen wir eigentlich über die Motive, die junge Menschen zum Lehrberuf führen? Was wissen wir über die Gründe, die zum Abbruch des Lehramtsstudiums führen? Immerhin brechen seit Längerem 14 % aller Studienanfänger im Lehramt ab (vgl. Heublein, Richter, Schmelzer 2020).

In Zeiten von Lehrermangel werden die Bemühungen stärker, den Abbruch zu vermeiden. In diesem Kontext sind Studien einzuordnen, welche die Zufriedenheit der Studierenden in den Blick nehmen. Um diese Zufriedenheit zu erhöhen, geraten dabei auch Berufswahlmotive stärker in den Blick. Freude an der Arbeit mit Kindern und Jugendlichen, und der Wunsch, ihnen etwas beibringen zu können, ist etwas, was man so gut wie immer hört, wenn man mit Lehramtsstudierenden spricht. Doch was bedeutet das eigentlich, wodurch speist sich diese Motivation?

Die Motivforschung bietet dabei die Chance, in die Tiefe zu gehen. Unzufriedenheit kann unter Umständen aus dem Auseinanderfallen von expliziten und impliziten Motiven entstehen. Die Bewältigung dieser Herausforderung kann wiederum Basis für eine Persönlichkeitskompetenz im Sinne Julius Kuhls sein, der dafür ein Testinventar entwickelt hat. David Scheffer, der 1999 gemeinsam mit Kuhl den Operanten Motivtest (OMT) herausgebracht hat, führt an mehreren Beispielen aus, welche zentrale Rolle Bewältigung im Entstehen von Persönlichkeitskompetenzen innehat (vgl. Scheffer 2001). Dies deckt sich mit dem Tenor meiner eigenen frühen Ausführungen zur Kompetenzerziehung, die in der folgenden Kernaussage mündeten, hinter der ich bis heute stehe: „Die Möglichkeit zu einer aktiven, selbstständigen Lebensführung kann nur gegen Widerstandserlebnisse, also über die Bewältigung von Aufgaben und damit verbundenen Belastungen verwirklicht werden“ (Wollersheim 1993, S. 255).

Neben dieser ganz persönlichen Entwicklungsebene kann die Auseinandersetzung mit Motiven darüber hinaus zwei wesentliche Funktionen in der Professionalisierung insbesondere von angehenden Lehrpersonen haben.

Zum einen ist die Kenntnis der eigenen Motivstruktur und der Motivtheorie notwendiger Ausgangspunkt für die Reflexion unterschiedlicher Motivstrukturen der Schüler:innen. So kann dies in der pädagogischen Arbeit berücksichtigt und gegebenenfalls sogar vermittelt werden. Dies ist insbesondere sinnvoll, will man den Anspruch einer Förderung von individuellen Begabungen und Neigungen im Sinne des sächsischen Schulgesetzes (§ 35a) gerecht werden. Gagné weist in seinem multifaktoriellen Begabungsmodell (DMGT) der Motivation eine entscheidende Rolle in der Entwicklung von Begabungen zu Talenten zu. Motivation gehört dabei zu den sogenannten interpersonalen Katalysatoren (vgl. Gagné 2010). Diese Katalysatoren sind im Sinne einer ganzheitlichen Begabtenförderung besonders zu berücksichtigen.

Zum anderen ist die Auseinandersetzung mit dem Machtmotiv meines Erachtens für Lehrer:innen sehr herausfordernd, aber auch sehr gewinnbringend. Die vorliegende Studie zeigt die beiden Dimensionen von Macht als Verantwortung und positiver Führungsqualität ebenso wie die negative Dimension der Pflicht. Das vielleicht intuitiv wenig erstaunliche Ergebnis, dass angehende Lehrpersonen machtmotiviert sind, verschiebt sich in der Wahrnehmung durch eine detaillierte Analyse. Versteht man das Helfen- und Vermitteln-Wollen als Ausdruck von Macht, so ist Macht ein positiver Kern des Lehrerhandelns. Dieser wird jedoch teilweise so stark negiert, dass man dieses Motiv deutlicher in impliziter Ausprägung zu finden scheint als explizit. Es bedarf jedoch einer bewussten Auseinandersetzung mit Macht, will man eigene Ohnmachts- und andere kritische Machterfahrungen produktiv bewältigen und zu einer positiven Machtumsetzung im Unterricht gelangen.

Diese Auseinandersetzung mit tieferliegenden Strukturen kann auch schon in der Berufs- und Studienorientierung angefangen werden. Hier könnten Selbstreflexionstools wie das CCT Denkimpulse liefern. Aktuell ist ein Mangel an Lehrpersonen auf Basis verfehlter Ausbildungs- und Einstellungspolitik zu verzeichnen, umso wichtiger wird der Blick auf die möglichen Nachwuchskräfte. Die Erforschung von Lehramtsstudierenden selbst blickt auf eine lange Tradition. In diese fügen sich die vorliegenden Studien an der Universität Leipzig ein.

Innovativ ist dabei der Einsatz von persönlichkeitspsychologischen Verfahren aus der Motivdiagnostik. Die Basismotive spielen in der metaintegrativen Persönlichkeitstheorie Kuhls eine entscheidende Rolle. Den Umgang mit der eigenen Persönlichkeit im Sinne einer flexibel steuerbaren Zweitreaktion als Selbstkompetenz zu verstehen und abzubilden, stellt eine wichtige Ergänzung aktueller, immer noch stark fach- und methodenkompetenzorientierter Debatten dar. Motive sind dahingehend wichtig, da sie Handlungen mit Energie versorgen. Als „intelligente Bedürfnisse“ sorgen sie dafür, dass sich Individuen passende Handlungssituationen und -räume auswählen. Ob das Lehramtsstudium und der spätere Beruf solche passenden Situationen und Räume bereithalten, ist eine entscheidende Frage für eine dauerhafte Motivation in Studium und Beruf. Vor dem Hintergrund beschriebener Nachwuchssorgen ist die Reflexion bezüglich dieser Passung ein zentrales Instrument zur Prävention von Abbrüchen. In dieser Hinsicht handelt es sich bei dieser Studie um einen aktuellen und wichtigen Ansatzpunkt.

Als explorative Studie angelegt, zeigen die Ergebnisse, dass eine tiefergehende Analyse lohnend ist und stärkere Beachtung finden sollte. Die Ausführungen geben dazu klare forschungspraktische Desiderata. Für Politik und Praxis bieten die Analysen neue Handlungsideen bzw. die Bestätigung und Neubegründung vorhandener Ansätze.

Das vorliegende Buch stellt eine Zusammenführung mehrerer Teilprojekte eines mehrjährigen Forschungsprogramms dar. Insbesondere die Nachzeichnung der Entwicklung der Fragestellung zeigt den Forschungsprozess transparent auf. Die Analysen wurden mit großem Aufwand und Sachkunde betrieben. Von mir betreute Qualifikationsarbeiten in diesem Rahmen wiesen eine hohe Qualität auf. Daher freue ich mich, dass diese Studien in Form der vorliegenden Publikation nun einem weiteren Publikum zugänglich gemacht werden.

Ich wünsche Ihnen eine erkenntnisreiche Lektüre.

Heinz-Werner Wollersheim

Prof. Dr. Heinz-Werner Wollersheim
Allgemeine Pädagogik/ Universität Leipzig

Referenzen

American Psychological Association, Coalition for Psychology in Schools and Education. (2015). Top 20 principles from psychology for preK–12 teaching and learning. Retrieved from http://www.apa.org/ed/schools/cpse/top-twenty-principles.pdf [letzter Zugriff: 28.04.2022]

Heublein, U., Richter, J., Schmelzer, R. (2020). DZHW Brief 3/2020.

Hofmannsthal, Hugo von (1895): Manche freilich... Verfügbar unter: https://www.deutschelyrik.de/manche-freilich-1895.html [Letzter Zugriff 29.04.2022]

Gagné, F. (2010). Motivation within the DMGT 2.0 framework. High Ability Studies, 21 (2), 81–99. DOI: 10.1080/13598139.2010.525341.

Lucksnat, C., Richter, E., Klusmann, U., Kunter, M., Richter, D. (2020). Unterschiedliche Wege ins Lehramt – unterschiedliche Kompetenzen? Zeitschrift für Pädagogische Psychologie, 1–16. https://doi.org/10.1024/1010-0652/a000280

Scheffer, D. (2001). Entwicklungsbedingungen impliziter Motive: Bindung, Leistung & Macht. Dissertation. Universität Osnabrück, Osnabrück.

Wollersheim, H.-W. (1993). Kompetenzerziehung. Befähigung zur Bewältigung. Frankfurt am Main, Berlin: Lang.

Danksagung

Unser besonderer Dank richtet sich an Heiko Frankenberg. Dieser hat nicht nur die Projektmitarbeiter:innen in den Feinheiten der PSI-Theorie und vor allem der OMT-Interpretation geschult, sondern stand darüber hinaus im gesamten Projektzeitraum für Fragen zur Verfügung. Zur vorliegenden Publikation konnte er für Exkurse gewonnen werden, die einen praxisnahen Zugang zur PSI-Theorie ermöglichen.

In diesem Zusammenhang ist auch der Impart GmbH, im Speziellen Frau Dr. Gundula Riz, zu danken, die uns mit Forschungslizenzen unterstützte.

Unser Dank gilt ebenso dem Zentrum für Lehrerbildung und Schulforschung (ZLS) sowie den Professuren für Allgemeine Pädagogik und Allgemeine Erziehungswissenschaft der Universität Leipzig, insbesondere Prof. Dr. Heinz-Werner Wollersheim und Prof. Dr. Jonas Flöter, für die Projektunterstützung.

Bemerkung

Das vorliegende Werk basiert in Teilen auf zuvor verfassten und veröffentlichten Arbeiten, etwa der Masterarbeit von Frau Süß aus dem Jahr 2018. Die Ergebnisse der Vorstudien wurden als Zwischenbericht online über das Zentrum für Lehrerbildung und Schulforschung auf dem sächsischen Datenserver „Qucosa“ veröffentlicht. Zusammenfassende Erläuterungen sowie die wesentlichen Ergebnisse wurden in einem Artikel, der parallel zu diesem Werk entstand, in der Zeitschrift „Lehrerbildung auf dem Prüfstand“ der Fachöffentlichkeit zur Diskussion gestellt (vgl. Grüneberg, Knopf, Süß 2019)[1]. Die Einleitung sowie die Kapitel 5.2.4.4 bis 5.6. orientieren sich eng an der Veröffentlichung in der LbP – der Verlag hat freundlicherweise dieser Zweitveröffentlichung zugestimmt. Das vorliegende Werk führt die einzelnen Teile zusammen, bereitet diese für die Praxis auf und detailliert diese für die Forschung.

1 https://www.vep-landau.de/produkt/lehrerbildung-auf-dem-pruefstand-2019-12-2-kap-2-digital/

2 Einleitung

Nach einigen Jahren anderslautender Entwicklungsprognosen und Einstellungspolitiken sehen sich viele Bundesländer, darunter auch Sachsen, mit einem akuten Mangel an Lehrpersonen konfrontiert (vgl. Kahls 2018; Kultusministerkonferenz 2019). In der Folge lässt sich eine erhöhte bildungspolitische und wissenschaftliche Aufmerksamkeit gegenüber dem Lehramtsstudium feststellen: Die aktuelle Forschung zum Lehrberuf widmet sich (etwa im Rahmen des BMBF-Förderprogramms „Qualitätsoffensive Lehrerbildung") nicht nur sämtlichen Phasen des Student-Life-Cycle (Wahl, Verlauf und Erfolg bzw. Abbruch des Studiums), sondern ebenso der Zufriedenheit im Beruf. Der Motivation wie den Motiven der angehenden wie praktizierenden Lehrkräften scheint dabei eine Schlüsselstellung bzgl. der Eignung zum Lehrberuf zuzukommen:

So kamen Heublein et al. (2010) in einer bundesweiten Befragung von 2008 zu dem Ergebnis, dass die wichtigsten drei Abbruchgründe bei Lehramtsstudierenden vor allem in Leistungsproblemen (20 %), finanziellen Problemen (19 %) und mangelnder Studienmotivation (18 %) zu finden sind. Zwar liegen die Abbruchquoten von Lehramtsstudierenden mit 13 % unter dem allgemeinen Durchschnitt von 29 % (vgl. Heublein et al. 2017, S. 269); vor dem Hintergrund des aktuellen Mangels an Lehrpersonen werden jedoch auch diese als relevante Größe bewertet, weshalb u. a. die Verbesserung der Qualität des Studiums und der Zufriedenheit der Studierenden ein wichtiges Anliegen darstellt (vgl. z. B. Grüneberg, Herfter, Knopf 2015).

Insofern sich bestimmte Motivkonstellationen negativ auf die Gesundheit von Lehrkräften auswirken können und gesundheitsbedingte Ausfälle von Lehrpersonen eine immer größer werdende Herausforderung für das Schulsystem darstellen, wird der beruflichen Zufriedenheit von Lehrkräften im Zuge der verstärkten Wahrnehmung von Burn-Out-Risiken höhere Aufmerksamkeit zuteil (vgl. z. B. Schüle et al. 2014). Studien zur Gesundheit von Lehrpersonen wiederum nehmen Einfluss auf Modelle und Studien zur Eignung für den Lehrberuf (vgl. z. B. Schaarschmidt, Kieschke & Fischer 2017; Boeger, 2016) – denn nur, wer den Anforderungen des Berufes langfristig gewachsen ist, bleibt gesund und ist demnach als Lehrkraft einsatzfähig.

Schließlich befassen sich zahlreiche Studien (vgl. Rothland 2014) mit den Gründen i. S. v. allgemeinen Studien- und Berufswahlmotiven, ein Lehramtsstudium aufzunehmen oder abzubrechen. Insbesondere die Gründe für die Aufnahme eines Lehramtsstudiums gelten unter dem Schlagwort der Studien- bzw. Berufswahlmotive als gut erforscht (vgl. Alexander, Chant, Cox 1994; Rothland 2014 sowie Besa 2018; Überblick international Brookhart, Freeman 1992 sowie Heinz 2015; exemplarische Einzelstudien Achinger 1969; Oesterreich 1987; Watt, Richardson 2007; Pohlmann, Möller 2010; Rabel 2011; Watt et al. 2012; Wiza 2014). So resümiert Rothland im Handbuch der Forschung zum Lehrerberuf: „Trotz unterschiedlicher Anlagen der einzelnen Studien [...] entsprechen sich die Befunde zum Hauptmotiv für die Wahl des Lehrerberufes im Wesentlichen: Das Interesse bzw. die Freude an der Zusammenarbeit mit Kindern und Jugendlichen ist der am häufigsten genannte Grund in der Mehrzahl der Untersuchungen. Generell dominieren die intrinsischen und hier insbesondere personen- und beziehungsorientierte Motive" (Rothland 2014, S. 355).

Dieses Resümee wird durch die Ergebnisse unserer Studie zu den Studienwahlmotiven und zur Motivation von Lehramtsstudierenden im Studium aus dem Jahr 2015 und 2016 bestätigt (vgl. Grüneberg, Knopf, Süß 2018), welche wir im Auftrag des ZLS (Zentrum für Lehrerbildung und Schulforschung) an der Universität Leipzig durchführten. Sie fügt sich in eine lange Reihe bereits existierender Fragebogenstudien ein, deren Teilnehmer:innenpool einzelne Universitäten bis hin zu bundesweiten Erhebungen umfasst (vgl. Willich et.al, 2011; zur Darstellung des nationalen wie internationalen Forschungsstandes siehe Kapitel 5.1.1). Auch standardisierte Fragebögen mit faktorenanalytisch ermittelten Motivstrukturen liegen vor (vgl. Pohlmann, Möller 2010). Darauf aufbauend wurde eine Erhebung mit Standard-Items sowie ergänzend mit offenen Fragen durchgeführt. Die Antworten, welche auf die Fragen nach den Gründen für die Aufnahme des Studiums und nach der aktuellen Studienmotivation gegeben wurden, verweisen auf ein spezifisches Selbstkonzept von Lehramtsstudierenden: Dieses ist zum einen durch eine hohe Fähigkeitsüberzeugung (subjektive Eignung für den Lehrberuf) und zum anderen durch einen hohen Grad an „Berufung" (hohe Berufswahlsicherheit) geprägt. Hinzu treten pragmatische Sicherheitsüberlegungen und fachliches – weniger wissenschaftliches – Interesse. Wird das Fähigkeitskonzept durch schlechte Prüfungsergebnisse und Praktikumserfahrungen in Frage gestellt, kann dies schnell zum Studienabbruch führen. Auch das Berufsideal kann durch den Kontakt mit Studien- und Berufspraxis Schaden nehmen. Zur weiteren Verringerung des Studienabbruchs und zur nachhaltigen Werbung von geeigneten Lehramtsstudierenden in Zeiten des Mangels an Lehrpersonen ist es daher ein wichtiges Anliegen, die Erkenntnisse über Motive und Motivstrukturen von Lehramtsstudierenden zu vertiefen.

Diesem Erkenntnisinteresse folgt die Vertiefungsstudie (siehe Kapitel 5.4.1), welche sich zwei blinden Flecken der bisherigen Forschung annimmt, die durch die evaluativen Vorstudien nicht beseitigt werden konnten:

1. Die bisher in der Forschung zu den Berufswahlmotiven Lehramtsstudierender genutzten Erhebungsinstrumente zielen auf eine direkte Erfassung der *Gründe*, sich für ein Lehramtsstudium zu entscheiden. Das obige Zitat Rothlands mag als Beleg dafür gelten, dass Gründe und *Motive* für die Wahl eines Lehramtsstudiums von vielen Autoren und Autorinnen als identisch verstanden werden. Diese Identifikation ist jedoch nicht unproblematisch, denn wer Gründe für seine Wahl angeben soll, wird sich i d. R. zur Angabe rechtfertigender Gründe und nicht zur kausalen Erklärung aufgefordert fühlen (vgl. Scarano 2011). Die auf Nachfrage angegebenen rechtfertigenden Gründe können, aber müssen nicht mit den Motiven (oder „motivationalen Gründen"), welche zur Wahl bzw. zum Handeln veranlassten, übereinstimmen. Da manche Gründe von Gesprächspartnern und Gesprächspartnerinnen eher akzeptiert werden als andere (die „vielen

Ferientage“ als ausschlaggebenden Grund der Wahl des Lehrberufes anzugeben, würde wohl von vielen Menschen in Deutschland nicht als *guter* Grund akzeptiert werden), sind die Antworten auf die geschlossenen wie offenen Frage-Items dem Verdacht einer starken Verzerrung durch soziale Erwünschtheit ausgesetzt. So formulieren die Autoren und Autorinnen des FEMOLA (Fragebogen zur Erfassung der Motivation für die Wahl des Lehramtsstudiums) bereits 2010 den Bedarf am Einsatz von weniger reaktiven Erhebungsverfahren, welche auf eine *indirekte* Erfassung der Motive zielen und so die Möglichkeit bieten, soziale Erwünschtheit und Selbsttäuschung als Einflussfaktoren zu umgehen.

2. Bei einigen der üblicherweise benannten Berufswahlmotive ist unklar, wie diese zu interpretieren sind. So deutet Rothland (2014) etwa das Motiv der „Arbeit mit Kindern und Jugendlichen“ als „Engführung auf den Beziehungsaspekt“ und problematisiert Hoffnungen Studierender auf „Fürsorge, das Gefühl harmonischen Miteinanders sowie des Gebrauchtwerdens“, welche „administrativ-organisatorische Aufgaben“ des Lehrberufs weitgehend vernachlässigen (2014, S. 371 f.). Ulich hingegen differenziert in seinen rekonstruktiven Arbeiten das Hauptmotiv „Arbeit mit Kindern und Jugendlichen“ in „Erziehungs- und hilfebezogene Motive“ und „Wissensvermittlung“ (Ulich 2004, S. 31 f.). Über die Gründe dafür, dass viele Lehramtsstudierende die Arbeit mit Kindern und Jugendlichen als entscheidend für die Aufnahme ihres Studiums benennen, besteht demnach Uneinigkeit. Da sich solche Unklarheiten in Bezug auf mehrere der üblichen Kategorien ergeben (etwa der sehr weiten Kategorie „Neigung/Begabung“ in der Studie von Scheller, Isleib & Sommer, 2013), liegt es nahe, nicht nur die direkt zu erfragenden *Gründe* für die Berufswahl, sondern ebenfalls die indirekt zu erhebenden *inneren Antriebe bzw. Motive* derselben zu untersuchen.[2]

Die Vertiefungsstudie, welche wir 2016 an der Universität Leipzig durchführten, griff auf indirekte, semi-projektive Verfahren zur Erfassung von *allgemeinen* Motivstrukturen (Anschluss – Leistung – Macht) zurück. Im Unterschied zu Berufswahlmotiven, welche als spezifisch für bestimmte Professionen angesehen werden können, lassen sich die Basismotive Anschluss, Leistung und Macht bei allen Menschen gleichermaßen erheben (vgl. McClelland 1985; Kuhl 2013); Berufswahlmotive beruhen demnach auf Basismotiven. Insofern diese Prämissen akzeptiert werden, verspricht die Erfassung der Basismotive vertiefte Erkenntnisse über Berufswahlmotive, welche in Beratung und Self-Assessment für Studieninteressierte, Studierende und Lehrende fruchtbar gemacht werden können (vgl. Kapitel 7). Zu diesem Zweck wurden in der Studie zwei Schwerpunkte gesetzt:

2 Die Ursachen für die Berufswahl lassen sich unseres Erachtens nicht direkt erfragen, da zum einen eine hohe Chance besteht, dass die Studierenden die Frage nach den Ursachen als Frage nach Gründen missverstehen können; zum anderen - und dieser Grund wiegt schwerer – ist höchst unsicher, ob sich Menschen im Allgemeinen und Studierende im Besonderen über die Ursachen ihrer Entscheidungen vollends im Klaren sein können (vgl. Methoden).

A) Vergleich expliziter und impliziter Basismotive

Die Theorie der Basismotive und die aus ihr entwickelten Messverfahren (der Motiv-Umsetzungs-Test, kurz MUT und der Operante Motivtest, kurz OMT) ermöglichen sowohl die Erfassung der *expliziten* Basismotive, welche den Studierenden bewusst sind und das Selbstbild, die Werte und Ziele der befragten Personen widerspiegeln, als auch die Erfassung der wenig bewussten bis unbewussten, *impliziten* Basismotive (vgl. erstmals McClelland, Koestner, Weinberger 1989) im Sinne von „früh gelernten, emotional getönten Präferenzen, sich immer wieder mit bestimmten Formen von Anreizen auseinanderzusetzen" (Brunstein 2010, 239). Der Vergleich zwischen expliziten und impliziten Basismotiven kann Hinweise darauf geben, ob die von den Studierenden genannten Berufswahlmotive bzw. Gründe der Berufswahl *zugleich* die (einzigen) Ursachen für die Studienwahl sind und ob Berufswahlmotive wie die Arbeit mit Kindern und Jugendlichen eher von dem Wunsch nach harmonischen Beziehungen oder dem Wunsch, andere anzuleiten, geprägt sind. Auch vor dem Hintergrund der zunehmenden Forschung zur Gesundheit und Zufriedenheit von Lehrpersonen und Eignung für den Lehrberuf (vgl. u. a. Rothland 2013; Schüle et al. 2014; Boeger 2016; Schaarschmidt, Kieschke, Fischer 2017) schien es sinnvoll, die Ausprägung impliziter und expliziter Motive zu vergleichen, da Diskrepanzen zwischen diesen langfristig negative Auswirkungen auf Gesundheit und Zufriedenheit haben (vgl. Baumann, Kaschel, Kuhl 2005) und zu einem Abbruch von Studium oder Lehrberuf führen können.

B) Deutung der Beziehung zwischen Machtausübung und Lehrberuf

Innerhalb der Theorie der Basismotive werden Aspekte von Erziehen, Beraten, Anleiten und Helfen als Beeinflussung anderer und damit als Formen des Machtmotivs begriffen (vgl. Kuhl 2013; auch McAdams 1985; Winter 1994 und Chasiotis, Hofer 2018). Diese Aspekte sind für den Beruf des Lehrers von großer Relevanz (vgl. u. a. McClelland 1975) und gehören auch in der öffentlichen Wahrnehmung zu den zentralen Aufgaben von Lehrkräften (vgl. Herzog, Makarova 2014). Hohe explizite wie implizite Werte im Bereich des Machtmotivs gelten zudem als gute Prädikatoren für das Wohlbefinden von Lehrkräften (vgl. Wagner, Baumann, Hank 2016). Gleichzeitig ist der Begriff der Macht in der Alltagssprache ambivalent bis negativ besetzt (vgl. ebd.). Wie Lehramtsstudierende selbst die Verbindung zwischen Machtausübung und Lehrberuf auf expliziter Ebene deuten, ist u. E. noch nicht erforscht (zu den impliziten Umsetzungsmodi des Machtmotivs bei Lehramtsstudierenden hingegen liegt eine Untersuchung von Baumann, Chatterjee und Hank 2016 vor); Kuhl selbst verweist bzgl. der impliziten Umsetzungsmodi darauf, dass Vorstellungen von Machtausübung als Pflichterfüllung (Modus 4) oder die Angst vor Machtverlust (Modus 5) sich langfristig negativ auf das Wohlbefinden und die Motivation auswirken (2013, S. 57 ff.; Kazén, Kuhl 2011).

Vor diesem Hintergrund wurden in der Hauptstudie die bewussten wie unbewussten Motive von 32 Lehramtsstudierenden des ersten Semesters mit Hilfe des OMT sowie des MUT nach Kuhl erhoben. Dabei zeigten sich größere Diskrepanzen zwischen expliziten und impliziten Motiven. Insbesondere findet sich oft ein implizit wesentlich stärkeres Machtmotiv als den Teilnehmenden explizit bewusst ist.

Praktisch soll das Projekt auch für andere aktuelle Vorhaben des ZLS (Zentrum für Lehrerbildung und Schulforschung an der Universität Leipzig) nutzbar gemacht werden. Hier bietet sich insbesondere das Projekt Lehramtskompass an, in welchem ein Tool zur Reflexion der möglichen Wahl eines Lehramtsstudiums entwickelt und evaluiert wird. Beim Lehramtskompass handelt es sich um ein kompetenzorientiertes Instrument, welches Studierende im gesamten Student-Life-Cycle begleiten soll. Es baut dabei auf dem CCT (Career Counselling for Teachers) auf. Erfasst man das Verstehen und den Umgang mit der eigenen Persönlichkeit als eine für den Lehrberuf notwendige Fähigkeit, so ist die Kenntnis der eigenen Motivstruktur ein wichtiges Element. Über die eigene Motivkonstellation, ihre Auswirkungen und Bedingungen Bescheid zu wissen, kann von Nutzen sein, um schlechte Motivationsbedingungen zu erkennen und selbstständig bessere Bedingungen zu schaffen. Dies kann helfen, die Studienwahl Lehramt überhaupt als passend zu erkennen, die Studienmotivation im Laufe des Studiums insbesondere bei Herausforderungen aufrechtzuerhalten, im Beruf demotivierende Faktoren zu identifizieren und rechtzeitig Veränderungen anzustoßen oder bei dauerhaft schlechter Passung von Anforderungen und Motiven das Studium bzw. den Beruf zu wechseln.

In diesem Sinne können die Ergebnisse dieser Studie dazu genutzt werden, Tools und Programme zur Studienwahl und zur überfachlichen Ausprägung von Fähigkeiten weiterzuentwickeln. Die Integration von Basismotiven in Testung und Selbstreflexion ist dabei ein wichtiger Ansatzpunkt.

In den nachfolgenden Kapiteln finden Sie zunächst eine Darstellung der genannten Evaluationsstudie (Kapitel 3), welche zugleich als Vorstudie zur Vertiefungsstudie bzgl. der Basis-Motive zu verstehen ist (zum Zusammenhang beider Studien siehe Kapitel 4). Diese Vertiefungsstudie wird anschließend dargestellt (Kapitel 5); sie bildet den Kern des Forschungsprogramms. Dabei findet auch eine größere Rahmung im Hinblick auf den Forschungsstand und die psychologische Hintergrundtheorie statt. Dies geschieht auf Basis der Masterarbeit von Alexandra Süß. Da sich die vorliegende Arbeit vornehmlich an Personen richtet, die in der Aus- und Weiterbildung von Lehrkräften sowie in den beratenden Berufen tätig sind, sich insbesondere für die praktische Nutzbarkeit der hier präsentierten wissenschaftlichen Erkenntnisse interessieren und deshalb i. d. R. mit dem zugrundeliegenden theoretischen Ansatz der Persönlichkeits-System-Interaktion nicht vertraut sind, wird die psychologische Hintergrundtheorie zur besseren Nachvollziehbarkeit an geeigneten Stellen durch von Gastautoren verfasste Exkurse vertieft (Kapitel 6; ein rein wissenschaftliches Interesse lässt sich hingegen durch Grüneberg et al. 2019 befriedigen). Anschließend sollen praktische Anwendungsfelder und Implikationen der durch die Studie gewonnenen Erkenntnisse vorgestellt werden (Kapitel 7). Eine Diskussion der Ergebnisse und Desiderata schließt den Text ab (Kapitel 8).

3 Vorstudien: Studienmotivation im Lehramt

Die Studien- und Berufswahlmotivation von Lehramtsstudierenden gilt als gut erforscht (vgl. Kap. 5.1.1). Allerdings werden die Begriffe der Studienmotivation, Studienwahlmotivation und Berufswahlmotivation selten trennscharf voneinander abgegrenzt. Studienmotivation beschreibt dabei ein „Set spezifischer Einstellungen und Erwartungen, die an das Absolvieren eines Hochschulstudiums geknüpft sind" (Großmann 2012, S. 447). Besa (2018) legt die Unterscheidung in Studienwahlmotive als „Anwahl eines spezifischen Lehramtsstudiengangs" (ebd., S. 13) und Berufswahlmotive als auf den späteren Lehrberuf ausgerichtet nahe. Ob diese Unterscheidung auf empirisch-konzeptioneller Ebene jedoch von Bedeutung ist, darf bezweifelt werden. Zwar wird die Berufswahl bei Lehramtsstudierenden zumeist mit Aufnahme des Studiums getroffen (vgl. ebd., S. 13), es verbleiben jedoch einige Bachelorstudiengänge, welche nicht von vornherein auf das Lehramt und den Lehrberuf festgelegt sind und deren Berufswahl demensprechend erst mit Masterwahl bzw. Berufseintritt erfolgt. Eine Nicht-Trennung von Studien- und Berufswahlmotivation entspricht dabei auch der englischsprachigen Forschungsliteratur, die beides unter „Career choice" zusammenfasst (vgl. ebd.). In dieser Studie wird der Begriff Studienmotivation als ein Oberbegriff verwendet. Er umfasst damit nach dem hier vertretenen Verständnis sowohl die Motivation für ein bestimmtes Studium (Studienwahlmotivation) oder einen bestimmten Beruf (Berufswahlmotivation) als auch die aktuelle Motiviertheit im Studium (aktuelle Studienmotivation), die wiederum eng mit den Berufs- und Studienwahlmotiven zusammenhängen kann.

3.1 Methode

Die Befragung der Erstsemester erfolgte über einen online durchgeführten Fragebogen im Zusammenhang mit der langjährigen Begleitforschung der Lehramtsstudiengänge an der Universität Leipzig. Die geschlossenen Frageitems wurden dabei statistisch ausgewertet. Die Erstellung der Kategorien zu den offenen Fragen erfolgte auf Grundlage der getrennten Durchsicht und Paraphrasierung des gesamten Datenmaterials und einer kommunikativen Überprüfung und Abgleichung der gefundenen Kategorien (sog. investigator triangulation; vgl. Thurmond 2001, Ecarius, Miethe 2011). Anschließend wurden die Antworten in die gemeinsam erarbeiteten Kategoriensysteme eingeordnet. Das praktische Vorgehen erfolgte nach den Vorgaben der qualitativen Inhaltsanalyse von Mayring (2010), orientiert an Steigleder (2008). Eine hohe Inter-Rater-Reliabilität zeigt dabei die Zielerfüllung einer „intersubjektiv eindeutige[n] Zuordnung" (Mayring, Brunner 2010, S. 326). Als Messgröße hat sich neben der reinen prozentualen Übereinstimmung für die Kodiererübereinstimmung von nominalen

Kategorien das Maß „Cohen's Kappa" (vgl. Hussy et al. 2010, S. 248; vgl. Cohen 1960, S. 37–46) etabliert. Dabei werden in der Regel Werte ab .75 als gute Übereinstimmung betrachtet (vgl. Merten 1995). Für die vorliegenden Studien wurden durchweg sehr gute Kappa-Werte erreicht (Erhebungsrunde WS 14/15: Gründe und Gefühle $\kappa = .967$; Schulformwahl $\kappa = .943$; Bevorzugung Ja Fächerkategorie $\kappa = .991$; Bevorzugung Ja Begründungskategorie $\kappa = .885$; Bevorzugung Nein Fächerkategorie $\kappa = 1$; Unterstützungsform $\kappa = .923$; Erwartungen an das Studium $\kappa = .967$; Aktuelle Studienmotivation $\kappa = .951$; Positives $\kappa = .974$; Negatives $\kappa = .939$) (Erhebungsrunde WS 15/16: Gründe $\kappa = .978$; Gefühle/Emotionen $\kappa = .812$; Erwartungen an das Studium $\kappa = .960$; Aktuelle Studienmotivation $\kappa = .995$).

3.2 Stichprobe

Die Befragung wurde an alle Studierenden des Immatrikulationsjahrgangs WS 15/16 der Universität Leipzig verschickt, die in einem ersten Fachsemester im Staatsexamen Lehramt immatrikuliert waren (n = 1407, davon 925 Studentinnen). An der Onlinebefragung beteiligten sich insgesamt 215 Studierende. Zum Teil wurden nicht alle Fragen beantwortet bzw. die Befragung nicht abgeschlossen – so wurde etwa die erste Frage lediglich von 177 Personen beantwortet. Insgesamt kann gesagt werden, dass die Fragen nahezu vollständig von 168 Studierenden beantwortet wurden.

Im Vergleich zum Vorjahr (WS 14/15) ist festzustellen, dass die Mehrbeteiligung von 43 Studierenden im WS 15/16 eine 25%ige Zunahme der Befragungsteilnahme darstellt. Hierzu die Vergleichszahlen aus der vorangegangenen Studie: Die Stärke des Immatrikulationsjahrgangs im WS 14/15 lag bei n = 1175, davon beteiligten sich 172 Studierende an der Onlinebefragung. Mit etwa 11,9–15,3 % ist die Rücklaufquote weiterhin recht niedrig (die Rücklaufquote im WS 14/15 lag bei 12–14,6 %), was sich aufgrund der fehlenden Personalisierung aus Datenschutzgründen und der damit ausbleibenden genaueren Nacherfassung erklären lässt (die jeweiligen Rücklaufzahlen sind zu den einzelnen Fragen angegeben; auf eine Non-Response-Analyse wurde aus Gründen der Kapazität verzichtet).

Vergleicht man die prozentuale Verteilung der Geschlechter im Studiengang (WS 15/16), so besteht dieser aus rund 66 % weiblichen Studierenden und 34 % männlichen. Diese deutlich höhere Frauenquote spiegelt sich auch in der Befragungsbeteiligung wider. So nahmen 40 (23,8 %) männliche und 127 (75,6 %) weibliche Studierende teil (vgl. WS 14/15: weiblich 104/74,8 %, männlich 34/24,5 %). Eine Person gab als Geschlecht „anderes" an (0,6 %). Der Großteil (zu 81,4 %) der Erstsemester war zwischen 18 und 20 Jahren alt (18: 23,3 %; 19: 36,4 %; 20: 21,7 %). Das Durchschnittsalter hat sich geringfügig verjüngt und betrug 20 Jahre, was sich durch Erstsemester im Alter von bis zu 30 Jahren erklären lässt. Insgesamt sind diese Werte über beide Erhebungen hinweg in etwa gleichgeblieben: im WS 14/15 lag das Durchschnittsalter bei 21,15 Jahren.

Bei der Verteilung auf die einzelnen Schulformen steht das Lehramt an Gymnasien mit 66 Nennungen (40,2 %), wie auch im Vorjahr (53 mit 30,8 %) an der Spitze. Im Ranking folgt im WS 15/16 mit 46 Zählungen (28,0 %) Grundschullehramt (vgl. WS 14/15 47 mit 27,3 %). Weiterhin ist festzuhalten, dass eine Zunahme von 10,2 % im Mittelschullehramt (34 mit 20,7 %; WS 14/15 18 mit 10,5 %) vorliegt und eine Abnahme von 13,4 % (WS 14/15) auf 11,0 % im Lehramt Sonderpädagogik (WS 14/15: 23 Nennungen; WS 15/16: 18 Nennungen). Vergleicht man diese Daten mit den Werten der Erhebungen des Statistischen Landesamtes des Freistaats Sachsen (vgl. Statistisches Landesamt, 2015, S. 63 ff.), so wird deutlich, dass sich diese Verteilung auf die einzelnen Schulformen lokal (Leipzig) und regional (Sachsen) gleichen: Laut der Daten aus dem Wintersemester 2014/15 sind in Sachsen die meisten (1196) Lehramtsstudierenden (1. Fachsemester) in der Sekundarstufe II (Gymnasiallehramt) immatrikuliert, gefolgt von Studierenden der Primarstufe (Grundschullehramt, 633 Personen), der Sekundarstufe I (Mittelschullehramt, 394 Personen) und mit 305 Angaben Studierende im Bereich Sonderpädagogik.

Insbesondere zeichnet sich ab, dass im WS 15/16 Neuimmatrikulationen stattgefunden haben, nur 4 (2,4 %) Teilnehmende sind bereits Studierende der Universität Leipzig, die bereits einen Studienfachwechsel vollzogen haben, sodass diese teilweise auch in höheren Fach-/Hochschulsemestern studieren. In Bezug auf die studierten Fächer (Erst- und Zweitfach) entfallen 38,7 % auf Deutsch, 28,8 % auf Mathematik und 14,9 % auf Englisch. Vor allem für das Fach Deutsch bedeutet das eine erhebliche Zunahme (vgl. WS 14/15: Deutsch 17,9 %, Mathe 22,7 %, Englisch 12,8 %). Grundverteilungen auf diese und die weiteren Fächer entsprechen weitestgehend der Gesamtverteilung der Studierenden auf die Fächergruppen.

Im Abgleich mit den vorliegenden Zahlen der Erhebung mit den Daten des Statistischen Landesamtes des Freistaats Sachsen ist festzustellen, dass sich mit den genannten Einschränkungen von Repräsentativität der Befragung sprechen lässt. Sowohl die Schulformen als auch die Geschlechterverteilung entsprechen in etwa den Zahlen und Angaben der Verteilung der Grundgesamtheit aller Lehramtsstudierenden in Sachsen.

3.3 Ergebnisse

3.3.1 Gründe und Einstellungen zur Wahl des Lehramtsstudiums

Um die Gründe für die Wahl des Lehramtsstudiums zu erheben, wurden sowohl geschlossene als auch offene Antwortformate gewählt. Zunächst wurden die Erstsemester retrospektiv nach Gründen und Gefühlen bei der Wahl des Lehramtsstudiums befragt. Dabei wurde ein offenes Antwortformat gewählt, um möglichst freie Erinnerungen zu ermöglichen und die soziale Erwünschtheit gering zu halten (durch die Nicht-Vorgabe von sozial erwartbaren Antworten wird der Antwortraum auf die verinnerlichten und schnell erinnerbaren Antworten eingeschränkt). Anschließend wurden in zwei geschlossenen Fragebatterien die Gründe zur Aufnahme des Lehramtsstudiums sowie die Einstellungen zum Lehramtsstudium abgefragt. Die Fragen orientierten sich dabei an vorhandenen Fragebatterien und Instrumenten. Maßgeblich war hierbei der FEMOLA (Fragebogen zur Erfassung der Motivation für die Wahl des Lehramtsstudiums). Dieser differenziert, in sechs Hauptfaktoren aufgeteilt, die Aspekte der Wertkomponenten („Pädagogisches Interesse", „Fachliches Interesse", „Nützlichkeit"), der Erwartungskomponenten („Fähigkeitsüberzeugung", „Geringe Schwierigkeit des Studiums") und soziale Einflüsse (vgl. Pohlmann, Möller 2010, S. 73). Zu all diesen Faktoren wurden Beispielitems in die Befragung mit aufgenommen. Insbesondere zu den berufsbezogenen Einstellungen zum Lehramtsstudium wurde auf den Fragebogen des Projektes „Entwicklung von berufsspezifischer Motivation und pädagogischem Wissen in der Lehrerausbildung (EMW)" der Universität Köln zurückgegriffen (vgl. Schreiber et al. 2012). Weitere Quellen der Itemgenerierung waren die Vorerhebungen des ZLS im Rahmen der Evaluation der Lehramtsstudiengänge, insbesondere zu den Erwartungen an das Lehramtsstudium.

Als wesentliche Gründe zur Studienwahl nannten die Studierenden die Unterstützung in der Persönlichkeitsentwicklung von Kindern und Jugendlichen (voll zutreffend 66,7 %/eher zutreffend 25,1 %) und der Ausbildung von Kindern und Jugendlichen (54,7 %/37,6 %). Hinzu kommen eine hohe Fähigkeitsüberzeugung, ein guter Lehrer/eine gute Lehrerin zu sein (39,6 %/54,4 %), die Überzeugung des Übereinstimmens der eigenen Fähigkeiten mit den Anforderungen des Berufes (29,8 %/60,8 %) sowie das fachliche Interesse (54,7 %/35,9 %). Diese Ergebnisse entsprechen im Wesentlichen denen der Erhebung vom Vorjahr (VJ): Unterstützung in der Persönlichkeitsentwicklung (69,4 %/27,2 %), Beitrag zur Ausbildung von Kindern und Jugendlichen (53,1 %/37,2 %), Fähigkeitsüberzeugung ein/e gute/r Lehrer:in zu sein (45,8 %/47,9 %), fachliches Interesse (44,5 %/39 %). Auf den ersten drei Spitzenplätzen der Rangfolge landen in der jüngsten Erhebung die eigene Fähigkeitsüberzeugung selbst ein/e gute/r Lehrer:in zu sein (94 %, Summe aus den Antworten voll zutreffend und eher zutreffend; VJ Rang 2 mit 93,7 %), gefolgt vom Willen, einen Beitrag zur Ausbildung der Kinder und Jugendlichen zu liefern (WS 15/16 92,3 %; WS 14/15 Rang 3 mit 90,3 %) und auf dem dritten Platz der Beitrag zur Persönlichkeitsentwicklung der Schüler:innen (91,8 %), der im Vorjahr noch an erster Stelle stand (96,6 %).

Über beide Erhebungsrunden hinweg wurden die Einflüsse Dritter als weniger relevant und eher gemischt gewertet. Dennoch ist das Feedback anderer bezüglich der Lehrkompetenz der Studierenden scheinbar ausschlaggebend für die Studienentscheidung (WS 15/16: 42,2 %; WS 14/15: 42 %). Gute Erinnerungen an und Erfahrungen mit eigenen Lehrern und Lehrerinnen wirken weiterhin als starkes Vorbild (33,1 %/24,3 %). Der Einfluss der familiären Tradition ist zwar vorhanden, wird aber weitestgehend abgelehnt (gar nicht zutreffend 76 %; VJ 73,3 %). Im Vergleich zu dem Interesse am Fach steht für die Lehramtsstudierenden die wissenschaftliche Herausforderung weniger im Vordergrund (voll zutreffend 17,7 %; VJ 13,5 %). Weiterhin findet der Grund, dass das Lehramtsstudium leichter sei als andere Studiengänge (gar nicht zutreffend 71,2 %; VJ 74,5 %) kaum Anklang.

Damit bleiben die grundsätzlichen Tendenzen, welche auch in den Studien zum FEMOLA erhoben wurden, im Wesentlichen bestätigt. Die Autoren und Autorinnen des FEMOLA kommen zu folgendem Fazit: „In allen untersuchten Kohorten kam dem pädagogischen und dem fachlichen Interesse die größte Bedeutung für die Wahl des Lehramtsstudiums zu. [...] Gemäß den Angaben der Studierenden haben die sozialen Einflüsse einen relativ geringen Stellenwert, der sich in der Rückschau noch weiter zu reduzieren scheint. Die geringsten Werte fanden sich bei dem Motiv, das Lehramtsstudium aufgrund der geringen Schwierigkeit aufgenommen zu haben" (Pohlmann, Möller, 2010, S. 82). Einzig die grundlegende Überzeugung der Studierenden, später selbst ein guter Lehrer/eine gute Lehrerin zu sein (54,4 %/39,6 %) übertrifft die Werte des Vorjahres und steht im WS 15/16 in der Rangfolge an erster Stelle.

Tabelle 1: Gründe für die Wahl des Lehramtsstudiums (WS 15/16)

Kategorienbeschreibung (n = 163–171)	gar nicht zutreffend	eher nicht zutreffend	teils/teils	eher zutreffend	voll zutreffend
... die Anforderungen des Berufs und meine eigenen Fähigkeiten übereinstimmen. (n = 171)	0,0 %	1,8 %	7,6 %	60,8 %	29,8 %
... ich denke, dass ich eine gute Lehrerin bzw. ein guter Lehrer sein werde. (n = 169)	0,6 %	0,6 %	4,7 %	54,4 %	39,6 %
... mir schon häufiger rückgemeldet wurde, dass ich gut erklären könne. (n = 166)	0,6 %	3,0 %	20,5 %	33,7 %	42,2 %
... es mir empfohlen wurde. (n = 166)	15,1 %	15,7 %	30,1 %	24,7 %	14,5 %
... ich selbst gute Lehrerinnen und Lehrer als Vorbild hatte. (n = 169)	5,9 %	10,7 %	26,0 %	24,3 %	33,1 %
... meine Familie findet, ich sollte Lehrerin bzw. Lehrer werden. (n = 163)	21,5 %	25,2 %	23,9 %	14,1 %	15,3 %
... ich die wissenschaftliche Herausforderung und Weiterentwicklung suche. (n = 164)	4,3 %	19,5 %	31,7 %	26,8 %	17,7 %
... ich jemanden gut kenne, der das Gleiche studiert hat oder noch studiert (z. B. Geschwister, Freundinnen und Freunde). (n = 168)	47,6 %	18,5 %	16,7 %	10,1 %	7,1 %
... ich aus einer Lehrerfamilie komme. (n = 167)	76,0 %	6,0 %	4,8 %	3,6 %	9,6 %
... ich die Inhalte meiner Fächer interessant finde. (n = 170)	0,0 %	1,8 %	7,6 %	35,9 %	54,7 %
... ich Kinder bzw. Jugendliche in ihrer Persönlichkeitsentwicklung unterstützen möchte. (n = 171)	1,2 %	1,2 %	5,8 %	25,1 %	66,7 %

(Fortsetzung Tabelle 1)

Kategorienbeschreibung (n = 163–171)	gar nicht zutreffend	eher nicht zutreffend	teils/teils	eher zutreffend	voll zutreffend
... es leichter ist als andere Studiengänge. (n = 163)	71,2%	17,2%	8,6%	2,5%	0,6%
... ich die Vermittlung der Inhalte meines Faches wichtig finde. (n = 169)	1,8%	2,4%	12,4%	43,2%	40,2%
... es für mich wichtig ist, einen Beitrag zur Ausbildung von Kindern und Jugendlichen zu leisten. (n = 170)	0,6%	1,8%	5,3%	37,6%	54,7%
... in dieser Schulform meine pädagogischen Einflussmöglichkeiten am größten sind. (n = 161)	3,7%	8,1%	26,1%	32,9%	29,2%
... ich in dieser Schulform bereits Vorerfahrungen (z. B. in Praktika) sammeln konnte. (n = 165)	23,0%	18,8%	15,8%	13,9%	28,5%
... ich Freude an der Arbeit mit dieser speziellen Altersgruppe habe. (n = 163)	2,5%	4,3%	14,1%	36,2%	42,9%
... ich die pädagogisch-erzieherische Herausforderung in der Arbeit mit dieser speziellen Schülerschaft suche. (n = 167)	4,2%	6,0%	15,0%	40,7%	34,1%
... mir die hohe Lernbereitschaft und -fähigkeit dieser speziellen Schülerschaft sehr wichtig ist. (n = 161)	5,6%	8,1%	27,3%	38,5%	20,5%

Der Vergleich hinsichtlich der Entscheidungsgründe macht deutlich, dass die Werte beider Jahre in allen vorgegeben Antwortmöglichkeiten überwiegend ähnlich sind.

Bei der Auswertung der FEMOLA-Studien, differenziert nach Schulformen, wurden signifikante Unterschiede gefunden. „So beschreiben sich angehende Grundschullehrer als stärker pädagogisch motiviert, wohingegen Sekundarschullehrer in höherem Maß fachorientiert sind“ (Pohlmann, Möller 2010, S. 74). Betrachtet man hierzu Items in der Befragung Leipziger Studierender nach Schulformen aufgeteilt, so lassen sich die angeführten Unterschiede in Bezug auf die pädagogische Motivation bestätigen.

Angehende Grundschullehrer:innen und Lehramtsstudierende im Bereich Sonderpädagogik sind am stärksten davon überzeugt/motiviert, in ihrer gewählten Schulform den größten pädagogischen Einfluss zu haben (voll zutreffend je 44,4%). Studierende im Gymnasial- und Mittelstufenlehramt sind ähnlich positiv gestimmt hinsichtlich ihrer erwarteten Einflussmöglichkeiten auf die Schülerschaft, jedoch geben sie dies nur mit der Auswahlmöglichkeit „eher zutreffend“ an (Gymnasium 30%/ Mittelstufe 45,2%)

(signifikanter Zusammenhang Cramers-V 0,236; Phi 0,408; Pearson Chi-Square 25,645; df = 12; asymp. Sig (zweiseitig) 0,012).

Tabelle 2: Kreuztabelle Schulform*Entscheidungsgründe: ... in dieser Schulform meine pädagogischen Einflussmöglichkeiten am größten sind.

	gar nicht zutreffend	eher nicht zutreffend	teils/teils	eher zutreffend	voll zutreffend	Summe
Lehramt an Grundschulen	0	2	9	14	20	45
Lehramt an Mittel- bzw. Oberschulen	2	0	9	14	6	31
Lehramt an Gymnasien	4	10	16	18	12	60
Lehramt Sonderpädagogik	0	0	6	4	8	18
Gesamtsumme	6	12	40	50	46	154

Die pädagogisch-erzieherische Herausforderung in der Arbeit mit der speziellen Schülerschaft ist bei angehenden Grundschullehrkräften (und Sonderpädagogen und Sonderpädagoginnen) stärker ausgeprägt/motivierend als bei Gymnasiallehrkräften (signifikanter Zusammenhang Cramers-V 0,253; Phi 0,438; Pearson Chi-Square 30,645; df = 12; asymp. Sig (zweiseitig) 0,002).

Tabelle 3: Kreuztabelle Schulform*Entscheidungsgründe: ... ich die pädagogisch-erzieherische Herausforderung in der Arbeit mit dieser speziellen Schülerschaft suche.

	gar nicht zutreffend	eher nicht zutreffend	teils/teils	eher zutreffend	voll zutreffend	Summe
Lehramt an Grundschulen	0	1	3	21	21	46
Lehramt an Mittel- bzw. Oberschulen	0	3	6	14	10	33
Lehramt an Gymnasien	7	6	12	25	13	63
Lehramt Sonderpädagogik	0	0	1	5	12	18
Gesamtsumme	7	10	22	65	56	160

Vergleicht man in den verschiedenen Schulformen die vorhandenen Vorerfahrungen seitens der Studierenden, so ist festzustellen, dass angehende Grundschullehrer:innen bereits vor dem Studium viele Praktika in ihrem zukünftigen Tätigkeitsfeld (Schulform) absolviert haben. Dies kann mit der vorangegangenen Kreuztabelle in Verbindung gebracht werden – das pädagogische Interesse ist bei den Grundschulanwärtern und Grundschulanwärterinnen am meisten ausgeprägt.

Studierende des Gymnasiallehramts hingegen weisen die geringste Vorerfahrung auf (signifikanter Zusammenhang Cramers-V 0,304; Phi 0,527; Pearson Chi-Square 37,550; df = 12; asymp. Sig (zweiseitig) 0,000).

Tabelle 4: Kreuztabelle Schulform*Entscheidungsgründe: ... ich in dieser Schulform bereits Vorerfahrungen (z. B. in Praktika) sammeln konnte.

	gar nicht zutreffend	eher nicht zutreffend	teils/teils	eher zutreffend	voll zutreffend	Summe
Lehramt an Grundschulen	6	7	3	11	17	44
Lehramt an Mittel- bzw. Oberschulen	11	3	11	2	6	33
Lehramt an Gymnasien	16	17	9	10	11	63
Lehramt Sonderpädagogik	2	3	2	0	11	18
Gesamtsumme	35	30	25	23	45	158

Der Großteil der Studierenden bestätigt, gute Lehrer:innen als Vorbild gehabt zu haben. Zu verzeichnen ist jedoch, dass angehende Gymnasiallehrer:innen stärker von diesen Vorbildern motiviert sind als angehende Grundschullehrer:innen (signifikanter Zusammenhang Cramers-V 0,260; Phi 0,451; Pearson Chi-Square 32,882; df = 12; asymp. Sig (zweiseitig) 0,001).

Tabelle 5: Kreuztabelle Schulform*Entscheidungsgründe: ... ich selbst gute Lehrerinnen und Lehrer als Vorbild hatte.

	gar nicht zutreffend	eher nicht zutreffend	teils/teils	eher zutreffend	voll zutreffend	Summe
Lehramt an Grundschulen	1	8	15	10	12	46
Lehramt an Mittel- bzw. Oberschulen	2	7	5	11	9	34
Lehramt an Gymnasien	6	3	11	16	29	65
Lehramt Sonderpädagogik	0	0	11	3	3	17
Gesamtsumme	9	18	42	40	53	162

Der Vergleich beider Erhebungen zeigt, dass die Studierenden der zweiten Erhebung (WS 15/16) die Fachvermittlung wichtiger finden als die Studierenden in der ersten Erhebung.

Tabelle 6: Kreuztabelle Interview 14/15/15/16*Entscheidungsgründe: ... ich die Vermittlung der Inhalte meines Faches wichtig finde.

	gar nicht zutreffend	eher nicht zutreffend	teils/teils	eher zutreffend	voll zutreffend	Summe
WS 14/15	1	8	34	53	49	145
WS 15/16	3	4	21	73	68	169
Gesamtsumme	4	12	55	126	117	314

Den berufsbezogenen Einstellungen, sprich den Meinungen zum Lehrberuf, kann ein großer Einfluss auf die Studienwahl zugeschrieben werden. Über dieses allgemeine Meinungsbild lassen sich, besser als über direkte Fragen zur Motivation, Vermutungen und Rückschlüsse zu den Motivlagen der Studierenden anstellen. Daher wurde bei der Befragung zu den Gründen für die Studienentscheidung vernachlässigt, extrinsische Motivationen wie Geld und Sicherheit zu erfragen. Es stellt sich nun heraus, dass die Antworten im Bereich Bezahlung mit 41,1 % (teils/teils) eine Tendenz zur Mitte aufzeigen. Weiterhin ist die Zustimmung gemischt in Bezug auf Freizeit (teils/teils 49,7 %), Ansehen (40,6 %) und Professionalität (teils/teils 33,7 %/eher 39,3 %). Die stärkste Zustimmung erhalten Aussagen, welche auf den Anspruch und die Beanspruchung durch den Lehrberuf abzielen: Emotionale Beanspruchung durch den Unterricht (äußerst 40,6 %/eher 44,2 %), hohes Fachwissen (44,9 %/36,5 %) und harte Arbeit (38,8 %/46,7 %.). Starke Zustimmung erhalten darüber hinaus die Bereiche, welche mit allgemeinen beruflichen Situationen zu tun haben: Vereinbarkeit von Familie und Beruf (eher 41,6 %), Einstellungschancen (47,6 %) und Flexibilität (40 %). Die Daten der beiden Erhebungsrunden kommen zu sehr ähnlichen Ergebnissen.

Tabelle 7: Meinungen zum Lehrberuf

Kategorienbeschreibung (n = 160–167)	überhaupt nicht	eher nicht	teils/teils	Eher	äußerst
..., dass Lehrkräfte gute Einstellungschancen haben? (n = 164)	1,2 %	1,8 %	26,2 %	47,6 %	23,2 %
..., dass Lehrkräfte hohes Fachwissen brauchen? (n = 167)	0,0 %	2,4 %	16,2 %	36,5 %	44,9 %
..., dass Lehrkräfte wenig Freizeit haben? (n = 163)	1,8 %	20,2 %	49,7 %	23,3 %	4,9 %
..., dass unterrichten emotional beanspruchend ist? (n = 165)	0,0 %	3,0 %	12,1 %	44,2 %	40,6 %
..., dass der Lehrberuf harte Arbeit ist? (n = 165)	0,0 %	0,6 %	13,9 %	46,7 %	38,8 %
..., dass man Lehrkräften Professionalität zuschreibt? (n = 163)	1,8 %	8,6 %	33,7 %	39,3 %	16,6 %

(Fortsetzung Tabelle 7)

Kategorienbeschreibung (n = 160–167)	überhaupt nicht	eher nicht	teils/teils	Eher	äußerst
..., dass Lehrerin oder Lehrer ein angesehener Beruf ist? (n = 165)	2,4 %	12,1 %	40,6 %	33,3 %	11,5 %
..., dass Lehrkräfte gut bezahlt werden? (n = 163)	3,1 %	17,8 %	41,1 %	34,4 %	3,7 %
..., dass Lehrkräfte Familie und Beruf gut vereinbaren können? (n = 161)	0,0 %	4,3 %	24,2 %	41,6 %	29,8 %
..., dass der Lehrberuf ein hohes Maß an Flexibilität bietet? (n = 160)	0,0 %	9,4 %	36,3%	40,0 %	14,4 %

Im Vergleich beider Erhebungen zeichnet sich hinsichtlich der Meinung, dass Lehrer:in ein angesehener Beruf sei, anhand der folgenden Kreuztabelle eine klare Tendenz zur Mitte ab. Insgesamt ist in der jüngsten Erhebung jedoch auch eine leichte Positivierung der Aussage zu verzeichnen.

Tabelle 8: Kreuztabelle Interview 14/15/15/16*Meinungen zum Lehrberuf: ..., dass Lehrerin oder Lehrer ein angesehener Beruf ist?

	überhaupt nicht	eher nicht	teils/teils	Eher	äußerst	Summe
WS 14/15	6	32	61	28	10	137
WS 15/16	4	20	67	55	19	165
Gesamtsumme	10	52	128	83	29	302

3.3.2 Gründe der Studienwahl

Die Antworten auf die offen formulierten Fragen wurden, insofern bereits Kategoriensysteme aus der Vorerhebung vorlagen, getrennt gesichtet, paraphrasiert und anschließend dem bestehenden Kategoriensystem zugeordnet. In der kommunikativen Überprüfung und Abgleichung ergaben sich zum Teil geringfügige Änderungen der Systeme.

Auf die Frage nach den für die Studienwahl entscheidenden Gründen wurden von den Studierenden (n = 177) folgende Antworten gegeben:

Arbeit mit Kindern und Jugendlichen (41%)
Als ausschlaggebend für die Studienwahl werden von den Studierenden die Arbeit mit und am Menschen („Arbeiten mit Menschen", „Soziales Engagement“) sowie speziell der Umgang mit Kindern und Jugendlichen als Bezugsgruppe („Wunsch, mit Kindern und Jugendlichen zu arbeiten“) beschrieben.

Innere Gewissheit und Fähigkeitsüberzeugung (34,5%)
Die Studierenden nennen eine innere Gewissheit über ihre berufliche Eignung („wollte ich etwas studieren, was meinen Begabungen und Interessen entspricht", „Berufung"), Freude an den späteren beruflichen Tätigkeiten („Einen Job auszuführen, der mir Spaß macht") sowie den lang gehegten Wunsch, als Lehrkraft zu arbeiten („Traumberuf"), als Gründe ihrer Studienwahl.

Berufliche und finanzielle Absicherung (34,2%)
Die Studierenden benennen Arbeitsplatzsicherheit („sicherer Arbeitsplatz", „gute Jobchancen"), eine hohe Vergütung („die Bezahlung") sowie Arbeitsmöglichkeiten im In- und Ausland („Chance der Berufsmöglichkeiten im In- und Ausland") als Gründe für ihre Studienwahl.

Fachliches Interesse (30,8%)
Spaß und Interesse an den fachlichen Inhalten des Lehramtsstudiums bzw. der eigenen Fächer („Spaß an den Fächern", „Inhalte des Lehramtsstudiums") werden von den Studierenden als wichtige Gründe für ihre Studienwahl genannt.

Studienbezogene pragmatische Erwägungen (27,7%)
Die Studierenden nennen auf Zulassungsvoraussetzungen („Ablehnung vom anderen Studiengang"), Ort („Schöne Stadt, gute Uni"), Bezugspersonen („Nähe zu Eltern und Freunden"), Verbindung verschiedener Interessensgebiete („Akademiker und Pädagoge zugleich sein") und weitere pragmatische Faktoren bezogene Gründe für die Wahl des Lehramtsstudiums.

Positive Vorerfahrungen (20,3%)
Positive Vorerfahrungen im Umgang mit Kindern und Jugendlichen („Ich habe als Trainer die Erfahrung gemacht dass mir das Arbeiten vor und mit der Gruppe Spaß macht."), im Unterrichten („habe Spaß daran gehabt Nachhilfe zu geben"), allgemeine Kenntnis des Berufsfeldes durch eigene Erfahrungen („mein FSJ") sowie eine angenehme Schulzeit („eigene Schulzeit") werden von Studierenden als Gründe für ihre Studienwahl angegeben.

Gesellschafts- und Zukunftsrelevanz (18,9%)
Die Studierenden führen die Sinnhaftigkeit der späteren Lehrtätigkeit für Kinder und Gesellschaft („der job ist wichtig", „Anstoß für junge Menschen sein zu können", „ich möchte Menschen für Biologie und Physik begeistern"), die damit verbundene Verantwortung („Beruf mit Verantwortung") und Vorbildfunktion („Wunsch Vorbild zu sein") sowie die Möglichkeit der Vermittlung von Werten und Idealen („erzieherischer Aspekt") als ausschlaggebend für die Wahl des Studienganges an. Auch negative Erfahrungen aus der eigenen Schulzeit werden als motivierend benannt („ein besserer Lehrer zu sein, als ich meine Lehrer erlebt habe").

Vermittlung von Wissen und Kenntnissen (15,8%)
Von den Studierenden werden Spaß und Freude am Unterrichten („ich bringe anderen gerne Dinge bei“) sowie an der Weitergabe von Wissen im Allgemeinen („gerne Wissen weitergebe[n]“) als für die Wahl des Lehramtsstudiums essentiell beschrieben.

Entwicklungschancen im Beruf (13,6%)
Die Studierenden benennen die Herausforderungen („der Lehrerberuf erschien mir, eine große Herausforderung zu sein“) und den Abwechslungsreichtum des Lehrberufs („abwechslungsreiche Tätigkeit“, „Vielfältigkeit des Berufes (häufig neue Situationen und wechselnde Rahmenbedingungen)“) sowie die damit verbundenen Freiräume („freie Entfaltung“, „ich kann kreativ sein“) als ausschlaggebende Gründe für ihre Studienwahl.

Familiäre und schulische Vorbilder (6,8%)
Vorbildliche Lehrer:innen („ich habe einige meiner eigenen Lehrer als Vorbilder empfunden“), Eltern („Ich möchte den gleichen Berufsweg einschlagen, wie meine Mama.“) oder der Lehrberuf als Familientradition („Familientradition“) werden von Studierenden als Gründe für die Wahl des Lehramtsstudiums angeführt.

Flexibilität und Freizeit (6,5%)
Als entscheidend für ihre Studienwahl beurteilen die Studierenden zum einen Flexibilitätsfaktoren wie die Vereinbarkeit von Lehrberuf und Familie („Verknüpfung Familie und Beruf“) und freiere Einteilung der Arbeitszeit („Konzept des einigermaßen frei einteilbaren Tages“), zum anderen ein hohes Maß an Freizeit („ferien“).

Empfehlung von Dritten (2,3%)
Die Studierenden nennen den Rat von Freunden und Freundinnen, Lehrpersonen, Familienmitgliedern, Berufsberater:innen sowie älteren Studierenden („Zusprüche und Einschätzung anderer zur Eignung dieses Berufes“, „gute Empfehlungen meiner Lehrer“) als ausschlaggebend für ihre Studienwahl.

Sonstiges (0,6%)
Unklar und/oder nicht möglich einer Kategorie zuzuweisen bzw. Einzelnennungen („Die Möglichkeit Biologie auf Lehramt zu studieren war ein wichtiger Grund für mich“).

Tabelle 9: Darstellung der Kategorien der Gründe bezüglich der Studienwahl

Kategorienbeschreibung	Häufigkeit (Gültige Prozent) WS 14/15 (n = 151)	Häufigkeit (Gültige Prozent) WS 15/16 (n = 177)
Arbeit mit Kindern und Jugendlichen	68 (45,0 %)	73 (41,0 %)
Innere Gewissheit und Fähigkeitsüberzeugung	46 (30,5 %)	61 (34,5 %)
Berufliche und finanzielle Absicherung	44 (29,1 %)	61 (34,2 %)
Fachliches Interesse	52 (34,4 %)	55 (30,8 %)
Studienbezogene pragmatische Erwägungen	31 (20,5 %)	49 (27,7 %)
Positive Vorerfahrungen	35 (23,2 %)	36 (20,3 %)
Gesellschafts- und Zukunftsrelevanz	29 (19,2 %)	34 (18,9 %)
Vermittlung von Wissen und Kenntnissen	24 (15,9 %)	28 (15,8 %)
Entwicklungschancen im Beruf	18 (11,9 %)	24 (13,6 %)
Familiäre und schulische Vorbilder	12 (7,9 %)	12 (6,8 %)
Flexibilität und Freizeit	23 (15,2 %)	12 (6,5 %)
Empfehlung von Dritten	16 (10,6 %)	4 (2,3 %)
Sonstiges	2 (1,3 %)	1 (0,6 %)

Vergleicht man die Ergebnisse mit denjenigen aus dem Wintersemester 2014/15, so lassen sich weitreichende Parallelen feststellen. Dies spricht für Stabilität und Aussagekraft der Antworten und die Qualität des Kategoriensystems. Die Arbeit mit Kindern und Jugendlichen ist nach wie vor der häufigste Grund für die Aufnahme eines Lehramtsstudiums. Insofern bestätigen die Ergebnisse die Befunde bisheriger Erhebungen zu den Berufswahlmotiven und Gründen, sich für ein Lehramtsstudium zu entscheiden:

> „Trotz unterschiedlicher Anlagen der Studien (...) entsprechen sich die Befunde zum Hauptmotiv für die Wahl des Lehrerberufes im Wesentlichen: Das Interesse bzw. die Freude an der Zusammenarbeit mit Kindern und Jugendlichen ist der am häufigsten genannte Grund in der Mehrzahl der Untersuchungen." (Rothland 2014, S. 355; für den internationalen Bereich siehe Heinz, 2015).

Während an zweiter Stelle im Wintersemester 2014/15 jedoch das fachliche Interesse folgte (34,5 %, was die Ergebnisse von Pohlmann und Möller, 2010, stützt), gewinnen im Wintersemester 2015/16 die Überzeugung, geeignete Fähigkeiten für den Beruf mitzubringen sowie die Aussicht auf eine finanzielle Absicherung an Bedeutung (WS 2014/15 30,5 % und 29,1 %). Auch die pragmatischen Erwägungen der Studienanfänger:innen nehmen im Wintersemester 2015/16 zu: während noch 2014/15 20,7 % der Befragten solcherlei Überlegungen anstellten, sind es 2015/16 27,7 %. Flexibilität und

Freizeitaspekte werden jedoch häufiger von den Studienanfängern und Studienanfängerinnen des Wintersemesters 2014/15 benannt (15,2 % im Vgl. zu 6,5 %).

Weniger ausschlaggebend für die Entscheidung zum Lehramtsstudium sind nach wie vor die Empfehlungen von Dritten oder die familiären wie schulischen Vorbilder, obgleich Dritten durchaus eine bekräftigende Rolle zukommen kann.

Im Vergleich mit den Ergebnissen der geschlossenen Fragen bezüglich der Gründe der Studienwahl wird der Mehrwert einer vorgeschalteten offenen Befragung zum selben Thema besonders deutlich. Zum einen werden in der offenen Befragung insbesondere bei den intrinsischen Motiven weniger hohe Prozente erzielt als in der geschlossenen Befragung (vgl. bspw. offen: Innere Gewissheit und Fähigkeitsüberzeugung 34,5 %, geschlossen: Fähigkeitsüberzeugung 29,8 % voll zutreffend, 60,8 % eher zutreffend; Fachliches Interesse offen 30,8 %, geschlossen: 54,7 %). Es ist zu vermuten, dass durch die Präsentation von Antwortitems auch Gründe, die bei der Entscheidungsfindung keine hervorzuhebende Rolle spielten, angegeben werden (Suggestivwirkung geschlossener Fragen, vgl. Raithel 2008, S. 70). Dies ließe sich durch die je nach Befragtengruppe unterschiedlich ausgeprägte inhaltsunabhängige Zustimmungstendenz (Akquieszenz) sowie die vermutete soziale Erwünschtheit einiger Items erklären.

Zum anderen zeigt die häufige Nennung der in den geschlossenen Items nicht abgefragten Motivation durch finanzielle und berufliche Absicherung (in der offenen Befragung am dritthäufigsten genannt), dass Rabels (2011) und Rothlands (2014) These der überwiegend intrinsischen Motivation der Lehramtsstudierenden zu hinterfragen ist. Gerade vor dem Hintergrund der Annahme, dass starke intrinsische Motive sowohl in Lehrerbildung als auch im späteren Beruf bessere Voraussetzungen schaffen als extrinsische Motive (vgl. Rothland 2014, S. 349), sollte die verstärkte Nennung von Sicherheit implizierenden Motiven weiter erforscht und in der Berufsberatung bedacht werden. Dies ist vor allem vor dem Hintergrund der Veränderung der Marktsituation (demografischer Wandel, Lehrkräftemangel) und Veränderungen im Hinblick auf Generationeneinstellungen von Interesse.

Verglichen nach Rangplätzen lässt sich dennoch eine gewisse Ähnlichkeit der Antworten feststellen. Die Unterstützung der Entwicklung von Kindern und Jugendlichen, das Überzeugtsein von den eigenen Fähigkeiten sowie das fachliche Interesse sind die am häufigsten genannten Gründe für die Entscheidung zum Lehramtsstudium, während familiäre oder freundschaftliche Bindungen weniger starke Auswirkungen haben.

Vergleicht man die gefundenen Kategorien mit denen des FEMOLA, so bestätigen sich dessen Begründungskategorien (fachliches Interesse, pädagogisches Interesse, Nützlichkeit, erwartungsbezogene Motivation, wahrgenommene Schwierigkeit des Studiums, Fähigkeitsüberzeugung) im Wesentlichen. Die Aufnahme eines Lehramtsstudiums aufgrund der angenommenen geringen Schwierigkeit wurde jedoch von den von uns befragten Studierenden gar nicht thematisiert. Einige Studierende benennen hingegen eine persönliche Weiterentwicklung außerhalb fachlicher Kompetenzen oder die Möglichkeit einer beständigen Weiterbildung als Grund für die

Aufnahme des Lehramtsstudiums. Dieser Aspekt des Studienwahlverhaltens wurde im FEMOLA nicht mit in die geschlossenen Fragen aufgenommen (was verwirrt, da er noch in den Vorbetrachtungen genannt wird; vgl. Pohlmann, Möller 2010, S. 74), ergänzt jedoch die Motivationen und könnte zudem zur Erklärung des Studienabbruchs herangezogen werden. Auch die Vorerfahrungen in pädagogischen Kontexten wurden in den Items des FEMOLA nicht berücksichtigt. Schließlich werden pragmatische Aspekte der Studienwahl, welche über die finanzielle Absicherung und die Vereinbarkeit des Lehrberufes mit Familie, Freizeit und Freunden hinausreichen, vernachlässigt. So konnten wir etwa fehlende Zulassungsvoraussetzungen oder die Verbindung mehrerer Interessensgebiete oder Vorteile eines bestimmten Studienortes als weitere Faktoren herausarbeiten, wobei freilich der Studienort allein noch kein hinreichendes Kriterium für die Wahl eines Lehramtsstudienganges darstellt, sondern lediglich das Bild der Motivation ergänzt. So könnte das Kriterium des Studienortes eine Rolle spielen bei der Entscheidung zwischen zwei Studiengängen. Zudem unterscheidet sich die Nennungshäufigkeit der jeweiligen Gründe bzw. Berufswahlmotivationen: Während Pohlmann und Möller als wichtigste Motivationen noch das pädagogische und fachliche Interesse herausstellten (2010, S. 82), sind es in der aktuellen Befragung wie bereits geschildert neben dem pädagogischen Interesse vor allem die Fähigkeitsüberzeugung sowie die berufliche und finanzielle Absicherung. Dies bestätigt die Annahme Pohlmanns und Möllers, dass sich Berufswahlmotive in einem gewissen Zeitraum durchaus ändern (2010, S. 74). Darüber hinaus legt dieser Befund nahe, den FEMOLA um die vernachlässigte Kategorie der persönlichen Entwicklung und Weiterbildung zu ergänzen.

3.3.3 Emotionales Erleben der Studienwahl

Die Studierenden (n = 164) äußern in Bezug auf ihre Studienwahl unterschiedliche Gefühle (Freude, Hoffnung, Zufriedenheit, Neugier, Angst, Ärger, Stress), welche sich entweder der Dimension des *positiven* oder der des *negativen* Emotionserlebens zuweisen lassen[3]. Wurden in einer Antwort mehrere Gefühle genannt, die in unterschiedliche Dimensionen einzuordnen sind, so wurden diese als *gemischt* klassifiziert.

Von solchen gemischten Gefühlen bezüglich der eigenen Studienwahl berichtet die knappe Mehrheit der Studierenden (52,7 %). Etwas weniger als die Hälfte (42,8 %) empfindet ausschließlich positive Gefühle beim Gedanken an die eigene Studienwahl, nur sehr wenige erleben ausschließlich negative Gefühle (4,5 %).

Tabelle 10: Darstellung des Emotionserlebens bezüglich der Studienwahl

Emotionserleben, Häufigkeit, gültige Prozent (n = 164)					
Positiv		Gemischt		Negativ	
70	42,8 %	87	52,7 %	7	4,5 %

3 Der Begriff „Gefühl" wird in dieser Studie als weiter Oberbegriff verwendet, der eine Vielzahl anderer Begriffe (etwa „Emotion") umfasst.

Die als positiv klassifizierten Gefühle ließen sich zu vier unterscheidbaren Kategorien zusammenfassen:

Freude (67,5 %)
Die Studierenden beschreiben *Vorfreude* („Vorfreude auf das Arbeiten", „ich freue mich auf die kommende Zeit, neue Dinge und Erfahrungen zu sammeln"), *Freude und Spaß* („ich bin sehr froh, dass mein Erstwunsch in Erfüllung gegangen ist"), *Erleichterung* („Dankbarkeit"; „Erleichterung das es geklappt hat") sowie ein allgemein *positives Grundgefühl* („sehr positives Gefühl, da ich meinem Ziel ein Stück näher komme") als die Studienwahl begleitende Gefühle.

Neugier (37,3 %)
Eine allgemeine *Neugier* („interessiert", „neugierig, was mich alles erwartet") sowie *Ehrgeiz und Tatendrang* („dieser Herausforderung will ich mich stellen", „ich habe Lust mich reinzuhängen") werden von den Studierenden als die Studienwahl begleitende Gefühle benannt.

Hoffnung (28,8 %)
Hoffnung („Hoffnung, dass man für sich das richtige gefunden hat", „Zuversicht") sowie eine angeregte *Ungewissheit* („bin aufgeregt was mich im Studium alles erwartet") spielen ebenfalls eine wesentliche Rolle im Emotionserleben der Studierenden.

Zufriedenheit (26,7 %)
Die Studierenden äußern *Zufriedenheit* („es war die richtige Entscheidung") und *Stolz* („Stolz über den Studienplatz") bezüglich ihrer Studienwahl.

Hinsichtlich des negativen Emotionserlebens ließen sich drei Beschreibungsmuster herausarbeiten:

Angst (40,6 %)
Respekt („Respekt vor den kommenden Aufgaben", „Respekt vor der Verantwortung und vor ‚Gegenstimmen'"), *Zweifel* („Unsicherheit, ob der gewählte Studiengang bzw. Beruf die richtige Entscheidung ist", „allerdings zweifel ich auch an meinen Fähigkeiten") und *Angst* („Versagensangst", „Angst vor einer fremden Stadt") empfinden die Studierenden bezüglich ihrer Studienwahl.

Anspannung (16,8 %)
Stress („Ich bin oft gestresst und gekaputt", „Leistungsdruck"), *Nervosität* und *Überforderung* („Derzeit fühle ich mich noch etwas überfordert, da alles neu ist.") werden von den Studierenden als vorherrschende Gefühle bezüglich ihrer Studienwahl beschrieben.

Ärger (7,3 %)
Die Studierenden nennen *Frustration* („Frust aufgrund Organisatorischem", „in Teilen Ernüchterung", „manchmal Frust (bei Mathe)"), *Ablehnung* („komische Kommilitonen") und *Ärger* („schlechte Laune, da man nicht immer weiß wozu man das Thema nun benötigt", „bin ich aber auch schokiert wie viele sich für das studium entscheiden. weil sie geld verdienen wollen oder es für sie ‚nichts anderes' gab").

Sonstiges (2,4 %)
Unklares und/oder nicht möglich einer Kategorie zuzuweisen sowie Einzelnennungen („Kausalität", „keine besonderen", „unmotiviert", „Verrat von Idealen").

Tabelle 11: Darstellung der Kategorien des emotionalen Erlebens bezüglich der Studienwahl

Kategorien des emotionalen Erlebens, Häufigkeit (gültige Prozent) (n = 164)					
Positiv			**Negativ**		
Freude	111	(67,5 %)	Angst	67	(40,6 %)
Neugier	61	(37,3 %)	Anspannung	28	(16,8 %)
Hoffnung	47	(28,8 %)	Ärger	12	(7,3 %)
Zufriedenheit	44	(26,7 %)			
Sonstiges 4 (2,4 %)					

Anmerkung: Mehrere Aussagen derselben Person zu einer Kategorie wurden nur einfach codiert.

Mehr als zwei Drittel der Studierenden verbindet mit der eigenen Studienwahl Freude (67,5 %), sie ist das mit Abstand am häufigsten genannte Gefühl. Angst (40,6 %) und Neugier (37,3 %) sowie Hoffnung (28,8 %) und Zufriedenheit (26,7 %) werden etwa gleich häufig benannt. Am seltensten empfinden die Studierenden Anspannung (16,8 %) oder Ärger (7,3 %) bezüglich ihrer Studienwahl, wobei beachtenswert erscheint, dass Gefühle der Verärgerung mit den im Studium vorgefundenen Bedingungen (etwa der Organisation, den Kommilitonen oder den fachlichen Inhalten) zusammenhängen und nicht die unmittelbare Zeit während der Entscheidungsfindung betreffen.

Vergleicht man die Ergebnisse der Befragung mit den erhobenen Daten zum Studienabbruch, so bestätigt sich die nahezu auf der Hand liegende Vermutung, dass der Beginn des Studiums für die Studierenden wesentlich häufiger mit positiven Gefühlen verbunden ist (42,8 %) als dessen Abbruch (18 %). Während lediglich 4,5 % der Studierenden ausschließlich negative Gefühle bezüglich der Aufnahme des Lehramtsstudiums äußerten, waren es bezüglich des Abbruchs 42 %. Gemischte Gefühle werden jedoch häufiger von Studierenden benannt, die vor ihrer Studienwahlentscheidung stehen (52,7 % im Vergleich zu lediglich 42 % bei den Abbrechenden).

Die häufige Äußerung von Angst bzw. Unsicherheit (40,6 %) in Bezug auf die Studienwahl kann im Zusammenhang mit der häufigen Angabe gemischter Gefühle auf zwei Ebenen gedeutet werden: Zum einen als Hinweis auf ein Bedürfnis nach *Sicherheit* bezüglich der eigenen Entscheidung. Diese könnte durch die Wahrnehmung einer Studienberatung, welche eine Beschäftigung mit den eigenen Zielen und Potenzialen bietet, gefördert werden. Zum anderen als Angst vor dem Scheitern an einem externen oder internen Gütemaßstab („Versagensangst"). Da es sich lediglich um eine *Befürchtung oder Erwartung* handelt, nicht um ein bereits eingetretenes Ereignis (vgl. dazu die Nennung von Niedergeschlagenheit mit 24,7 % als häufigstes den

Studien*abbruch* begleitendes Gefühl), scheint neben den Ängsten mehr Raum für positive Gefühle, etwa die Freude über den Erhalt des Studienplatzes oder die Hoffnung auf die problemlose Bewältigung des Studiums, zu bestehen. Gefühle der Scham und Niedergeschlagenheit treten in Bezug auf die Studienwahl nicht auf, was sich durch die noch ausstehende Bestätigung der Ängste bezüglich der Studienwahl sowie der gewählten Stichprobe erklären lässt: Befragt wurden Lehramtsstudierende des ersten Semesters, also diejenigen Bewerber, welche für das Studium *angenommen* wurden. Demgegenüber kommen jedoch die Kategorien der Anspannung und der Neugier hinzu.

Werden die Gefühle der Anspannung und Überforderung nicht durch eine gut ausgebaute Beratung und Unterstützung der Studierenden aufgefangen und manifestieren sich in dauerhaftem Stress, so stellen sie ein nicht zu unterschätzendes Abbruchrisiko dar (vgl. Abbruchstudie Herfter, Grüneberg, Knopf 2015; hier kann gezeigt werden, dass sich 11,7 % der Studienabbrecher:innen durch fachliche Anforderungen überfordert fühlen). Umgekehrt sind Neugier und Freude Emotionen, die, wenn sie durch eine gute Lehre und den Einbezug der Erwartungen der Studierenden allgemein gefördert werden, einen Abbruch des Studiums unwahrscheinlicher werden lassen.

Da nicht nach einer Begründung der eigenen Gefühle gefragt wurde, wurde die internale wie externale Zuschreibung des Ereignisses der Studienwahl nicht erhoben. Allein die Nennung bestimmter Gefühle kann jedoch Aufschluss geben über die Art der vorgenommenen Attribuierung. So lässt sich aus der relativ häufigen Nennung von Stolz (im Schnitt jeder zehnte Studierende, genauer 11,5 %) und der Absenz von Gefühlen der Scham schließen, dass viele Studierende das Gelingen ihres Vorhabens ihren eigenen Fähigkeiten zuschreiben, also internal attribuieren. Lediglich vereinzelt werden Gefühle der „Dankbarkeit“ für den Erhalt des Studienplatzes, welche auf eine externale Attribuierung schließen lassen, geäußert (1,5 %). Die beschriebenen Gefühle des Ärgers, welche ebenfalls auf eine externale Attribuierung hinweisen, können jedoch nicht im Kontext der Studienwahl betrachtet werden: Wie oben erwähnt, beziehen sich diese auf Situationen im Studium, nicht auf den Prozess der Studienwahl bzw. des Erhalts des Annahmebescheids selbst.

Es lässt sich zusammenfassen, dass schon zu Beginn des Studiums eine nicht zu unterschätzende Anzahl von Studierenden Gefühle der Angst und Anspannung äußern. Demgegenüber stehen eine große Neugier und Freude auf das Kommende. Gerade dieser Angst durch frühzeitige Beratung und Begleitung zu begegnen, erscheint als wichtige Maßnahme, um den Studienabbruch zu vermeiden. Eine spezielle psychosoziale Beratung für Lehramtsstudierende erscheint im Anbetracht der Verbreitung dieser Ängste als eine sinnvolle Maßnahme. Dies entbindet jedoch nicht davon, die Lehre und Betreuung der Studierenden auf einem hohen Qualitätsmaßstab zu halten. So lässt sich die beschriebene Neugier und Freude aufrechterhalten (zur Qualität des Studiums vgl. Grüneberg, Hefter & Knopf, 2013).

3.3.4 Entscheidungssicherheit und -zufriedenheit

Den Studienbeginn begleiten wie beschrieben Neugier und Freunde ebenso wie Ängste und Anspannung. Als ein wichtiger Einflussfaktor auf diese Gefühle kann die eigene Entscheidungssicherheit und -zufriedenheit angenommen werden. Während die Entscheidungssicherheit und die Entscheidungszufriedenheit der Lehramtsstudierenden bezüglich ihrer Studienwahl mit Hilfe von Rating-Skalen (Visuell-Analogskalen) erhoben wurden, wählten wir zur Erfragung möglicher Unterstützungsformen einer solchen Entscheidung ein offenes Antwortformat, um größtmögliche Freiheit in der Antwort-Formulierung zu sichern. Die Angaben aus der Visuell-Analog-Skala wurden auf eine Häufigkeitsverteilung von 1–100 abgebildet und nach Analyse ihrer allgemeinen Verteilung in eine Likert-Skala umcodiert. Dabei wurde für die aktuelle Befragung eine 4-stufige Skala verwendet, während bei der vorherigen Befragung eine 5-stufige Skala die Verteilung am besten abbildet.

Tabelle 12: Angaben zur Entscheidungssicherheit (WS 15/16) – umcodierte Likert-Skala

	Häufigkeit (Gültige Prozent) (n = 179)*
sicher	140 (78,2 %)
eher sicher	27 (15,1 %)
eher unsicher	6 (3,4 %)
unsicher	6 (3,4 %)

*(36 Angaben fehlend; 179 von 215)

Es zeigt sich, dass die Studierenden in ihrer Studienwahl überwiegend sicher sind. Nur sehr wenige geben schon zu Beginn des Studiums eine gewisse Unsicherheit an. Diese Grundtendenz lässt sich in beiden Erhebungsrunden bestätigen.

Tabelle 13: Vergleich der Angaben zur Entscheidungssicherheit aus beiden Jahren

	WS 14/15 Häufigkeit (Gültige Prozent) (n = 165)	WS 15/16 Häufigkeit (Gültige Prozent) (n = 179)
sicher	101 (61,2 %)	140 (78,2 %)
eher sicher	50 (30,3 %)	27 (15,1 %)
teils/teils	8 (4,8 %)	–*
eher unsicher	4 (2,4 %)	6 (3,4 %)
unsicher	2 (1,2 %)	6 (3,4 %)

* bei der Befragung im WS 15/16 wurde von den Studierenden eher keine Mittelkategorie gewählt, sodass die Antworten einer 4er Skala zugeordnet wurden

Tabelle 14: Angaben zur Entscheidungszufriedenheit (WS 15/16)

	Häufigkeit (Gültige Prozent) (n = 172)*
überhaupt nicht zufrieden	2 (1,2 %)
eher nicht zufrieden	7 (4,1 %)
eher zufrieden	37 (21,5 %)
äußerst zufrieden	126 (73,3 %)

*(43 Angaben fehlend; 172 von 215)

Auch die Entscheidungszufriedenheit scheint bei Studierenden des Lehramtsstudiums sehr stark ausgeprägt zu sein. Das Lehramtsstudium scheint damit die gewünschte Studienwahl und kein Verlegenheitsstudium darzustellen. Auf einer grundlegenden Fehlentscheidung oder erzwungenen Studienwahl scheinen die Abbruchquoten im Lehramtsstudium also nicht zu beruhen.

Tabelle 15: Vergleich der Angaben zur Entscheidungszufriedenheit aus beiden Jahren

	WS 14/15 Häufigkeit (Gültige Prozent) (n = 163)	**WS 15/16 Häufigkeit (Gültige Prozent) (n = 172)**
überhaupt nicht zufrieden (unzufrieden)**	0 (0,0 %)	2 (1,2 %)
eher nicht zufrieden (eher unzufrieden)**	4 (2,5 %)	7 (4,1 %)
teils/teils	11 (6,7 %)	-*
eher zufrieden	40 (24,5 %)	37 (21,5 %)
äußerst zufrieden (zufrieden)**	108 (66,3 %)	126 (73,3 %)

* bei der Befragung im WS 15/16 wurde von den Studierenden eher keine Mittelkategorie gewählt, sodass die Antworten einer 4er Skala zugeordnet wurden
**Modifizierung der Skalierungsbetitelung, Bezeichnungen entsprechen dem Fragebogen des WS 14/15

Dennoch geben einige wenige Studierende schon zu Beginn des Studiums größere Unzufriedenheiten und Unsicherheiten an. Diesen kann mit Unterstützungsmaßnahmen begegnet werden. Auf die Frage nach Formen der Unterstützung, welche die Entscheidung für oder gegen ein Lehramtsstudium erleichtert hätten, schildern die Studierenden sowohl Angebote, die sie bereits wahrgenommen hatten und als hilfreich empfanden, als auch Angebote, die sie sich – der Frage gemäß – wünschten. Insgesamt ließen sich, abgesehen von nicht zuzuweisenden Einzelnennungen, fünf verschiedene Unterstützungsbereiche aus den Antworten der Studierenden gewinnen, die im Folgenden näher ausgeführt werden sollen.

Bessere Informationen zum Studium und zur aktuellen Arbeitsmarktlage (21,1%)
Die Studierenden empfinden Informationsveranstaltungen im Allgemeinen („mehr Informationsveranstaltungen an Schulen") sowie spezifische Informationen zum Studienablauf, Studiengang, zu Inhalten einzelner Fächer und zur aktuellen Arbeitsmarktlage („Informationen über genaueren Studienablauf", „Tag der offenen Tür zu diesem Studiengang", „mehr Informationen zum bürokratischen Ablauf an Universitäten", „Ein umfassenderes bild was die themen in der fächer anbelangt.", „Aufklärung über Jobchancen") als unterstützend bei ihrer Entscheidungsfindung.

Sonstiges (21,1%)
Unklares und/oder nicht möglich zu einer Kategorie zuzuweisen sowie Einzelnennungen („Einene besseren Abiturschnitt", „Krippenplatz an der Uni", „Letztendlich ist man sich wohl nie 100 % sicher bei der Entscheidung", „spontane entscheidung").

Unterrichtsvorpraktikum (15,8%)
Wünschenswert zur Erleichterung einer Entscheidungsfindung erscheinen den Studierenden vielfältige Einblicke in Berufsalltag und Tätigkeitsspektrum von Lehrkräften („Mehr Einblicke in den Alltag eines Lehrers."), das Sammeln eigener Erfahrungen und die begleitete Erprobung der eigenen Fähigkeiten in einem Praktikum („Unterrichten direkt auszuprobieren wäre gut gewesen", „Die Möglichkeit, vorher ein offiziell begleitetes Praktikum zu machen").

Austausch mit Lehramtsstudierenden und Lehrpersonen (14%)
Die Studierenden benennen Gespräche mit Studierenden höheren Semesters („Kontakt zu Momentan-Studierenden") sowie Lehrpersonen („Begegnungen mit erfahrenen Lehramts - Studenten oder "jungen" Lehrern", „Erfahrungsberichte von ehem. Studenten") als förderlich für ihre Entscheidungsfindung.

Verbesserte Beratung (14%)
Die Studierenden nennen verbesserte persönliche wie testbasierte Beratung („individuelle Beratung", „ich hätte gern einen Test gemacht für das Fach auf das ich mich bewerbe um zu sehen wie gut meine Fähigkeiten darin sind.") und Feedback („Feedback von Lehrern") als unterstützend bei ihrer Entscheidungsfindung.

Emotionale Unterstützung und finanzielle Sicherheit (14%)
Die emotionale Unterstützung durch Freunde und Familie („Die Unterstützung meiner Freunde und Familie") sowie finanzielle Sicherheit („finanziellen Rückhalt") beschreiben die Studierenden als hilfreich bei ihrer Studienwahl.

Tabelle 16: Angaben zu gewünschten Unterstützungsformen

Kategorienbeschreibung	Häufigkeit (Gültige Prozent) (n = 50)
Bessere Informationen zum Studium	12 (24 %)
Sonstiges	12 (24 %)
Unterrichtsvorpraktikum	9 (18 %)
Austausch mit Lehramtsstudierenden und Lehrpersonen	8 (16 %)
Verbesserte Beratung	8 (16 %)
Emotionale Unterstützung und finanzielle Sicherheit	8 (16 %)

Um die Sicherheit der eigenen Entscheidung zu erhöhen, wünschen sich 21,1 % aller Befragten bessere Information zum Studium. Einzelnennungen wie ein besserer Abiturschnitt oder ein Krippenplatz an der Universität werden ebenso oft getätigt – dies mag an der geringen Zahl gültiger Antworten liegen (n = 50). Ein Unterrichtsvorpraktikum fänden 15,8 % aller Befragten entscheidungserleichternd. Schließlich wünschen sich je 14 % aller Befragten den Austausch mit Lehramtsstudierenden und Lehrpersonen, eine verbesserte universitäre Beratung sowie emotionale Unterstützung und finanzielle Sicherheit. Die Ergebnisse verdeutlichen zum einen, dass viele Studierende offenbar mit den gegebenen Unterstützungsformen zufrieden sind – so nennen nur 50 der insgesamt 172 Studienteilnehmer:innen Wünsche zur Verbesserung ihrer Entscheidungssicherheit. Dies stimmt mit den Ergebnissen zur Entscheidungssicherheit (siehe Tabelle 12) überein. Die 50 gegebenen Antworten zeigen jedoch mögliche Handlungsbedarfe an: So erscheinen die Einführung eines zwingend erforderlichen Orientierungspraktikums, die Schaffung respektive Erweiterung von Beratungs- und Informationsangeboten vor Studienbeginn sowie die verstärkte Zusammenarbeit mit Schulen zur weiteren Festigung der Entscheidungssicherheit der Studierenden von der Universität leistbar. Zudem wünschen sich die Studierenden (Frage nach Wünschen und Vorstellungen) Mentoren und Mentorinnen in den ersten Studienwochen und generell eine höhere Orientierung an der schulischen Praxis. Dies alles könnten auch Maßnahmen sein, um mehr Schüler:innen für ein Lehramtsstudium zu begeistern.

3.3.5 Schulformwahl und Schulformflexibilität

Gerade in Bezug auf den Mangel an Lehrkräften in bestimmten Schulformen wurde in der ersten Erhebungsrunde nach der Schulformwahl und der Flexibilität diesbezüglich gefragt. In einem geschlossenen Antwortformat sollten die Studierenden zunächst angeben, ob sie sich die Arbeit an einer anderen als der von ihnen gewählten Schulform vorstellen könnten. Anschließend wurden durch ein offenes Antwortformat, welches eine unvoreingenommene Antwort ermöglichen sollte, die Gründe der vorherigen Flexibilitätsangabe erhoben. Inhaltlich konnte an Ergebnisse der Befragung der Lehramts-Studienanfänger:innen des Wintersemesters 2009/2010 an der

Universität Leipzig zu den „Gründe[n] für die Wahl der Schulform“ angeknüpft werden (vgl. Herfter, Schroeter, Bergau 2011).

63,3 % aller Befragten (n = 158) geben an, sich vorstellen zu können, auch in einer anderen als der gewählten Schulform zu arbeiten. Wenig mehr als ein Drittel der Studierenden (36,7 %) möchten hingegen ausschließlich in der von ihnen gewählten Schulform unterrichten. Vergleicht man die Antworten mit der gewählten Schulform der Befragten, so zeigt sich, dass die Förder- und Mittelschullehrer:innen einem Wechsel der Schulform am aufgeschlossensten gegenüberstehen, die Grundschullehrer:innen hingegen am ehesten auf ihre Schulform festgelegt sind ($\chi2 = 8{,}738$; df = 3; asymp. Sig. (zweiseitig) 0,033) signifikanten Zusammenhang (Cramers-V 0,249; Phi 0,249). Setzt man diese Ergebnisse zu den im Wintersemester 2009/2010 erhobenen Daten in Beziehung, so wird deutlich, dass die Schulformflexibilität tendenziell zugenommen hat: Konnten sich im Jahr 2009 57,5 % vorstellen, die Schulform zu wechseln, sind es im Jahr 2014 bereits 63,3 %. Zudem hat sich die Bereitwilligkeit eines Schulformwechsels von den Gymnasiallehrern und Gymnasiallehrerinnen hin zu den Förder- und Mittelschullehrern und -lehrerinnen verschoben. Dies mag jedoch auch in der geringen Stichprobengröße sowie der Interviewsituation der vormaligen Studie begründet sein.

Tabelle 17: Kreuztabelle Schulform*Schulformflexibilität

	Ja	Nein	Gesamtsumme
Lehramt an Grundschulen	24 (17,0 %)	23 (16,3 %)	47 (33,3 %)
Lehramt an Mittel- bzw. Oberschulen	14 (9,9 %)	4 (2,8 %)	18 (12,8 %)
Lehramt an Gymnasien	31 (22,0 %)	22 (15,6 %)	53 (37,6 %)
Lehramt Sonderpädagogik	19 (13,5 %)	4 (2,8 %)	23 (16,3 %)
Gesamtsumme	88 (62,4 %)	53 (37,6 %)	n = 141

Die von den Studierenden angegebenen Gründe für die Offenheit bzw. Festlegung bezüglich der Schulform lassen sich in folgende Kategorien einordnen:

Veränderungs-und Entwicklungsoffenheit (32,5 %)

Als Grund für ihre Flexibilität benennen die Befragten eine allgemeine Veränderungs- und Entwicklungsoffenheit, die sich aus den positiven Möglichkeiten anderer Schulformen („Ich würde auch an Gymnasien unterrichten, da man den Ethikunterricht wesentlich anders gestalten kann.“), der Sympathie für eine anteilige Auflösung der momentan etablierten Schulformen („Ich finde Gemeinschaftsschulen toll.“), der Offenheit für Herausforderungen im Beruf („außerdem kann das mit neuen herausforderungen verbunden sein und das bringt einen dazu sich immer wieder neue Sachen ausdenken zu müssen“, „Entdecken und Erfahren neuer Gebiete und Anwendungsbereiche“) oder dem generellen Bestreben, sich nicht festzulegen („Ich halte mir gerne viele Optionen offen.“) speist.

Nein- Eigenschaften der Zielgruppe und der Schulart sind entscheidend (26%)
Die Studierenden benennen angenommene Eigenschaften der Zielgruppe („Weil ich nur mit Kindern diesen alters arbeiten möchte“, „Vor allem im Bezug auf Sport kann man ab der fünften Klasse die Schüler besser sportlich fördern und belasten als in der Grundschule.“) oder der Schulform („ich habe mir bewusst Gymnasium ausgewählt, weil ich hoffe, dass dort der Unterricht am ungestörtesten ablaufen kann“) als ausschlaggebend für eine Festlegung auf ihre Schulform.

Inklusion/Veränderungen im Bildungssystem werden dazu führen (14,8%)
Die Studierenden geben als Grund für ihre Flexibilität zukünftige Änderungen im Bildungssystem („Was genau die Zukunft bringt, kann man zwar nicht sagen, jedoch sollte man darauf gefasst sein, dass es Veränderungen geben kann, die auch die Schulform betreffen können.“) sowie aktuelle Gegebenheiten im Schulsystem („Lehrermangel herrscht in allen Schulformen, sodass bei entsprechendem Umfeld und Vergütung auch in anderen Schulformen die Möglichkeit besteht, dort eine Arbeitsstelle zu finden.“) an.

Ausbildung auch in anderen Schulformen anwendbar (7,7%)
Die Studierenden bringen zum Ausdruck, dass insbesondere ihre fachliche Ausbildung in mehreren Schulformen Anwendung finden kann („Ob Mittelschule oder Gymnasium macht vom Studieninhalt kaum einen Unterschied, somit auch nicht ob ich an der MS oder Gym. arbeite.“, „Da ich die Schulform Gymnasium gewählt habe, denke ich bin ich auch für andere Schulformen fachlich geeignet am Ende.“).

Nein aufgrund fehlender pädagogischer bzw. fachlicher Spezialisierung (7,1%)
Aufgrund fehlender fachlicher („In der Grundschule fehlt die Spezialisierung auf einzelne Fächer (bspw. Biologie und Geschichte)“) oder pädagogischer Spezialisierung („Zudem würde ich mir mit meiner Ausbildung das Unterrichten an einer Grundschule nicht vorstellen können“) sowie aufgrund der Vorstellung, für eine andere Schulform sei ein weiteres Studium von Nöten („Ich kann es mir nicht vorstellen, ein weiteres/vertiefenderes studium zu absolvieren.“) legen sich die Studierenden auf ihre gewählte Schulform fest.

Nein- Festlegung auf eine Schulform (6,5%)
Die Studierenden legen sich aufgrund nicht näher begründeter persönlicher Präferenzen („auf eine Oberschule hätte ich eigentlich keine Lust“, „Ich bin sehr zufrieden mit meiner gewählten Schulform und glaube nicht, dass ich später damit unzufrieden sein werde.“) auf eine Schulform fest.

Sonstiges (5,3%)
Unklares und/oder nicht möglich einer Kategorie zuzuweisen sowie Einzelnennungen („Gehörlose“, „Ich kann mir überhaupt nicht vorstellen, als Lehrer an einer staatlichen Schule zu arbeiten, da ich die Werte unseres Bildungssystems nicht unterstütze.“).

Tabelle 18: Gründe für die Offenheit oder Festlegung bezüglich der Schulform

Kategorienbeschreibung	Häufigkeit (Gültige Prozent) (n = 141)
Veränderungs- und Entwicklungsoffenheit	55 (39 %)
Nein – Eigenschaften der Zielgruppe und der Schulart sind entscheidend	44 (31,2 %)
Inklusion/Veränderungen im Bildungssystem werden dazu führen	25 (17,7 %)
Ausbildung auch in anderen Schulformen anwendbar	13 (9,2 %)
Nein – aufgrund fehlender pädagogischer bzw. fachlicher Spezialisierung	12 (8,5 %)
Nein – Festlegung auf eine Schulform	11 (7,8 %)
Sonstiges	9 (6,4 %)

Insbesondere zwei Punkte werden von denjenigen Studierenden herausgestellt, welche sich vorstellen können, die Schulform zu wechseln: Zum einen erscheint eine generelle Veränderungs- und Entwicklungsoffenheit für die Arbeit an einer anderen Schulform bedeutsam. Somit ist der Großteil der flexiblen Befragten von sich aus dazu bereit, die Schulform zu wechseln. Zum anderen geben die Studierenden als Grund für einen möglichen Wechsel der Schulform oftmals an, Veränderungen im Bildungssystem würden letztlich dazu führen, dass Lehrer:innen flexibel sein *müssten*. Dieser Grund scheint stärker von Annahmen über äußere Umstände motiviert und könnte mit dem ausgewiesenen Bedürfnis der Lehramtsstudierenden nach beruflicher Sicherheit in Zusammenhang stehen. Diejenigen, welche sich nicht vorstellen können, ihre Schulform zu wechseln, geben insbesondere Eigenschaften ihrer Zielgruppe, vermutete missliebige Eigenschaften von Schülern und Schülerinnen anderer Schulformen (etwa deren Niveau oder Begeisterungsfähigkeit) sowie Erwartungen an die eigene sowie fremde Schulformen an, die als nicht passend erachtet werden.

Lediglich 7,1 % aller Befragten fühlen sich auf eine andere Schulform aufgrund fehlender pädagogischer und insbesondere fachlicher Spezialisierung nicht genügend vorbereitet. Es fällt auf, dass eine fehlende *fachliche* Spezialisierung, wie beispielsweise im Grundschullehramt, für hinderlich bezüglich des Schulformwechsels empfunden wird („In der Grundschule fehlt die Spezialisierung auf einzelne Fächer (bspw. Biologie und Geschichte)“, „dass mir u. U. das fachliche Wissen fehlt, das ich als Gymnasial- oder Oberschullehrer brauche, da ich nur ein Kernfach statt zwei habe und dieses auch weniger Semester studiere als die Studenten für Gymnasial- oder Mittelschullehramt es tun.“). Umgekehrt scheinen Gymnasiallehrer:innen wenig Bedenken bezüglich ihrer fachlichen Eignung für andere Schulformen zu haben („Da ich die Schulform Gymnasium gewählt habe, denke ich bin ich auch für andere Schulformen fachlich geeignet am Ende.“). Dieser Befund stimmt mit den Ergebnissen der Interviewstudie zu den Gründen der Wahl der Schulform überein (vgl. Herfter/Schroeter/Bergau, 2011) und spiegelt die Grenzen der Flexibilität, welche durch die jeweils unterschiedliche Lehramtsausbildung gegeben sind und möglicherweise nur durch gezielte Vorbereitung und Schulung der Lehrkräfte überwunden werden können („Durch Entdecken und Erfahren neuer Gebiete und Anwendungsbereiche, Umschulung wird es theoretisch möglich und wenn der Wille da ist, ist auch ein Weg.“). Sollte es schulpolitisch geboten sein, eine höhere Flexibilität von Lehrern und Lehrerinnen zu verlangen, könnten die aufgeführten Meinungsäußerungen zur Ausgestaltung entsprechender Maßnahmen herangezogen werden.

3.3.6 Aspekte der Studienwahl

In der ersten Erhebungsrunde wurden die Studierenden neben der Entscheidungssicherheit und -zufriedenheit auch danach gefragt, ob Lehramt ihr bevorzugtes Studium sei, bzw. welche Alternativen es dazu gab. In der Auswertung bestätigt sich die schon getroffene Aussage einer besonders starken Festlegung der Studierenden auf das Lehramtsstudium.

Zunächst sollten die Studierenden beantworten, ob das von ihnen gewählte Studium ihre bevorzugte Studienwahl ist. Anschließend wurden sie gebeten, ihre Alternativen zu ihrem jetzigen Studium zu benennen und gegebenenfalls zu begründen, weshalb Sie das Lehramtsstudium bevorzugten. Um die größtmögliche Freiheit in der Formulierung der Antworten zu sichern, wurden alle Fragen – bis auf diejenige zur bevorzugten Studienwahl – offen formuliert.

Das Lehramtsstudium ist in der Regel die bevorzugte Studienwahl: 87,8 % aller Studierenden (n = 156) geben ihr jetziges Studium als ihre bevorzugte Wahl an, lediglich 12,2 % hätten lieber etwas Anderes studiert. Hierin bestätigt sich die hohe Entscheidungssicherheit der Lehramtsstudierenden.

Tabelle 19: Alternativen zum Lehramtsstudium für Studierende, deren jetziges Studium ihr bevorzugtes ist

Kategorienbeschreibung	Häufigkeit (Gültige Prozent) (n = 128)
Keine Alternativen	54 (42,2 %)
Naturwissenschaften und Ingenieurswissenschaften/Dual	17 (13,3 %)
Geistes- und Gesellschaftswissenschaften	16 (12,5 %)
Medizin	12 (9,4 %)
pädagogische Ausbildung/pädagogisches Studium	7 (5,5 %)
Ausbildung/Ausbildungsberuf	6 (4,7 %)
Psychologie	5 (3,9 %)
Tätigkeit im bisher ausgeübten Beruf	5 (3,9 %)
andere Fachkombination/andere Schulform im Lehramtsstudium	5 (3,9 %)
Sonstiges	3 (2,3 %)

Von denjenigen Studierenden, welche ihr derzeitiges Studium anderen Studiengängen vorzogen, geben 41,5 % an, die Studienwahl wäre alternativlos gewesen. Als Ausweichmöglichkeiten ziehen viele Studierende insbesondere Geisteswissenschaften, Natur- und Ingenieurswissenschaften in Betracht. Interessanterweise kommt nur für 5,4 % der Antwortenden eine andere pädagogische Ausbildung oder ein anderes pädagogisches Studium in Frage und lediglich 3,8 % hätten eine andere Schulform oder eine andere Fachkombination studieren wollen. Die Vehemenz, mit welcher knapp die Hälfte aller Lehramtsstudierenden auf ihrer Studienwahl als einziger Möglichkeit beharrt, fügt sich wiederum mit der allgemein hohen Entscheidungssicherheit und -zufriedenheit zu einem einheitlichen Bilde. Dies entspricht auch den eher geringen Studienabbruchquoten im Lehramt (vgl. Eulenberger et al. 2015).

Als Gründe für die Bevorzugung des jetzigen Lehramtsstudiums wurden folgende benannt:

Interessen/Fähigkeiten/Anspruch (24,2%)
Als ausschlaggebend für die Bevorzugung des jetzigen Studiums werden zum einen Interessen und Fähigkeiten benannt, welchen in Studium und Lehrberuf weiter nachgegangen werden kann („dennoch will ich mit Kindern arbeiten, deshalb ist das Lehramtsstudium die beste Entscheidung“), zum anderen verdeutlichen die Studierenden, dass andere Aufgabenfelder diesen Ansprüchen und Neigungen nicht gerecht werden („nach einem Praktikum in diesem Bereich, habe ich festgestellt, dass mir dieser Beruf einfach zu wenig Kontakt mit anderen ermöglicht und ich intellektuell nicht genug gefordert werde.“).

Studienbezogene pragmatische Erwägungen (23,1%)
Die Studierenden benennen pragmatische Gründe, wie die Kombination mehrerer interessanter Fächer („zum Anderen habe ich auch im Lehramtsstudium noch die Möglichkeit Kunst als Zweitfach dazuzustudieren“), die Dauer der Lehramtsausbildung („Lehramt hat kürzere Ausbildungszeit“), die Sehnsucht nach der Sicherheit eines Studienplatzes („Zusage Studium Lehramt“) oder Zweifel an den eigenen Fähigkeiten („medizin und psychlogie finde ich sehr spannend, doch dazu fühle ich mich nicht fähig“) für die Bevorzugung des jetzigen Lehramtsstudiums.

Berufliche und finanzielle Absicherung (17,6%)
Die Studierenden benennen die Unsicherheit, mit Abschlüssen anderer Studiengänge auch eine Stelle zu bekommen („die Sicherheit darin einen Job zu finden war gering“, „Ich habe mich aber gegen diese entschieden, weil sie aus Arbeitsmarktsicht ein bisschen perspektivlos waren“) oder die schlechte Bezahlung in anderen Branchen („das nicht im Verhältnis stehende Gehalt“) als Gründe für die Bevorzugung des Lehramtsstudiums.

Sinn und Berufung (13,2%)
Die Studierenden beschreiben das von ihnen gewählte Studium als Berufung („Lehramt allerdings ist für mich eine wirkliche Berufung.“) oder als Füllung des eigenen

Lebens mit Sinn („Es gibt mir einfach mehr im Leben, als ständig vor dem Computer in einem Unternehmen zu sitzen.“)

Fehlende Zulassungsvoraussetzungen (13,2%)
Fehlende Zulassungsvoraussetzungen zu einem anderen Studium aufgrund der Abiturnote („Ein erheblich besseres Abitur hätte mir vielleicht den Weg zur Zahnmedizin ermöglichen können“) oder aufgrund von Krankheit („Favorit: Sport Studium – aufgrund einer Knieverletzung zur Zeit nicht möglich“) werden als ausschlaggebende Gründe für die Bevorzugung des jetzigen Lehramtsstudiums angegeben.

Vereinbarkeit mit Familie (6,6%)
Die Vereinbarkeit von Lehrberuf und Familie („Doch mit Familie nicht gut vereinbar.“) empfinden die Studierenden als ausschlaggebend für die Bevorzugung des Lehramtsstudiums.

Sonstiges (2,2%)
Unklares und/oder nicht möglich einer Kategorie zuzuweisen sowie Einzelnennungen („Sehr gern hätte ich mich für Grundschullehramt mit dem Kernfach französisch entschieden, doch dies wird hier in Leipzig nicht angeboten.“, „Aufgrund eines Praktikums und Gesprächen mit Studierenden des alternativen Studiengangs, habe ich mich gegen den anderen Studiengang entschieden.“).

Tabelle 20: Gründe für die Bevorzugung des Lehramtsstudiums

Kategorienbeschreibung	Häufigkeit (Gültige Prozent) (n = 128)
Interessen/Fähigkeiten/Anspruch	22 (17,2%)
Studienbezogene pragmatische Erwägungen	21 (16,4%)
Berufliche und finanzielle Absicherung	16 (12,5%)
Sinn und Berufung	12 (5,2%)
Fehlende Zulassungsvoraussetzungen	12 (5,2%)
Vereinbarkeit mit Familie	6 (4,7%)
Sonstiges	2 (1,6%)

Bevorzugt wurde das Lehramtsstudium insbesondere aufgrund einer angenommenen Übereinstimmung von Berufsinhalten und den eigenen Interessen, Fähigkeiten und Ansprüchen (24,2%) sowie aufgrund studienbezogener pragmatischer Erwägungen (23,1%). Die Vereinbarkeit des späteren Berufs mit einer Familie scheint hingegen wenig ausschlaggebend für die Bevorzugung des Lehramtsstudiums. Werden die Antworten mit den Gründen für die Wahl des Lehramtsstudiums (siehe Tabelle 9) verglichen und die fehlende Deckungsgleichheit der gebildeten Kategorien dabei vernachlässigt, so fällt ins Auge, dass in beiden Fällen eigene Interessen und Neigungen als häufigste Gründe für die Entscheidung für das jetzige Studium und somit gegen andere Alternativen angeführt werden. Der Lehrberuf als sinnvolle Tätigkeit oder Berufung wird hingegen als Grund der Bevorzugung seltener genannt (13,2 %) als die ähnlichen Entscheidungsgründe „Innere Gewissheit und Fähigkeitsüberzeugung" (30,5 %) sowie „Gesellschafts- und Zukunftsrelevanz" (19,2 %). Dies könnte ein Hinweis darauf sein, dass die eigenen Interessen vom jeweils gewählten Lehramt unter allen zur Wahl stehenden Alternativen am besten widergespiegelt werden, jedoch mehrere Tätigkeiten von den Studierenden als sinnvoll und mit den eigenen Fähigkeiten übereinstimmend erachtet werden.

Tabelle 21: Alternativen zum Lehramtsstudium für Studierende, deren jetziges Studium nicht ihr bevorzugtes ist

	Häufigkeit (Gültige Prozent) (n = 19)
Andere Fächerkombination	8 (42,1 %)
Reines Fachstudium	8 (42,1 %)
Anderes Lehramt	6 (31,6 %)

Die hohe Bindung an die Lehramtsstudienwahl äußert sich insbesondere in den Alternativen dazu: So benennen über die Hälfte derjenigen Antwortenden, deren aktuelles Lehramtsstudium nicht ihre bevorzugte Studienwahl ist, als Wunschstudium entweder eine andere Fächerkombination im Lehramt oder aber ein anderes Lehramtsstudium. Lediglich 36,4 % der Studierenden würde ein reines Fachstudium dem Lehramtsstudium als solchem vorziehen.

3.3.7 Wünsche und Vorstellungen vom/an das Lehramtsstudium

Weiterhin wurden die Studierenden zu ihren Wünschen und Vorstellungen bezüglich des Studiums sowie ihrer aktuellen Studienmotivation befragt. Hierzu wurde in der zweiten Erhebungsrunde die Fragestellung verändert. Wurden die Studierenden in der Erhebung des Wintersemesters 2014/15 nach ihren Erwartungen an das Studium befragt, so lautet die neue Formulierung wie folgt: Welche Wünsche und Vorstellungen in Bezug auf das Lehramtsstudium haben Sie? Grund für diese Neuerung war die positivere Interpretation der Frage nach den „Wünschen und Vorstellungen", wohingegen festgestellt werden konnte, dass die Assoziationen zu „Erwartungen" neutral bis eher negativ interpretiert wurden, was sich im WS 2014/15 in der Kategorie „Pessimismus" manifestierte. Diese nun aktualisierte Frage entspricht eher den Zielen der Studie.

Um eine Beantwortung der Fragen nach sozialer Erwünschtheit einzuschränken und freie Erinnerungen zuzulassen, wurden die Fragen offen formuliert.

Bezüglich der Erwartungen an das Studium kann an die an der Universität Leipzig durchgeführte Teilstudie „Erwartungen von Studierenden an das Lehramt" angeknüpft werden (vgl. Bergau, Mischke, Herfter 2013).

Die Antworten auf die Fragen nach den Wünschen und Vorstellungen, welche die Studierenden bezüglich ihres Studiums hegen, wurden in nachfolgende Kategorien überführt:

Pädagogisches Studium (42,5%)
Die Studierenden rechnen mit dem Erwerb von didaktischen Kenntnissen („Ich hoffe, dass ich selbst gut darauf vorbereitet werde, meinen zukünftigen Schülern das Wissen zu vermitteln und mir gezeigt wird, wie ich mit bestimmten Situationen umgehen muss.", „Fokus auf dem Wie vermittle ich das Wissen am Besten"), insbesondere zur Methodik („Eine gute und umfassende Ausbildung, was Didaktik und Pädagogik betrifft", „Unterricht mal anders, die Klasse mit nach draußen nehmen, Unterricht raus aus dem Klassenraum", „Ich möchte mich mit verschiedenen pädagogischen Ansätzen auseinandersetzen.") und zur didaktischen Reduzierung und Unterrichtsvorbereitung allgemein („Lernen, wie man Lernschwache Schüler unterstützt, Unterrichtspläne erstellt, Ausflüge plant."). Darüber hinaus wünschen sich die Studierenden eine Vorbereitung auf den Umgang mit alltäglichen Problemen und den Umgang mit Schülern und Schülerinnen („Aspekte zum Umgang mit herausforderndem Verhalten der Schüler").

Fachstudium (36,6%)
Die Studierenden wünschen sich eine Erweiterung und Vertiefung ihres fachlichen Wissens („Wissen innerhalb meiner Fächer vertiefen", „Der Wunsch besteht darin, dass ein breites Spektrum Theorien und Ideen geboten wird", „Vermittlung des fachspezifischen Stoffes"), eine kritische Auseinandersetzung mit präsentierten fachlichen Inhalten („Das auch kritisch auf dass aktuelle Modell der Bildungswissenschaften, verschiedene Schulkonzepte und das Schulsystem geschaut wird.") sowie neue Perspektiven auf bekannte Sachverhalte („viele neue Sichtweisen kennenlernen").

Orientierung an schulischer Praxis (34,0%)
Die Studierenden hoffen auf praxisrelevante Inhalte („mehr Praxisorientierung", „praxisnahe Studieninhalte", „Abstimmung der Studieninhalte auf die Lehrpläne"), welche ihnen im Schulalltag nützlich sind („praktische Übungen im Umgang mit Klassen, Kollegen, Eltern etc.", „Das [...] mir später der Einstieg in das Berufsleben leicht fällt.").

Praktikum (19,6%)
Die Absolvierung mehrerer Praktika („Praxisanteile"), welche die Erprobung der im Studium erworbenen Inhalte und Fähigkeiten ermöglichen („frühzeitig in Schulen zu gehen, um dort zu hospitieren, Unterricht zu gestalten etc.", „Ich hoffe das mich viele Praktikas erwarten, wo ich mein erweitertes Wissen bereits anwenden kann.", „Ich wünsche mir, dass ich den Anforderungen in meinem Kernfach gerecht werden kann."), wird von den Studierenden erhofft.

Anspruch (19,0%)
Die Studierenden vermuten eine starke Forderung durch das Lehramtsstudium („Dass das Studium mit der Zeit einfacher wird, und nicht mehr alles so unverständig ist.", „Ich wünsche mir, dass ich den Anforderungen vor allem in meinem Kernfach gerecht werden kann.") oder aber einen in Ansehung eines reinen Fachstudiums vergleichsweise geringeren Anspruch („angemessen hohe Ansprüche", „leichtes

"Durchkommen"", „nicht bei den Bachelor/Diplom-Studenten zu sitzen."). Auch der Wunsch, eigenen oder fremden Ansprüchen zu genügen, wird genannt („einen guten Abschluss").

Gute Lehre/Betreuung und gemeinsames Lernen (12,4%)
Die Studierenden nennen Aspekte einer guten Lehre („Gute Dozenten, [...] gleichzeitig hohe[r] Qualität der Lehre", „interessante Themen", „Möglichkeit auch eigene Meinung einzubringen", „Ich wünsche mir für die noch folgenden Semester Dozenten, die die Inhalte ihrer Teilbereiche verständlich & anschaulich erklären können, sodass ein "großes Ganzes" entstehen kann, und man nicht mehr nacharbeiten muss, als eigentlich sein sollte."), Betreuung („gute Betreuung auch an Punkten wo man vielleicht nicht weiter weiß oder gar hinschmeißen möchte", „engagierte Dozenten") sowie eine angenehme Lernatmosphäre („kein großer Konkurrenzkampf im Studium, wie bspw bei den Juristen") als Erwartungen an das Studium.

Persönliche Weiterentwicklung (9,2%)
Die Studierenden benennen die Hoffnung auf eine Weiterentwicklung von Aspekten ihrer Persönlichkeit („dass ich mich in den nächsten Jahren als Mensch und im Bezug auf das Lehrerdasein entwickle", „eine funktionierende, persönliche Weiterentwicklung als Lehrerin vollziehen kann.", „Ich wünsche mir, dass ich am Ende des Studiums eine sehr gute Lehrerin sein werde") sowie ihrer Interessen und Ansichten („externe Förderungsmöglichkeiten zur Weiterbildung im eigenen Interessensbereich").

Organisation (5,3%)
Die Studierenden äußern den Wunsch nach einer verbesserten Organisation des Studiums („Ein Wunsch, den mein Studium ganz offensichtlich nicht zu lässt: Ich würde mich gerne auch individuell(er) mit Bereichen im Rahmen meines Studiums auseinandersetzen. Eine große Chance wäre dort der Ergänzungsbereich, da es meinem Studiengang aber nur vorgesehen ist, zwei Module zu besuchen, KSK verpflichtend und die "Einführung in das wissenschaftliche Arbeiten" einem als Erstsemester (trotz freiwilliger Basis) förmlich aufgedrängt wird, ist schlicht und ergreifend kein Raum mehr.", „Eine bessere Zusammenarbeit der Fakultäten in bezug auf die Lehrämter", „stets gute Organisation", „Gerade in der Einführungswoche als Ersti wäre es schön, einen Mentor zu haben. Man musste sich alle Veranstaltungen bezüglich der Fächer selbst suchen.", „Informationen zu den Praktika rechtzeitig bekommen").

Nichts/keine klare Vorstellung (3,9%)
Die Studierenden benennen das Fehlen studienspezifischer Erwartungen („Kann ich so am Anfang des Studiums noch nicht genau sagen.", „keine besonderen", „Erwarte nichts, erreiche alles.").

Sonstiges (3,3%)
Unklares und/oder nicht möglich einer Kategorie zuzuweisen sowie Einzelnennungen („Ich hoffe, dass ich nie wieder einen Text lesen muss, der behauptet, dass es Lernbehinderungen nicht gibt und alle Kinder mit Dyslexie auf die Förderschule ge-

hören.", „Zunehmende Einstellung von Lehrern, keine wachsende Schere zwischen Lehrern und Schülern, Verbeamtung", „Ich würde mir wünschen, dass die Kinder ihren Spaß am Lernen nie verlieren.").

Tabelle 22: Wünsche und Vorstellungen vom Studium – Gegenüberstellung beider Jahre (ehemals: Erwartungen an das Studium)***

Kategorienbeschreibung	Häufigkeit (Gültige Prozent) WS 14/15 (n = 133)	Häufigkeit (Gültige Prozent) WS 15/16 (n = 153)
Pädagogisches Studium	51 (38,3 %)	65 (42,5 %)
Fachstudium	53 (39,8 %)	56 (36,6 %)
Orientierung an schulischer Praxis	31 (23,3 %)	52 (34,0 %)
Praktikum	5 (3,8 %)	30 (19,6 %)
Anspruch	17 (12,8 %)	29 (19,0 %)
Gute Lehre und gemeinsames Lernen	11 (8,3 %)	19 (12,4 %)
Persönliche Weiterentwicklung	–*	14 (9,2 %)
Organisation	–*	8 (5,3 %)
Nichts/keine klare Vorstellung	17 (12,8 %)	6 (3,9 %)
Sonstiges	5 (3,8 %)	5 (3,3 %)
Erwartung von wenig Praxisrelevanz	6 (4,5 %)	–**

*neu eingeführte Kategorie in der Erhebung WS 15/16
**Kategorie entfällt in der Erhebung WS 15/16
***neue Frageformulierung im WS 15/16 – „Welche Wünsche und Vorstellungen haben Sie an das/ vom Studium?"; Fragestellung im WS 14/15: „Welche Erwartungen haben Sie an das Studium?"

Im direkten Vergleich ist für die beiden Erhebungsrunden grundlegend festzuhalten, dass aufgrund der Neuformulierung der Frage nach den Wünschen und Vorstellungen das Kategoriensystem weiter differenziert werden musste – damit steigt die Anzahl der Kategorien von ehemals neun auf nun elf Kategorien. Zu den bestehenden Kategorien aus der Erhebung des WS 14/15 kommen die zwei Kategorien „Persönliche Weiterentwicklung" und „Organisation" hinzu. Aufgrund dessen fällt jedoch auch eine alte Kategorienbeschreibung weg – „Erwartung von wenig Praxisrelevanz".

Eine fachliche sowie pädagogische Ausbildung stehen bei den Erwartungen wie auch im Vorjahr im Vordergrund. Dabei ist jedoch ein Positionswechsel zu verzeichnen – waren die Unterschiede zwischen Fachstudium (39,8 %) und pädagogischem Studium (38,3 %) im WS 14/15 sehr gering, fallen diese bei der jüngsten Erhebung mit einem Unterschied von 5,9 % etwas deutlicher auseinander (Pädagogisches Studium 42,5 %; Fachstudium 36,6 %). Somit ist für den Vergleich festzuhalten, dass die beiden Kategorien „Pädagogisches Studium" und „Fachstudium" eine Veränderung in ihrem Stellenwert aufweisen. Die häufige Nennung des „Pädagogischen Studiums" lässt vermuten, dass ein hoher Wunsch nach Handlungssicherheit besteht. Diese Sicherheit wird mit einer möglichst guten Ausbildung bezüglich des Lehrkraftseins begründet. Das eigene Auftreten, Verhalten, der Umgang mit besonderen Situationen etc. – bis zum Ende des Studiums wünschen sich die Studierenden, möglichst gut auf das „Unplanbare" vorbereitet zu sein. Das Fachwissen wird dabei „hintenangestellt", insbesondere soll hierbei das vorhandene Wissen „nur" vertieft und erweitert werden („Wissen innerhalb meiner Fächer vertiefen"). Weiterhin folgt in diesem oberen Segment den beiden erstgenannten Kategorien mit 34 % die „Orientierung an der schulischen Praxis".

In der Erhebung des WS 15/16 folgt im Ranking an vierter Stelle der Wunsch nach möglichst vielen Praktika (19,6 %), dies ergibt eine Zunahme von 15,8 %. Begründet werden kann dies in Anlehnung an den obig erwähnten Sicherheitsaspekt: Die Studierenden erwarten, in mehreren Praktika viel Erfahrungen sammeln zu können, um sich persönlich weiterzuentwickeln und auf alle Besonderheiten des Lehrkraftseins vorbereitet zu sein. Enttäuschungen können vermieden werden, wenn die Studierenden sehr frühzeitig (z. B. in Informationsveranstaltungen) ihre überwiegend pädagogischen Inhaltserwartungen gegenüber der vergleichsweise fachlich geprägten Studienrealität bewusst machen/reflektieren können.

Die gerade beschriebene „Persönliche Weiterentwicklung" wurde neu in das Kategoriensystem aufgenommen und liegt mit 9,2 % im Mittelfeld aller Nennungen. Die ebenso neu hinzugefügte Kategorie „Organisation" entspricht dem Wunsch nach entsprechend guter bzw. verbesserter Organisation des Studiums. Auch hier wünschen sich die Studierenden, dass ihre Individualität im Vordergrund steht, was oftmals durch die gewünschte Integration eines Wahlbereiches in das Studium beschrieben wird. Ein anderer Schwerpunkt in organisatorischer Hinsicht ist wieder an das Sicherheitsbedürfnis gekoppelt – als Erstsemester wünschen sich die Studierenden Mentoren und Mentorinnen während der Einführungswoche, die bestmögliche Unterstützung leisten (bspw. hinsichtlich der Erstellung des eigenen Veranstaltungsplans) und durch den der/die Studierende schnellstmöglich an zuverlässige Informationen gelangt.

Die Kategorien „Anspruch" sowie „Gute Lehre und gemeinsames Lernen" haben ihre Positionen gehalten, zum Vorjahr sind die Werte prozentual angestiegen (Anspruch 19,0 %; Gute Lehre/gemeinsames Lernen 12,4 %). Positiv zu verzeichnen ist letztlich auch das Absinken von 12,8 % auf 3,3 % der Kategorie „Nichts/keine klare Vorstellung".

3.3.8 Aktuelle Studienmotivation

Neben den Wünschen und Vorstellungen ergibt sich die Frage danach, was die Studierenden im Moment in ihrem Studium motiviert, damit diese Faktoren weiterhin im Rahmen der Möglichkeiten berücksichtigt und gefördert werden können. Folgende motivierende Faktoren wurden genannt:

Berufsstatus „Lehrer:in" (36,1%)
Die Studierenden geben das Ziel des Studienabschlusses („Mein Abschluss ist meine Motivation.", „Das Ziel im Auge behalten.") und die Vorfreude auf den Beruf („Ich denke an mein Ziel, später einen erfüllenden, meinen Interessen entsprechenden Beruf ausüben zu können.", „Ich freue mich einfach auf die Zeit nach dem Studium. Auf die Zeit, in der es dann richtig los geht.") sowie auf die mit dem Berufsstatus verbundenen Annehmlichkeiten („Ich stelle mir vor, wie schön der Beruf als Lehrer ist und welche Vorteile er hat") als Motivation zum Studium an.

Fachliches Interesse, Studieninhalte und inhaltlicher Austausch (27,7%)
Die Studierenden benennen Interesse und Spaß am Studium („Im Grunds bin ich sehr motiviert, weil ich bis jetzt alles sehr interessant finde und mir fast jedes Seminar/jede Vorlesung Spaß macht & gefällt.", „Eine große Motivation ist mein Wissensdurst und meine eigene Lernbereitschaft."), den gewählten Fächern („Außerdem machen mir die Fächer (bisher) viel Freude, das motiviert zusätzlich."), spezifischen Inhalten und Vorlesungen oder dem Wissenserwerb generell („Zeitschriften zum Thema Grundschullehramt lesen") sowie den Austausch über die Studieninhalte als Studienmotivation („mich mit Berufstätigen oder Studierenden zu den Themen auszutauschen und zu diskutieren", „In Lerngruppen unklare Dinge besprechen").

Berufsideal Lehrer:in (16,8%)
Die Studierenden benennen die Sinnhaftigkeit des Studiums („Ich stelle mir vor, wie ich später den Kindern erfolgreich helfe, ihren Weg im Leben zu finden"), ihre zukünftigen Schüler:innen („dass ich helfen möchte die Kinder nach ihren individuellen Bedürfnissen zu fördern und zu unterstützen") und die Gesellschaft („Ich führe mir vor Augen, wie wichtig der Lehrerberuf für die Gesellschaft ist.") sowie die Ausführung ihres Traumberufs („Ich führe mir vor Augen, dass dieser Beruf mein Traumjob ist") als motivierende Faktoren. Auch auf den Spuren eines persönlichen Vorbildes zu wandeln, wird als motivierend erlebt („schlechtes Lehrervorbild → will es besser machen", „Ich halte mir vor Augen, wie toll es doch ist, wenn man einem kompetenten, guten, freundlichen und sympathischen Lehrer gegenübersaß und dass ich so jemand sein könnte."). Im Gegensatz zur Kategorie "Berufsstatus" zielt das Berufsideal stärker auf intrinsische Motivation ab.

Gegenwärtige unterrichtspraktische Bezüge während des Studiums (16,1%)
Gegenwärtige („Neben dem Studium gebe ich Nachhilfeunterricht um praktische Erfahrungen zu sammeln.", „Mit Schulkindern über ihre Sicht der Schule reden", „selbst bereits unterrichten") und vergangene schulpraktische Erfahrungen („Ich erinnere mich immer wieder dass ich in meiner Nachhilfetätigkeit viele Schüler welche versetzungsgefährdet waren dauerhaft verbessern konnte.", „Ich erinnere mich an mein Praktika und an den Unterricht mit den Kindern.") geben die Studierenden als motivierend an.

Herausforderung und Leistungsvergleich (11,6 %)
Als motivierend werden von den Studierenden persönliche Herausforderungen („eigener Ehrgeiz", „Ich will das Studium möglichst in der Mindestzeit absolvieren.", „meine Anforderungen an mich selbst nicht zu niedrig setzen, damit ich weiter an mir und dem Studium arbeite."), der Vergleich mit den Leistungen anderer („andere haben es auch geschafft") und Qualifizierungsmöglichkeiten („Des weiteren möchte ich einen guten Abschluss machen.") beschrieben.

Studierendenleben/sozialer Austausch und Unterstützung (10,3 %)
Die Studierenden beschreiben Aspekte des Studierendenlebens („Ausgleich zum Unialltag schaffen mit z. B. Sport und anderen Hobbys", „Abwechslung von Arbeit und Freizeit", „ein gesundes Leben neben dem Studium führen und vieles an kulturellen Sachen mitnehmen."), des Studienortes Leipzig („Ich sehe, das kostengünstige Studium in einer schönen Stadt in Deutschland als Privileg an") sowie soziale Kontakte („Mir auch mal eine Auszeit gönnen und mich vor allem mit meinen Kommilitonen austauschen", „Mir den Rat von Freunden und Familie holen.") als Motivation zum Studieren.

Künftige Lehrtätigkeit (9,7 %)
Die Vorfreude auf die Praktika im Studium („Praktika an entsprechenden Schulen in den Semesterferien") sowie das künftige Unterrichten als Lehrkraft („Ich denke daran, wie es sein wird dann später als Lehrer zu arbeiten und freue mich total auf die Arbeit mit den Kindern.", „denn das erinnert mich an mein Ziel: [...] Wissen zu vermitteln!", „Ich denke daran, wie schön es sein wird, den Jugendlichen Wissen beizubringen und zu versuchen, sie von meinen Lieblingsfächern zu überzeugen und ihnen zu zeigen, wie interessant und wichtig diese sind.") werden von den Studierenden als motivierend beschrieben.

Sonstiges (7,1 %)
Unklares und/oder nicht möglich einer Kategorie zuzuweisen sowie Einzelnennungen („das möchte ich auch mal wissen...", „Ich habe einen nebenjob bei dem ich auch mal Toiletten sauber mache. Das sagt alles.", „Ich ignoriere meinen Schmerz.", „mich weiterhin gut organisieren", „meine derzeitige Situation betrachten.", „Nichts.").

Keine Motivation nötig (6,5 %)
Die Studierenden geben an, dass sie für ihr Studium keine zusätzliche Motivation benötigen bzw. ausreichend motiviert sind („ich bin motiviert", „Ich habe nicht das Gefühl, mich zusätzlich motivieren zu müssen, da ich motiviert bin.").

Tabelle 23: Aktuelle Studienmotivation – Gegenüberstellung beider Jahre

Kategorienbeschreibung	Häufigkeit (Gültige Prozent) WS 14/15 (n = 151)	Häufigkeit (Gültige Prozent) WS 15/16 (n = 155)
Berufsstatus „Lehrer:in“	61 (40,4 %)	56 (36,1 %)
Fachliches Interesse, Studieninhalte und inhaltlicher Austausch	77 (51,0 %)	43 (27,7 %)
Berufsideal Lehrer:in	18 (11,9 %)	26 (16,8 %)
Gegenwärtige unterrichtspraktische Bezüge während des Studiums	7 (4,6 %)	25 (16,1 %)
Herausforderung und Leistungsvergleich	36 (23,8 %)	18 (11,6 %)
Studierendenleben/Sozialer Austausch und Unterstützung	37 (24,5 %)	16 (10,3 %)
Künftige Lehrtätigkeit	30 (19,9 %)	15 (9,7 %)
Sonstiges	11 (7,3 %)	11 (7,1 %)
Keine Motivation nötig	–*	10 (6,5 %)

*Kategorie wurde im WS 14/15 nicht aufgestellt

Während sich einige Antworten auf die aktuelle Situation im und neben dem Studium beziehen (Fachliches Interesse, Studieninhalte und inhaltlicher Austausch/Studierendenleben, sozialer Austausch und Unterstützung/Herausforderung und Leistungsvergleich/Unterrichtspraktische Bezüge während des Studiums), beschreiben andere Antworten die vorgestellte Zukunft als motivierend (Berufsstatus „Lehrer:in“/Künftige Lehrtätigkeit/Berufsideal Lehrer:in).

Bei der vergleichenden Betrachtung beider Erhebungsrunden wird deutlich, dass Bewegung in die kategoriale Rangfolge gekommen ist. Motivierten die Studierenden im Vorjahr mit über 50 % noch die Studieninhalte am stärksten, so blicken die Studierenden der jüngsten Erhebung eher in die Zukunft – mit 36,1 % steht der „Berufsstatus ‚Lehrer:in'“ an erster Position, gefolgt von „Fachliches Interesse, Studieninhalte und inhaltlicher Austausch“ mit 27,7 %. Im Überblick: Bezogen sich im WS 14/15 noch insgesamt 157 Aussagen auf die aktuelle Situation im und neben dem Studium und 109 Aussagen auf die vorgestellte Zukunft, lässt sich das Bild diesmal nicht eindeutig in Zukunft und Gegenwart gliedern. Die in der Gegenwart liegenden Anreize zum Studieren und die Vorstellung ferner Ziele scheinen demnach gleich wichtig für die Studierenden zu sein.

Im Allgemeinen imaginieren Lehramtsstudierende stärker ihre Zukunft, was der genauen Vorstellung vom späteren Beruf geschuldet ist. Dies spiegelt sich auch darin wider, dass bei der jüngsten Erhebung die Aussagen über die Zukunft in den Rängen deutlich gestiegen sind (Berufsstatus „Lehrer:in“ einen Platz aufgestiegen; „Berufsideal Lehrer:in“ von Platz 6 auf Platz 3; „Künftige Lehrtätigkeit“ um zwei Plätze gesunken). Ebenso ist bei den gegenwärtigen unterrichtspraktischen Bezügen ein prozentualer Anstieg von 11,5 % zu verzeichnen. Im Vergleich zum Vorjahr wurden im WS 15/16 ausschließlich Erstsemester befragt (in der Vorhebung waren auch Nicht-Studienanfänger:innen Teil der Befragungsgruppe, die durch Fach -oder Studiengangwechsel im ersten Semester immatrikuliert waren). Es ist anzunehmen, dass ein gewisser Anteil der Verschiebung in den Antworten dadurch zu erklären ist. Es könnte sein, dass sich die Studierenden am Beginn ihres Studiums tendenziell am stärksten auf die zentralen Themen des Studiums konzentrieren, was wiederum erklärt, weshalb die Kategorie „Studierendenleben" um drei Plätze gefallen ist. Zu erklären wäre dies abermals mit dem verstärkten Zukunftsfokus der Studierenden, wodurch gegenwärtige Dinge eher in den Hintergrund rücken. In Anlehnung daran ist festzuhalten, dass Lehramtsstudierende weniger stark von einem kompetitiven Gedanken geprägt zu sein scheinen. Die Kategorie „Herausforderung/Leistungsvergleich" befindet sich an selber Position wie im Vorjahr, ist jedoch um 12,2 % abgesunken – die Studierenden motiviert es also nicht besonders stark, mit anderen in Konkurrenz zu treten und die eigene Leistung anhand der Ergebnisse anderer zu messen. Eher noch war es nötig, das System um eine Kategorie zu erweitern – „Keine Motivation nötig" –, die Studierenden benötigen also keine zusätzliche Motivation bzw. sind bereits ausreichend motiviert. Es ist zu vermuten, dass aufgrund der Frageformulierung ein Verständnisproblem vorliegt. Das Ziel war es, mehr über die extrinsischen Motive zu erfahren. Anhand der Aussage „Keine Motivation nötig" wird deutlich, dass die Studierenden eine hohe intrinsische Motivation aufweisen. Dies spiegelt sich an anderer Stelle („Gründe der Studienwahl") wider, wo die Studierenden von ihrer hohen „inneren Berufung" berichten, die sie dazu angetrieben hat, das Studium aufzunehmen. Es ist zukünftig darauf zu achten, dass für kommende Erhebungen die Fragestellung konkretisiert wird.

Auf die Frage nach positiven Aspekten des Lehramtsstudiums antworteten nur 46 Studierende. Im Folgenden sind die aus den gegebenen Antworten gebildeten Kategorien ihrem Rang nach angegeben:

Soziale und fachliche Kompetenz der Lehrenden
Als positiv betrachten die Studierenden die soziale und die fachliche Kompetenz der Lehrenden. Zur fachlichen Kompetenz der Lehrenden zählt die Lehre („Die Lehrkräfte aus dem pädagogischen Bereich sind fähig und versuchen ihren Stoff anschaulich zu vermitteln", „Sehr kompetente Professoren") sowie die Betreuung und Beratung der Studierenden. Zur sozialen Kompetenz zählen sowohl der Umgang mit den Studierenden („Sehr freundliche Umgang der Dozenten mit den Studenten.", „Hilfsbereitschaft der Professoren und Dozenten") als auch Art und Weise der Erfüllung der Dienstaufgaben („motivierte Seminarleiter", „die meisten Lehrkräfte gehen auf Kritik ein").

Lernen und Interessen vertiefen
Die Studierenden betonen das Lernen und den damit verbundenen Lernerfolg („Die Studieninhalte sind zumindest in einem Fach nicht sehr an das Schulwissen anknüp-

fend, es lässt sich auch gut lernen ohne maximales Schulwissen zu haben- das find ich gut."), die theoretischen fachwissenschaftlichen Inhalte des Studiums („Sudieninhalte", „Bildungswissenschaften und Pädagogischer Schwerpunkt") und das Vertiefen der eigenen Interessen („Sehr interessante Inhalte in den Förderschwerpunkten", „So viele interessante Angebote und Leute um sich zu haben") als positiven Aspekt des Studiums.

Angebot und Ausstattung der Universität
Die Studierenden benennen die allgemeine Ausstattung der Universität („sehr gut ausgestattete Uni", „Die Standorte der Universität sind gut zu erreichen", „Studienbedingungen (PC-Pools, WLAN, Sporthallen...)", „gute Bibliothek", „Uni-Card (Mensa und Ticket)") oder spezifische Angebote („Das Mensa Essen ist super", „Tutorien") als positiv.

Gemeinschaft der Studierenden
Die Studierenden benennen die sozialen Kontakte im Studium („Sozialer Kontakt mit Gleichgesinnten"), den Zusammenhalt und die gegenseitige Unterstützung unter den Studierenden („Viel Teamarbeit", „Die Komilitonen sind nett und hilfsbereit.") als einen positiven Aspekt ihres Studiums.

Organisation, E-Learning und Beratung
Die Befragten befinden insbesondere die Studienorganisation („gute Organisation", „Nur eine Prüfung an Semester Ende"), E-Learning („Über internet vieles zugreifbar", „Folien sind online zur wiederholung bereitgestellt") sowie die Beratung („genügend Ansprechpartner", „Bereitstellung von Hilfe durch verschiedene Institutionen") als positiv im Studium.

Flexibilität und Freizeit
Die Studierenden betonen ihre Eigenverantwortlichkeit bei der Kurswahl und der Besuche der Veranstaltungen („Man konnte relativ flexibel die Kurse wählen", „alles ist lockerer, es besteht nicht die Pflicht zu kommen, man muss sich also selber dafür oder dagegen entscheiden", „Eigenständige Zeiteinteilung, da es keine Anwesenheitspflicht bei Veranstaltungen gibt") sowie die sich daraus ergebene Flexibilität ihrer Zeiteinteilung und die gute Vereinbarkeit von Studium und Freizeit („Gute Vereinbarung mit Freizeit") als positiv.

Praxisnähe
Die Studierenden benennen eine allgemeine Praxisorientierung („teilweise große Praxisbezogenheit"), praxisnahe Inhalte („Praktische Inhalte") sowie spezielle Fachdidaktik („Die Schulbezogenheit der Sachunterrichtsdidaktik") als gute Vorbereitung auf ihr späteres Berufsleben.

Sonstiges
Unklares und/oder nicht möglich einer Kategorie zuzuweisen sowie Einzelnennungen („Nähe zum Heimatort", „Mediennutzung", „Die NCs haben sich aus den Noten der zu unterrichtenden Fächer errechnet").

Die sozialen wie fachlichen Kompetenzen der Lehrkräfte werden von den Studierenden am häufigsten positiv hervorgehoben. Weiterhin werden die Vertiefung der eigenen Interessen durch das Studium sowie Angebote und Ausstattung der Universität Leipzig als positiv beschrieben. Darüber hinaus loben die Studierenden die Gemeinschaft mit anderen Studierenden, die Organisation des Studiengangs, Beratungsangebote und die E-Learning-Betreuung sowie die Flexibilität und freie Zeiteinteilung im Studium. Die Praxisnähe des Studiums fällt hingegen am seltensten positiv auf. Dies erklärt sich daraus, dass Studierende des ersten Semesters befragt wurden, die ihre Schulpraktika noch vor sich haben.

Die genannten positiven Aspekte decken sich in weiten Teilen mit den Antworten der Studierenden des dritten Semesters der Teilstudie „Positive und negative Aspekte des Lehramtsstudiums aus Sicht der Studierenden". So werden die Kompetenzen der Lehrkräfte ebenfalls am häufigsten beschrieben, die Praxisnähe des Studiums hingegen am seltensten positiv benannt. Abweichungen treten in der Bewertung der Organisation des Studienganges auf, welche die Drittsemester positiver beurteilen als die Erstsemester. Da die Drittsemester dem Bachelor-Studiengang angehörten, die hier befragten Erstsemester jedoch dem Staatsexamen, sind diese Angaben nur bedingt vergleichbar. Auch wird die Studienorganisation zu Beginn eines Studiums im Zuge der Orientierung meist kritischer eingeschätzt als im weiteren Studienverlauf. Die Möglichkeit, eigene Interessen zu vertiefen, wird von den Drittsemestern hingegen weniger häufig positiv benannt als von den Erstsemestern. Die Studierenden des ersten Semesters scheinen demnach der Vertiefung ihrer Interessen einen höheren Stellenwert beizumessen als die Studierenden des dritten Semesters. Das Absinken der Bedeutung der Vertiefung eigener Interessen sowie des Lernens könnte unter anderem durch die zunehmende Frustration der Studierenden über die geringe Lehrplanrelevanz der fachlichen Inhalte begründet sein (vgl. Grüneberg, Knopf, Herfter 2013).

Auch zu den negativen Aspekten des Studiums wurden die Studierenden befragt. Folgende Oberkategorien wurden aus den 112 Antworten gebildet:

Organisatorische Probleme/E-Learning/Beratung und Betreuung
Die Befragten nennen Probleme, die sich auf schlechte Organisation sowie Betreuung des modularisierten Studiengangs zurückführen lassen. Hierzu zählen mangelnde Wahlmöglichkeiten, Überschneidungen („fehlende Kompatibilität der Kernfächer (Mathematik & Latein)", „unvermeidliche Überschneidung von Veranstaltungen (Kunst/Bio)"), zu geringe Zeitfenster zwischen den Veranstaltungen („Schwierigkeiten in ruhe mittag zu essen zwischen den vorlesungen"), mangelnde Absprachen zwischen Fakultäten („keine Kommunikation zwischen den Fakultäten"), zu kurzfristige Planungen und Bekanntmachungen („Wenig Informationen über Ausfall."), fehlende inhaltliche Struktur („Informationen über Studienablauf (z. B. Laufzettel für Module)") und mangelnde Beratung der Studierenden sowie Betreuung der Internetpräsenzen („Unübersichtlichkeit der unzähligen Uni-Internetseiten!! Und erst im hundertsten Link findet man was man sucht.").

Unangemessener Workload und Leistungsanforderungen
Der zu hohe Workload („hoher Zeitaufwand, bzw. Präsenzzeit", „Viele lange und umständlich geschriebene Texte, die jede Woche bearbeitet werden sollen"), Probleme mit Inhalten einzelner Fächer („schwierige Inhalte (Pflichtmodul Chemie für Bio)", „Unverständnis für den Mathematik Stoff") sowie die generelle Überforderung mit den Leistungsanforderungen im Semester („Stress und Lernpensum") werden von den Studierenden als negative Aspekte des Studienganges aufgeführt.

Probleme in der Lehre und mit den Lehrenden/ Prüfungen
Schwierigkeiten innerhalb der Lehrveranstaltungen („die Bildungswissenschaften arbeiten nicht so durchdacht wie die Förderpädagogik") und mit der Arbeit der Lehrenden werden von den Studierenden als negativ bewertet. Zur Arbeit der Lehrenden zählt neben der Lehre („Manche Seminare finde ich zu methodisch und dafür lerne ich wenig.", „ungegliedertes Reden vieler Dozenten", „Inkompetente Dozent/innen") auch die Beratung und Betreuung der Studierenden („Sprechzeiten und Erreichbarkeit von Dozenten ist teilweise sehr schlecht.", „Kommunikationsschwierigkeiten zwischen Studenten und Dozenten", „Die Übungsgruppenleiter der Mathe-Übungsgruppen bewerten sehr unterschiedlich, was nachteilig und zum Teil auch unfair wird."). Auch der Umgang mit Prüfungsanforderungen („Prüfungsangst", „Einschätzung der Prüfungsvorbereitung ist schwierig") oder aber die Unklarheit dieser („Angst vor der Klausur, weil keine Ahnung von Ablauf, Fragen, Bewertung, etc. ...") werden als negativ herausgestellt.

Angebote und Ausstattung der Universität
Die Studierenden bemängeln die fehlende und mangelhafte Ausstattung der Universität Leipzig im Allgemeinen. Insbesondere werden die langen Wege zwischen den Fakultäten als hinderlich empfunden („Weite Wege zwischen den Fakultäten (keine richtige Pause, sondern nur Zeit zum hin und her fahren)"), aber auch fehlende Kinderbetreuungsmöglichkeiten („Das Fehlen von Betreuungsplätzen für Kinder unter 2 Jahren."), überfüllte Lehrveranstaltungen („zu viele Studenten auf zu kleinen Seminarräumen", „Die Seminare sind überfüllt") oder zu wenig Angebote im Tutorien-Bereich („Zu wenig Tutorien Angebote").

Zu hoher fachwissenschaftlicher Anteil
Eine qualitativ oder quantitativ zu fachwissenschaftliche Ausrichtung des Studiums („Dass ich die reine Mathematik studieren muss obwohl ich nur Lehrer werden will", „Kernfach sehr wissenschaftlich (nicht relevant für Grundschule)", „Hohes fachliches Niveau des Kernfaches") sowie ein Mangel an lehramtsrelevanten Inhalten („Zu wenig Didaktik in meinen Augen") und fehlender Praxisbezug („Wenig Praxis", „Zu wenig Praxis, zu späte Praktika") empfinden die Studierenden als negativ.

Sonstiges
Unklares und/oder nicht möglich einer Kategorie zuzuweisen sowie Einzelnennungen („nervende Studierende", „hinderlich sind meine Defizite im Umgang mit Technik, neuen Medien, PC-Programmen", „länger zurückliegendes abitur").

Insbesondere organisatorische Probleme, Probleme mit dem E-Learning oder eine unzureichende Beratung und Betreuung werden als negativ beschrieben. Die Arbeitsbelastung empfinden viele Studierende als unangemessen, Probleme mit der Lehre und den Lehrenden als belastend. Selten kritisiert werden hingegen Angebote und Ausstattung der Universität – hier bemängeln die Studierenden insbesondere die langen Anfahrtswege zwischen den einzelnen Veranstaltungsorten – sowie ein zu hoher fachwissenschaftlicher Anteil, was mit der häufigen positiven Herausstellung dieser beiden Aspekte zusammenstimmt.

Im Vergleich mit den genannten positiven Aspekten fällt zunächst auf, dass mehr als doppelt so viele Studierende auf die Frage nach negativen Aspekten des Studiums geantwortet haben (positiv: 49 Antworten; negativ: 112 Antworten). In der früheren Befragung Studierender ließ sich eine solche Tendenz nicht feststellen. Dies lässt den Schluss zu, dass die Studierenden des neuen Staatsexamens mit ihrem Studiengang tendenziell (unter Berücksichtigung der niedrigeren Rücklaufquote) unzufriedener sind als die Bachelor-Studierenden.

Im Vergleich der Antworten der Erst- mit den Antworten der Drittsemester tritt hervor, dass von beiden Studierendengruppen organisatorische Probleme ebenso wie Probleme mit der Betreuung und Beratung am häufigsten angesprochen werden. Dies weist auf die generelle Verbesserungswürdigkeit dieser Bereiche im Bachelor-Studiengang ebenso wie im neuen Staatsexamen hin. Ein zu hoher fachwissenschaftlicher Anteil, welcher von den Drittsemestern an vierter Stelle bemängelt wird, scheint für die Erstsemester kein großes Problem darzustellen. Dies könnte in der Erwartung von mehr Praxisbezügen in den folgenden Semestern begründet sein. Auffällig ist jedoch, dass die Erstsemester im Vergleich zu den Drittsemestern sehr häufig zu hohe Leistungsanforderungen als negativen Aspekt benennen. Dieser Umstand lässt zwei Interpretationen zu: Zum einen, dass sich die Studienneulinge erst an die neuen Anforderungen und Arbeitsweisen an der Universität gewöhnen müssen. Zum anderen könnte das Ergebnis jedoch auch ein Hinweis darauf sein, dass das neue Staatsexamen im Vergleich zum Bachelor-Studiengang generell als anspruchsvoller wahrgenommen wird.

3.4 Zusammenfassung und Zwischenfazit

Die vorliegende Online-Befragung richtete sich an Studierende der Lehramtsstudiengänge an der Universität Leipzig im ersten Semester und umfasste in zwei Erhebungsrunden die Immatrikulationsjahrgänge WS 14/15 und WS 15/16. Mit etwa 12–14,6 % bzw. 11,9–15,3 % sind die Rücklaufquoten insgesamt recht niedrig, jedoch im üblichen Rahmen entsprechender Onlinebefragungen. In Bezug auf die Schulformen sowie der Geschlechterverteilung entsprechen sie in etwa den Zahlen und Angaben der Verteilung der Grundgesamtheit aller Lehramtsstudierenden in Sachsen und sind diesbezüglich entsprechend repräsentativ. Für die Auswertung der offenen Fragen konnten im Rahmen der qualitativen Inhaltsanalyse für die Kategoriensysteme durchweg sehr gute Kappa-Werte erreicht werden.

Die Ergebnisse der quantitativen Befragung Leipziger Studierender im ersten Semester des Lehramtsstudiums sind vor dem Hintergrund ähnlicher Befragungen an anderen Universitäten wenig überraschend. So nannten die Studierenden als wesentlichen Grund das intrinsische Berufswahlmotiv, Kinder und Jugendliche in ihrer Persönlichkeitsentwicklung und Ausbildung unterstützen zu wollen. Die meisten eint dabei ein hohes fachliches Interesse. Dieses ist gepaart mit einer hohen Fähigkeitsüberzeugung davon, eine gute Lehrkraft zu sein. Die persönliche Fähigkeitsüberzeugung scheint dabei an Relevanz zuzunehmen. Eine frühe Enttäuschung dieser Selbstwahrnehmung durch schlechte Studienleistungen in den ersten Semestern könnte einen Erklärungsansatz für schnelle generelle Studienzweifel geben. Aus dem Berufswahlmotiv der Arbeit mit Kindern und Jugendlichen ergibt sich darüber hinaus logisch der Wunsch nach einem frühen Praxiskontakt. Weniger relevant und eher gemischt sind die Ergebnisse bezüglich des Einflusses Dritter bei der Entscheidung. So wirken gute eigene Lehrer:innen als starkes Vorbild, wohingegen der Einfluss familiärer Tradition zwar vorhanden ist, jedoch größtenteils abgelehnt wird. Empfehlungen Dritter scheinen relevanter als Vorbilder im direkten sozialen Umfeld. Besonders ausschlaggebend für die Studienentscheidung sind in diesem Zusammenhang Feedbacks bezüglich der Lehrkompetenz. Im Vergleich zu dem hohen Interesse am Fach steht für die Lehramtsstudierenden die wissenschaftliche Herausforderung weniger im Vordergrund.

Vergleicht man die Antworten im Hinblick auf die gewählte Schulform, so zeigt sich bei den angehenden Gymnasiallehrkräften eine starke Fachorientierung, wohingegen die angehenden Grundschullehrkräfte stärker die pädagogisch-erzieherische Herausforderung in der Arbeit mit ihrer Schülerschaft suchen. Grundschullehrer:innen bringen in das Studium mehr Vorerfahrungen ein, während Gymnasiallehrer:innen stärker durch das Vorbild eigener Lehrer:innen geprägt sind. Einhellig wird die Begründung abgelehnt, dass Lehramtsstudium sei leichter als andere Studiengänge. Die Fachorientierung – die Vermittlung des eigenen Fachs wird als wichtig empfunden – ist generell sehr hoch und in der zweiten Erhebungsrunde im Vergleich zur ersten noch einmal signifikant gestiegen. Die Betonung des Anspruchs und der Beanspruchung findet sich auch in den beruflichen Einstellungen. Erwartungsgemäß ernten Aussagen die stärkste Zustimmung, welche auf den Anspruch und die Beanspruchung durch den Lehrberuf abzielen.

Die berufliche Gesamtsituation von Lehrkräften wird durch die Lehramtsstudierenden insgesamt als "gut" eingeschätzt. So stimmen sie Aussagen, die dem Lehrberuf gute Einstellungschancen, Flexibilität, Freizeit und Vereinbarkeit mit der Familie bescheinigen, tendenziell zu. Die Bezahlung liegt nach Einschätzung der Studierenden im mittleren Bereich. Es kann angenommen werden, dass diese Einschätzung der Gesamtsituation sich in etwa auch in der persönlichen Motivation vieler Lehramtsstudierender widerspiegelt. Einzig das Ansehen des Lehrberufs wird als wenig ausgeprägt erlebt, wobei sich eine kleine Positivtendenz zwischen beiden Erhebungsrunden zeigt. Es lassen sich im Wesentlichen die Ergebnisse vorheriger Untersuchungen mit Hilfe des FEMOLA an anderen Universitäten bestätigen.

Aufschlussreicher als die Antworten auf die Itembatterien sind ergänzend die Antworten auf die offenen Fragen. Zunächst bestätigen die offenen Antworten die allgemeinen Befunde aus den Frageitems: So stehen die Arbeit mit Kindern und Jugendlichen sowie das fachliche Interesse im Vordergrund. Es herrscht eine große innere Gewissheit und Fähigkeitsüberzeugung. Darüber hinaus finden sich in den Antworten aber auch Aspekte, die nicht durch die Items direkt abgefragt wurden, allen voran pragmatische Überlegungen und die Zukunfts- und Gesellschaftsrelevanz des Faches. Diese stehen noch vor der Wissensvermittlung und Flexibilitäts- und Freizeitaspekten. Auch können die persönlichen Weiterentwicklungsmöglichkeiten als eine weitere Begründungskategorie formuliert werden. Im Vergleich mit den geschlossenen Fragen zeigen sich in den Antworten auf die offenen Fragen vermehrt stark idealistische Begründungen. Es werden pädagogische und gesellschaftliche Einflussmöglichkeiten thematisiert und als ausschlaggebend betrachtet. Im Gegensatz dazu werden, ergänzend zu den Items, welche die soziale Erwünschtheit fördern, in den offenen Antworten auch sehr „einfache" und pragmatische Erwägungen thematisiert. Insbesondere geben viele der Befragten an erster Stelle finanzielle Erwägungen und Arbeitsplatzsicherheit an (insgesamt der dritthäufigste Grund).

Ein Alleinstellungsmerkmal dieser Studie ist die Frage nach den den Studienbeginn begleitenden Gefühlen. Es lässt sich zusammenfassen, dass schon zu Beginn des Studiums eine nicht zu unterschätzende Anzahl von Studierenden Gefühle der Angst und Anspannung äußern. Dem gegenüber stehen eine große Neugier und Freude auf das Kommende. Die Mehrzahl der Studierenden äußert gemischte Gefühle, nur wenige ausschließlich positive. Insbesondere den Ängsten durch frühzeitige (auch psychosoziale) Beratung und Begleitung zu begegnen, erscheint als wichtige Maßnahme, um einen Studienabbruch zu vermeiden. Insgesamt lassen sich die negativen Gefühle auch als eine Suche nach Sicherheit deuten (sowohl beruflich-finanzieller als auch pädagogischer Sicherheit im Umgang mit Schülern und Schülerinnen und Schule). Dies verpflichtet, die Qualität der Betreuung der Studierenden zu erhöhen bzw. zu erhalten. So lässt sich die von den Studierenden beschriebene Neugier und Freude aufrechterhalten und auch Ängsten produktiv begegnen.

Vor dem Hintergrund der Mischung aus einer hohen intrinsischen Motivation bis hin zur Berufung sowie pragmatischen Sicherheitserwägungen verwundert die hohe Sicherheit bei der Studienentscheidung nicht. So gibt der überwiegende Anteil der Studierenden an, bei der Entscheidung sicher bzw. zumindest eher sicher gewesen zu sein. Auch die Entscheidungszufriedenheit ist bei Studierenden des Lehramts sehr stark ausgeprägt. Das gewählte Lehramtsstudium scheint demnach kein Verlegenheitsstudium darzustellen. Dieses Bild spiegelt sich auch in der Antwort auf die Frage nach Alternativen zum Lehramtsstudium. So ist das Lehramtsstudium in der Regel die bevorzugte Studienwahl (87,8 % aller Studierenden), lediglich 12,2 % hätten lieber etwas Anderes studiert. Bevorzugt wurde das Lehramtsstudium insbesondere aufgrund einer angenommenen Übereinstimmung von Berufsinhalten und den eigenen Interessen, Fähigkeiten und Ansprüchen (24,2 %) sowie aufgrund studienbezogener pragmatischer Erwägungen (23,1 %), wie zum Beispiel der Kombination zweier Studienfächer. Dies könnte ein Hinweis darauf sein, dass die eigenen Interessen vom jeweils gewählten Lehramt unter allen zur Wahl stehenden Alternativen am besten widergespiegelt werden, jedoch mehrere Tätigkeiten von den Studierenden als sinnvoll und mit den eigenen Fähigkeiten übereinstimmend erachtet werden. Trotz der hohen und begründeten Entscheidungssicherheit geben die Studierenden an, im Übergangs- und Entscheidungsprozess Unterstützungsbedarf zu haben. Viele Studierende halten die Einführung eines zwingend erforderlichen bzw. eines freiwilligen Orientierungspraktikums für sinnvoll. Auch erscheint die verstärkte Zusammenarbeit mit Schulen zur weiteren Festigung der Entscheidungssicherheit der Universität als leistbar. Darüber hinaus lässt sich der Bedarf der Schaffung respektive Erweiterung von Beratungs- und Informationsangeboten vor Studienbeginn ableiten. Möglicherweise könnte im Rahmen der – durch die Antwortenden verstärkt geforderten – Informationsbereitstellung vor dem Studium auf die recht fachliche Ausrichtung des Lehramtsstudiums hingewiesen werden. So ließen sich Enttäuschungen bezüglich der Erwartungen einer inhaltlichen Vorbereitung auf die konkreten Lehrplaninhalte vermeiden oder reduzieren. Zum anderen wären spezielle Zusatz-Angebote, welche den Stoff der jeweiligen Lehrpläne aufarbeiten, denkbar.

Betrachtet man die Wünsche und Vorstellungen der Studierenden bezüglich des Studiums, so sind für sie vor allem das pädagogische Studium, das Fachstudium und die Orientierung an der schulischen Praxis relevant (in dieser Reihenfolge). Als ebenfalls wichtig werden benannt: Praktika, Anspruch und gute Lehre. Auch der Wunsch nach persönlicher Weiterentwicklung wird mehrfach betont, ebenso wie die Hoffnung auf eine gute Studienorganisation. Wenn man darauf aufbauend die aktuelle Studienmotivation der Studierenden betrachtet, so zeigt sich, dass sich einige in ihren Antworten auf die aktuelle Situation im und neben dem Studium beziehen (Fachliches Interesse, Studieninhalte und inhaltlicher Austausch/Studierendenleben/Sozialer Austausch und Unterstützung/Herausforderung und Leistungsvergleich/Gegenwärtige unterrichtspraktische Bezüge während des Studiums, wohingegen andere vor allem die vorgestellte Zukunft als motivierend beschreiben (Berufsstatus „Lehrer:in“/Künftige Lehrtätigkeit/Berufsideal Lehrer:in). Das Studium wird oft als notwendiges Mittel zum angestrebten Zweck – der sicheren Berufsposition bzw. der angestrebten Berufung – verstanden. So scheint die gesellschaftliche Relevanz bzw. die gefühlte Sinnhaftigkeit der Ausführung des Lehrberufs zwar ein recht starkes Motiv für die Aufnahme eines Lehramtsstudiums zu sein, kann jedoch während des Studiums nur bedingt motivieren.

Bezüglich der genannten positiven und negativen Aspekte des Lehramtsstudiums fällt ins Auge, dass negative Aspekte häufiger genannt werden, was in vorherigen Erhebungen mit Drittsemestern im Bachelorstudium nicht der Fall war. Es zeigt sich, dass die Studierendengruppen aus den unterschiedlichen Abschlusskohorten dennoch sehr ähnliche Aspekte loben und kritisieren. Im Vergleich der Antworten der Erst- mit den Antworten der Drittsemester tritt hervor, dass von beiden Studierendengruppen organisatorische Probleme ebenso wie Probleme mit der Betreuung und Beratung am häufigsten angesprochen werden. Dies weist auf die generelle Verbesserungswürdigkeit dieser Bereiche im Bachelor-Studiengang ebenso wie im neuen Staatsexamen hin. Von den befragten Erstsemestern in dieser Studie wurden vor allem die sozialen wie fachlichen Kompetenzen der Lehrkräfte am häufigsten positiv hervorgehoben. Weiterhin werden die Vertiefung der eigenen Interessen durch das Studium sowie Angebote und Ausstattung der Universität Leipzig als positiv hervorgehoben.

Nach der Bereitschaft gefragt, auch in einer anderen Schulform zu arbeiten, gaben 63,3 % der Studierenden im ersten Semester des neuen Staatsexamens eine generelle Veränderungs- und Entwicklungsoffenheit für die Arbeit an einer anderen Schulform an. Dies stellt eine leichte Zunahme von 57,5 % im Jahr 2009 aus dem polyvalenten Bachelor dar. Vergleicht man die Antworten mit der gewählten Schulform der Befragten, so zeigt sich, dass die Förder- und Mittelschullehrkräfte einem Wechsel der Schulform am aufgeschlossensten gegenüberstehen, die Grundschullehrkräfte hingegen am ehesten auf ihre Schulform festgelegt sind. Der Hauptgrund für die Veränderungsoffenheit könnte in der Wahrnehmung von strukturellen Veränderungen im Bildungssystem (Inklusionsdebatte, Lehrkräftemangel, demografischer Wandel) liegen, die letztlich dazu führen werden, dass Lehrer:innen flexibel sein müssen. Diejenigen, welche sich nicht vorstellen können, ihre Schulform zu wechseln, geben insbesondere Eigenschaften ihrer Zielgruppe, vermutete missliebige Eigenschaften von Schülern und Schülerinnen anderer Schulformen (etwa deren Niveau oder Begeisterungsfähigkeit) sowie Erwartungen bzgl. der eigenen wie auch gegenüber fremden Schulformen an, wobei letztere als nicht passend erachtet werden. Möglicherweise könnte ein Praktikum in einer anderen als der gewählten Schulform dazu bewegen, die Offenheit gegenüber einem Schulformwechsel zu verstärken, da vermutete negative Eigenschaften der Schülerschaft anderer Schulformen eventuell entkräftet und neue Stärken in Bezug auf andere Schulformen für die Studierenden offenbart werden könnten.

Die Befragung der Erstsemester im Lehramtsstudium an der Universität Leipzig reiht sich in eine längere Tradition von Befragungen zur Studienmotivation im Lehramt ein. Sie kommt auch nicht zu grundlegend anderen Ergebnissen in der quantitativen Erhebung von Faktoren. Jedoch zeigen die qualitativen Auswertungen der offenen Fragen einige Nuancen und Spezifika auf, die in anderen Studien nicht in dieser Weise zum Ausdruck kommen. Durch die Art der Fragestellung und ergänzende Erhebungen wurde versucht, den Grad der sozialen Erwünschtheit zu reduzieren.

So zeigt sich insbesondere in den Fragen nach Gründen für das Studium und der aktuellen Studienmotivation ein spezifisches Selbstkonzept von Lehramtsstudierenden, welches zum einen durch eine hohe Fähigkeitsüberzeugung und zum anderen durch einen hohen Grad an „Berufung" geprägt ist. Hinzu treten pragmatische Sicherheitsüberlegungen und fachliches – weniger wissenschaftliches – Interesse. Wird das Fähigkeitskonzept durch schlechte Prüfungsergebnisse und Praktikumserfahrungen in Frage gestellt, kann dies schnell zum Studienabbruch führen. Auch das Berufsideal kann durch den Kontakt mit Studien- und Berufspraxis schnell Schaden nehmen. Zur Verringerung des Studienabbruchs und zur nachhaltigen Werbung von geeigneten Lehramtsstudierenden in Zeiten des Lehrkräftemangels ist es daher ein wichtiges Desiderat, die Erkenntnisse über Motive und Motivstrukturen von Lehramtsstudierenden zu vertiefen. So können Werbemaßnahmen genauer zugeschnitten und spezifische Beratungsangebote geschaffen werden. Darüber hinaus können aus der Analyse von Erstsemestern Erkenntnisse darüber gewonnen werden, welche Studienorientierungsmaßnahmen, wie beispielweise Orientierungspraktika, am erfolgversprechendsten sind und wie diese eingeordnet und reflektiert werden. Zu diesen Zwecken soll in der Fortführung dieser Studie ein besonderes Augenmerk auf die grundlegenden Persönlichkeits- und Motiveigenschaften von Lehramtsstudierenden gelegt werden. Ein wichtiges Fazit lässt sich über alle Fragenbereiche ziehen: Für angehende Lehrer:innen ist der Aspekt der Sicherheit von besonderer Bedeutung. Sie suchen mit dem Studium sowohl berufliche Sicherheit (sicherer und gut finanzierter Berufsstatus) als auch Sicherheit im pädagogischen Umgang. Gerade dieser frühe Wunsch nach beruflicher Praxis und der Gedanke an die berufliche Praxis kann durch das theoretische fach- und bildungswissenschaftliche Studium schnell enttäuscht werden. In diesem Sinne sollten Werbemaßnahmen und studienbegleitende Beratungsangebote sowie die Gestaltung der Studienangebote diese Facetten des Wunsches nach Sicherheit verstärkt beachten.

4 Von vorherigen Studien über die Vorstudie zur Vertiefungsstudie

Die Vertiefungsstudie zu den Basismotiven ergab sich im Wesentlichen aus der dargestellten Evaluationsstudie. Nach der ersten Studie, in welcher sich auffällige Parallelen in den Antworten zu Basismotiven fanden, wurde der Plan gefasst, im Rahmen der zweiten Befragung das in der Einleitung beschriebene Desiderat der Erfassung von Basismotiven zu untersuchen. Die Ergebnisse der beiden Studien zu Studierenden im ersten Semester des Lehramtsstudiums sind vor dem Hintergrund ähnlicher Befragungen an anderen Universitäten wenig überraschend. So nannten die Studierenden als häufigsten Grund das intrinsische Berufswahlmotiv, Kinder und Jugendliche in ihrer Persönlichkeitsentwicklung und Ausbildung unterstützen zu wollen. Hier stellte sich für die Vertiefungsstudie die Frage, ob mit diesem Studien- bzw. Berufswahlmotiv primär ein Anschluss- oder Machtmotiv zum Ausdruck gebracht wird. Auch andere genannte Berufswahlmotive lassen sich tendenziell den Basismotiven nach Kuhl (vgl. Kapitel 5.2.2) zuordnen. Diese Zuordnung wurde in einem weiteren Abstraktionsschritt im Zuge einer deduktiven Kategorienbildung vorgenommen. Dabei lassen sich bestimmte Motive klarer zuordnen als andere. Die konkrete Zuordnung im Einzelfall hängt stark von der konkreten Formulierung und Interpretation derselben ab. So sind in der Tabelle zum Teil mehrere Zuordnungen angegeben. Ist die Kategorie zu weit formuliert, um eine sinnvolle Zuordnung vornehmen zu können, ist nichts eingetragen. Die Zuordnungen, die eine stärkere Ausdeutung darstellen bzw. erfordern, stehen in kursiv. So kann zum Beispiel fachliches Interesse als Kompetenzerleben und Kompetenzsteigerung dem Leistungsmotiv zugeordnet werden. Es ist jedoch auch möglich, dass in der reinen interessensgesteuerten Wahl ein Freiheitsmotiv zum Ausdruck gebracht wird. Siehe dazu die folgenden beiden Tabellen:

Tabelle 24: Motivzuordnungen zu Berufswahlmotiven/Gründen der Studienwahl

Kategorienbeschreibung	WS 14/15 (n = 151)	WS 15/16 (n = 177)	Motivzuordnungen
Arbeit mit Kindern und Jugendlichen	68 (45,0 %)	73 (41,0 %)	Anschluss, Macht
Innere Gewissheit und Fähigkeitsüberzeugung	46 (30,5 %)	61 (34,5 %)	Leistung
Berufliche und finanzielle Absicherung	44 (29,1 %)	61 (34,2 %)	–
Fachliches Interesse	52 (34,4 %)	55 (30,8 %)	Leistung

(Fortsetzung Tabelle 24)

Kategorienbeschreibung	WS 14/15 (n = 151)	WS 15/16 (n = 177)	Motivzuordnungen
Studienbezogene pragmatische Erwägungen	31 (20,5 %)	49 (27,7 %)	–
Positive Vorerfahrungen	35 (23,2 %)	36 (20,3 %)	–
Gesellschafts- und Zukunftsrelevanz	29 (19,2 %)	34 (18,9 %)	Macht
Vermittlung von Wissen und Kenntnissen	24 (15,9 %)	28 (15,8 %)	Macht, Leistung
Entwicklungschancen im Beruf	18 (11,9 %)	24 (13,6 %)	Leistung, Macht, Freiheit
Familiäre und schulische Vorbilder	12 (7,9 %)	12 (6,8 %)	–
Flexibilität und Freizeit	23 (15,2 %)	12 (6,5 %)	Freiheit
Empfehlung von Dritten	16 (10,6 %)	4 (2,3 %)	–
Sonstiges	2 (1,3 %)	1 (0,6 %)	–

Wenn man darauf aufbauend die aktuelle Studienmotivation der Studierenden betrachtet, so zeigt sich, dass sich einige in ihren Antworten auf die aktuelle Situation im und neben dem Studium beziehen (fachliches Interesse, Studieninhalte und inhaltlicher Austausch/Studierendenleben, sozialer Austausch und Unterstützung/Herausforderung und Leistungsvergleich/Gegenwärtige unterrichtspraktische Bezüge während des Studiums), wohingegen andere vor allem die vorgestellte Zukunft als motivierend beschreiben (Berufsstatus „Lehrer:in"/künftige Lehrtätigkeit/Berufsideal Lehrer:in). Herauszustellen ist dabei, dass bei den gegenwärtigen Beschreibungen vor allem Aspekte genannt werden, welche sich dem Leistungs- und Anschlussmotiv zuordnen lassen, wohingegen in der Beschreibung der angestrebten Position wiederum das Macht-Motiv zum Tragen kommt. Schwierig ist die Zuordnung der gegenwärtigen unterrichtspraktischen Bezüge während des Studiums, hier könnte sich sowohl ein Motiv zur aktuellen Verbesserung der eigenen Lehrkompetenz zeigen (Leistung) als auch der Wunsch, anderen etwas zu vermitteln (Macht), zum Ausdruck kommen. Letztere Interpretation zielt eher auf eine Frustration ab, auf das Derzeit-nicht-ausleben-Können des Machtmotivs, bzw. ggf. auch auf das Fehlen von Anschluss.

Tabelle 25: Motivzuordnungen zur aktuellen Studienmotivation

Kategorienbeschreibung	WS 14/15 (n = 151)	WS 15/16 (n = 155)	WS 15/16 Vertiefungsstudie (n = 22)	Motivzuordnungen
Berufsstatus „Lehrer:in"	61 (40,4 %)	56 (36,1 %)	13 (59,1 %)	Macht, Freiheit
Fachliches Interesse. Studieninhalte und inhaltlicher Austausch	77 (51,0 %)	43 (27,7 %)	12 (54,5 %)	Leistung
Berufsideal Lehrer:in	18 (11,9 %)	26 (16,8 %)	8 (36,4 %)	Anschluss, Macht
Gegenwärtige unterrichtspraktische Bezüge während des Studiums	7 (4,6 %)	25 (16,1 %)	5 (22,7 %)	Leistung, Macht
Herausforderung und Leistungsvergleich	36 (23,8 %)	18 (11,6 %)	4 (18,2 %)	Leistung
Studierendenleben/Sozialer Austausch und Unterstützung	37 (24,5 %)	16 (10,3 %)	5 (22,7 %)	Anschluss
Künftige Lehrtätigkeit	30 (19,9 %)	15 (9,7 %)	2 (9,1 %)	Macht, Leistung
Sonstiges	11 (7,3 %)	11 (7,1 %)	3 (13,6 %)	–
Keine Motivation nötig	–	10 (6,5 %)	–	–

Die Motivzuordnungen wurden auf der Grundlage eines allgemeinen Kenntnisstandes zur Theorie der Basismotive vorgenommen. Dabei wurde schon im Rahmen der diskursiven Zuordnung (nach unabhängigem Rating der Forschenden) deutlich, dass eine eindeutige Zuweisung kaum möglich ist. Vor allem bzgl. der Zuordnung des Machtmotivs bestand Unstimmigkeit. Deshalb bot es sich an, im Rahmen einer Masterarbeit den Forschungsstand zu Berufswahlmotiven genauer zu erfassen, um darauf aufbauend eine bessere Einordnung der Motivtheorie vornehmen zu können. Dieser Forschungsstand wird im Folgenden dargelegt und bildete den Ausgangspunkt für die in der Einleitung aufgeführten Fragestellungen.

5 Vertiefungsstudie: Motive und Motivstrukturen von Lehramtsstudierenden zu Beginn des Studiums

Dieses Kapitel basiert auf der gleichnamigen Masterarbeit von Frau Alexandra Süß. Die Arbeit wurde 2018 verfasst und diente dem Zweck des akademischen Abschlusses, für das vorliegende Werk wurde sie nochmals überarbeitet und um den aktuellen Forschungsstand ergänzt.

Als Vertiefungsstudie zu den bereits angeführten Untersuchungen widmet sich diese Arbeit den Berufswahlmotiven von Lehramtsstudierenden und erfragt vor dem Hintergrund der theoretischen Einordnung der Basismotive in der Persönlichkeitstheorie von Julius Kuhl, ob diese der Anschluss-, Leistungs- oder Machtmotivation zuzuordnen sind. Hierfür gilt es u. a. den Begriff des Motivs genauer zu untersuchen. Dabei wird neben der Darstellung von Hauptdiskurslinien zur Forschungstradition der Berufs- und Studienwahlmotive von (angehenden) Lehrkräften auch der geschichtliche Hintergrund zur allgemeinen klassischen Motivforschung aufgegriffen. Dies soll dem Leser helfen, theoretische Grundlagen zum Forschungsprojekt zu gewinnen und die zum Einsatz gebrachten Testverfahren dieser Untersuchung – OMT und MUT – sowie die im Anschluss geführten qualitativen Interviews mit Lehramtsstudierenden und der damit verbunden reflexiven Betrachtung der persönlichen Motivaspekte nachvollziehbar zu machen.

In diesem Kapitel werden die Begriffe Gründe, Motivation und Motive als austauschbare Begriffe verwendet. Die in Kapitel 5.1.2 und 5.1.3 dargelegten möglichen Abgrenzungen der Termini werden von verschiedenen Autoren, auf die in dieser Arbeit Bezug genommen wird, nicht konsequent durchgeführt , sodass sich diese Inkonsequenz auch hier wiederfindet. Im Zusammenhang mit der hier im Fokus stehenden PSI-Theorie nach Kuhl bilden die von ihm getätigten Äußerungen zu den jeweiligen Begriffsdefinitionen/-erklärungen die Basis.

5.1 Theoretischer Hintergrund

5.1.1 Darstellung nationaler und internationaler Hauptdiskurslinien: Forschungstradition zu Studien- und Berufswahlmotiven von (angehenden) Lehrpersonen

Hinsichtlich der traditions- und facettenreichen Forschungslandschaft dieses Gebiets konzentrierte sich die Recherche in dieser Arbeit auf die dem Thema entsprechenden Schlagworte „Studienwahlmotive“ und „Berufswahlmotive“. Zudem besteht ein Bezug zum Forschungszweig der *ganzheitlichen biografischen Lehrerforschung* (ab den

1960er Jahren), welcher die Entwicklung des Individuums, die Einflüsse biografischer Erfahrungen, Bedürfnisse und Interessen, beginnend bei der eigenen Schulzeit bis zur Ausübung des Lehrkraftseins und jahrelanger Praxis des Berufes, betrachtet. Dabei wird versucht, den gesamten Lebenslauf einer (Lehr)Person in die Forschung einzubeziehen (dazu u. a. Oesterreich 1987; Willer 1993, S. 17). Die hier zugrundeliegenden Studien und Forschungen, die sich mit dem Thema Schule und der Motivation von angehenden Lehrkräften beschäftigen, erstrecken sich im deutschsprachigen Raum von der Mitte des vergangenen Jahrhunderts bis zu gegenwärtigen Veröffentlichungen. Eine Auswahl eben jener Arbeiten und ihrer wichtigsten Erkenntnisse wird im vorliegenden Kapitel skizzenhaft dargestellt. Aufgrund dieses ausgedehnten Zeitfensters ist darauf hinzuweisen, dass die einzelnen Studien mehrere Generationen umspannen – beginnend bei Schülern und Schülerinnen/Abiturienten und Abiturientinnen mit dem Berufswunsch Lehrer:in (vgl. z. B. Mayr 1994; Nieskens 2009), über Lehramtsstudierende (vgl. z. B. Baus et al. 1977; Willer 1993; Ulich 2004) und Referendare, bis hin zu bereits aktiven Lehrkräften mit mehrjähriger Berufserfahrung (vgl. z. B. Terhart 1994). Aufgrund von Unterschieden der Befragten hinsichtlich Lehrerfahrung, Fachkombination und Schulform, aber auch der Erhebungsmethoden und des Verständnisses des Begriffs *Motiv*, der Forschungsmethoden und Hintergrundtheorien zeigen die Studien z. T. stark differierende Ergebnisse auf,

> „die zum Teil nicht miteinander vergleichbar sind [...]. Des Weiteren wird teilweise die Einteilung in materielle und nicht-materielle Gründe vorgenommen. Einige Forscher konzentrieren sich bei ihrer Untersuchung auf einzelne Studienfächer, andere wiederum unterscheiden nicht zwischen Studien- und Berufswahlmotiven, sondern legen den Fokus auf Letzteres“ (Wiza 2014, S. 26).

Betrachtet man die über 60jährige Erforschung von Studien- und Berufswahlmotiven zum Lehrkraftberuf, ist zu erkennen, dass sich in den Angaben zu den Motiven ein Wandel vollzogen hat. Den geschichtlichen Hintergrund für die sozial- und erziehungswissenschaftliche Forschung zum Lehrberuf, beginnend in den 1950er Jahren, sieht Achinger (1969) im „Lehrermangel der Nachkriegszeit“ (S. 18). Zudem begründet sie den Zeitpunkt mit „Impulsen aus dem Ausland“, die als Anregungen gesehen werden können, die „[...] das Interesse an der Sozialforschung auf diesem Gebiet [...] lenkt[en]“ (ebd., S. 18). Ist noch bis in die 60er Jahre hinein eine Dominanz geisteswissenschaftlicher Beschäftigung mit dem Lehrberuf zu beobachten (Caselmann 1949/1970), wendet sich die Pädagogik in der zweiten Hälfte dieses Jahrzehnts moderneren empirischen Forschungsmethoden zu, was folglich auch einen Wandlungsprozess in der Lehrkraftforschung nach sich zog (vgl. Terhart 1994, S. 18).

Die frühen Forschungen der 50er und 60er Jahre zeigen auf, dass die Befragten bei der Berufswahl des Lehrers/der Lehrerin vorwiegend materiellen Gründen nachgegangen sind (vgl. Oesterreich 1987, S. 14 ff.; vgl. auch Horn 1968; Mais 1963) – Aussagen dafür sind beispielsweise die „kurze Studiendauer“, ein „gutes Gehalt“ und eine „gesicherte Existenz“ (Achinger 1969, S. 27). Die zugrunde gelegte Unterscheidung zwischen materiellen und nichtmateriellen Gründen – z. B. „Freude an Lehrtätigkeit", „Freude am Umgang mit Kindern" (vgl. Achinger 1969, S. 27) – dient einer ersten Kategorisierung der von den Befragten genannten Gründe; allerdings ist es möglich, dass die individuelle Berufswahl auf mehreren Gründen beruht, die aus jeweils unterschiedlichen Kategorien stammen.

Diese Motivprägungen sind stets mit den wirtschaftlichen und politischen Umständen der Zeit in Verbindung zu bringen. So versprach das Wirtschaftswunder der 1960er Jahre Vollbeschäftigung und erklärt die der Tendenz nach materiellen Motive (vgl. Wiza 2014, S. 45; u. a. Oesterreich 1987, S. 8 f.).

Etwa zehn Jahre später, in Verbindung mit der industriellen Revolution, kommt es zu vermehrter Arbeitslosigkeit. Die Generation der Lehrer:innen, die in den 70er Jahren ausgebildet wurden, erlebte zudem strukturelle Änderungen in ihrer Ausbildung sowie die Politisierung der Universitäten – in den Mittelpunkt rückte allmählich das verstärkte Interesse an der „Wissensvermittlung im Fach" (Oesterreich 1987, S. 60) und die „wichtige gesellschaftliche Aufgabe des Lehrerberufs" (ebd., S. 17). Zudem zeichnet sich ab, dass materielle Gründe als sozial unerwünscht eingeschätzt wurden (vgl. ebd., S. 61).

Wurden in den zeitlich weiter zurückliegenden Untersuchungen der 60er und 70er Jahre, aber auch bis zur Millenniumswende hin, rein reaktive und geschlossene Methoden verwendet (vgl. z. B. Steltmann 1980; Oesterreich 1987; Urban 1996; Dann, Lechner 2001) – bei denen nur die Wahl zwischen Antwortalternativen zu treffen ist und somit bestimmte Antwortmöglichkeiten gar nicht vorhanden sind, die Resultate der Ankreuzverfahren stark von den Vorgaben abhängen und auch der Primacy-Effekt eine nicht zu vernachlässigende Rolle spielt – so wurde erstmals von Ulich (2004) ein offenes Antwortverfahren genutzt, bei dem vorgedruckte Satzanfänge frei formuliert fortgeführt werden sollten (vgl. Ulich 2004, S. 10–14). Aus allen generierten Motivangaben (insg. 2472 Motive) stehen auf den beiden vorderen Plätzen „Pädagogische Motive" und „Zwischenmenschliche Motive", auf den Plätzen drei bis fünf folgen die Berufswahlmotive „Freie Gestaltungsmöglichkeiten", „Familienfreundlicher Beruf" und „Freie Zeitgestaltung" (vgl. Ulich 2004, S. 12). Ein aufschlussreicher Ansatzpunkt entsteht, versucht man diese allgemeinen Motive vertiefter zu analysieren. So zeigen Ulichs rekonstruktive Arbeiten eine Differenzierung des Hauptmotivs „Arbeit mit Kindern und Jugendlichen". Dieses teilt er in „Erziehungs- und Hilfebezogene Motive (62 %)" und „Wissensvermittlung (38 %)" (Ulich 2004, S. 31 f.). In beiden Nuancierungen zeigen sich u. E. Aspekte eines abstrakteren Machtmotivs, welche ggf. durch sozial erwünschtes Antwortverhalten in den Selbstberichten verdeckt wird. Zudem berichtet Ulich von lehramtsspezifischen Motivkonstellationen, wodurch sich Grundschul-, Sonderschul-, Haupt-/Realschul- und Gymnasiallehrer:innen voneinander unterscheiden lassen (vgl. Ulich 2004, S. 61–77).

Diesen Motivkonstellationen gehen auch Weiß et al. (2010) nach. Bei der Untersuchung, in der der Fokus auf die Schultypen Gymnasiallehramt und Grund-/Hauptschullehramt gelegt wurde, kommen sie zu dem Ergebnis, dass angehende Lehrkräfte am Gymnasium insbesondere von einem „fachspezifischen Interesse" geleitet werden, Studierende des Grund-/Hauptschullehramts dagegen stärker das Motiv der pädagogischen Arbeit mit Kindern und Jugendlichen bewerten (vgl. S. 69 f.). Motive variieren also von Schulform zu Schulform sowie von Fach zu Fach (vgl. z. B. Friede 1975, S. 234; Nieskens 2009, S. 159; Stäudel 1982, S. 103).

Der standardisierte Fragebogen FEMOLA (vgl. Pohlmann, Möller, 2010) nutzt faktorenanalytisch ermittelte Motivstrukturen und trägt ebenfalls zur Erweiterung des Forschungsfeldes bei, indem er zwischen den Aspekten Wertkomponente, Erwartungskomponente und soziale Einflüsse trennt. Er kann eingesetzt werden, „[...] um etwa zu untersuchen, wie sich die Motivation für die Wahl des Lehramtsstudiums auf den Studienerfolg sowie auf das Erleben und Verhalten im Lehrerberuf auswirkt" (S. 82). Ausgehend von einer Kritik an vorherigen Studien, die nach Pohlmann und Möller zum Großteil „[...] eine Anbindung an elaborierte motivationspsychologische Modelle vermissen" lassen (ebd., S. 74), baut ihr Fragebogen auf eben diesen Forschungen auf und basiert zudem auf dem Erwartungs-Wert-Modell (Atkinson 1964; Wigfield, Eccles 1992). Somit kann „[...] zwischen wertbezogenen Motivationen (pädagogisches oder fachliches Interesse sowie Nützlichkeit) und erwartungsbezogenen Motivationen (Fähigkeitsüberzeugung, wahrgenommene Schwierigkeit des Studiums) differenziert werden. Soziale Einflüsse stellen entsprechend den Modellannahmen eine weitere Determinante für die Studienwahlentscheidung dar" (Pohlmann, Möller 2010, S. 82). Pohlmann und Möller zeigen anhand ihrer Untersuchung eine Änderung der Berufswahlmotivation auf. Dazu folgende Ergebnisse:

> „In Übereinstimmung mit bisherigen Untersuchungen zur Lehrerforschung (siehe z. B. Brookhart & Freeman, 1992; Terhart, 1994; Watt & Richardson, 2007) gaben die Studierenden in stärkerem Maße intrinsische als extrinsische Gründe für die Wahl des Lehramtsstudiums an. In allen untersuchten Kohorten kam dem pädagogischen und dem fachlichen Interesse die größte Bedeutung für die Wahl des Lehramtsstudiums zu. Dieses Ergebnis bestätigt das Muster, dass die Wertkomponente den dominanten Prädiktor für das Wahlverhalten darstellt, während die Leistung besser durch die Erfolgserwartung vorhergesagt wird (e. g. Bong, 2001; Meece, Wigfield, 1997)." (ebd., S. 82)

Auch im internationalen Bereich können diese Aussagen zu den Motivlagen für die Berufswahl bestätigt werden. Entsprechend den Ausführungen Rothlands (2011), der sich in seinen Forschungen zum Thema „Warum entscheiden sich Studierende für den Lehrerberuf?" (S. 265–295) auf US-amerikanische Studien von Brookhart/Freeman (1992) sowie auf Untersuchungen von Krečič/Grmek (2005) im europäischen Ausland bezieht, kann zusammengefasst werden, „dass Lehramtsstudierende eine insgesamt konsistente Motivlage aufweisen: sie sind altruistisch motiviert, verfolgen service-orientierte Ziele und weitere intrinsische Motive." (Rothland 2011 S. 284) Altruistische Motivationen sind davon geprägt, anderen helfen zu wollen und finden sich in prosozialem Verhalten wieder. Intrinsische Motivation bezieht sich auf die persönliche Neigung und wird im Zusammenhang mit Freude an der Sache selbst hervorgerufen.[4] Darin spiegelt sich auch der Wunsch der Zusammenarbeit mit Kindern und Jugendlichen, welcher den Lehramtsstudierenden von großer Bedeutung ist, wo-

4 Anmerkung: Ein altruistisches Motiv kann intrinsisch sein, aber nicht jedes intrinsische Motiv muss altruistisch sein.

bei die Forschung unter Service-orientierten Zielen das Verfügbarmachen von Dienstleistungen versteht, z. B. indem Lehrkräfte unterstützende/bedarfsgerechte Angebote machen. Ausnahmen bilden Entwicklungsländer, welche eher den extrinsischen Motiven große Bedeutsamkeit zukommen lassen (Einkommen, Arbeitsplatzsicherheit, Status) (vgl. Bastick 2000).

Als ein Modell zur Berufswahltheorie, das im Speziellen auf den berufswahl-beeinflussenden Faktoren des Lehrers/der Lehrerin beruht, soll die FIT-Choice-Scale von Richardson und Watt (2007) angeführt werden, die dem internationalen Forschungsbereich zuzuordnen ist. Grundlage bildeten dabei die *Wert-Erwartungstheorie* sowie diverse internationale Befunde der empirischen Forschung zu den Berufswahlmotiven angehender Lehrpersonen. „Die Hauptkomponenten des Modells sind die selbst eingeschätzte individuelle Fähigkeit (bezogen auf den Lehrerberuf), die individuellen Werte sowie die Einschätzung der Anforderungen des Berufs, die antizipierten Vorteile und die Entlohnung. Hinzu kommen äußere Einflüsse und Vorerfahrungen [...]" (Rothland 2011, S. 270 f.). Auf dieser Basis entwickelten Richardson und Watt den Fragebogen „FIT-Choice scale" (Factors Influencing Teaching Choice-Modell). Dieser erfasst folgende Faktoren:

> „die Einschätzungen der Anforderungen des Berufs [...] [‚; Anm. AS] Aspekte, die der Lehrerberuf bietet [...], die Einschätzung der eigenen Fähigkeiten zu unterrichten und als Lehrer zu arbeiten [...], das Interesse am Lehrerberuf [...], die Einschätzung der Bedeutung persönlicher Vorteile, die mit dem Beruf einhergehen [...], die Einschätzung der Bedeutung des sozialen Engagements im Lehrerberuf für die Berufswahl [...] sowie die Frage, ob die Berufswahl eines Lehramts eine Verlegenheitslösung mangels Alternativen oder persönlichen Zutrauens darstellt [...]. Hinzu kommen als weitere Faktoren der Berufswahl Lehramt frühere Lehr- und Lern/Unterrichtserfahrungen sowie soziale Einflüsse (vgl. Beltmann/Wosnitza 2008), die die Entscheidung für die Wahl des Lehrerberufs positiv oder negativ beeinflusst haben" (ebd., S. 271 f.).

Es ist festzuhalten: „Motive, die ein allgemein positives Berufsbild der Lehrertätigkeit zeichnen, [werden nunmehr] häufig[er] genannt [...]" (Oesterreich 1987, S. 60). Dies bestätigen die Forschungen ab den 1980er Jahren, wie Wiza (2014) aufzeigt:

> „Nach 1980 legen Befragte den Fokus größtenteils auf den Umgang mit Kindern und/oder z. B. auf Interesse an der Unterrichtsstätigkeit und somit auf nicht-materielle Gründe (vgl. z. B. Stäudel 1982, S. 103 f; Willer 1993, S. 123 ff; Oesterreich 1987, S. 9). [...] [B]is heute scheinen materielle Gründe kein primärer Beweggrund mehr zu sein (vgl. z. B. Terhart et al. 1994, S. 58; Ulich 1998, S. 64; Susteck 2000, S. 15 f)" (S. 45).

Die Darlegung zeigt, dass auf eine bestehende Forschungstradition zu diesem Thema zurückgegriffen werden kann (vgl. z. B. Baus, Jacoby, Uhl 1977; Oesterreich 1987; Willer 1993; Terhart 1994; Terhart et al. 2011; Flach, Lück, Preuss 1995; Ulich 2004; Eberle, Polack 2006; Herzog et al. 2007; Foerster 2008; Nieskens 2009). Ein allgemeines Fazit, bezogen auf die Ergebnisse der diversen Forschungen, zieht Rabel (2011): „Seit Jahrzehnten werden dieselben Berufswahlmotive erhoben, die vordergründig intrinsisch geprägt sind und von Interessen (fachlich und berufsspezifisch), subjektiv eingeschätzten Fähigkeiten und Persönlichkeitseigenschaften geleitet werden. Extrinsische

Motive, wie Rahmenbedingungen, das Prestige des Berufes und Außenbeeinflussungen sind von geringerer Bedeutung“ (S. 3). Auch im Handbuch für Lehrerforschung ist dies als Bilanz nachzulesen:

> „Trotz unterschiedlicher Anlagen der einzelnen Studien (offene und geschlossene Verfahren, prospektiv und retrospektiv) entsprechen sich die Befunde zum Hauptmotiv für die Wahl des Lehrerberufes im Wesentlichen: Das Interesse bzw. die Freude an der Zusammenarbeit mit Kindern und Jugendlichen ist der am häufigsten genannte Grund in der Mehrzahl der Untersuchungen. Generell dominieren die intrinsischen und hier insbesondere personen- und beziehungsorientierte Motive“ (Rothland 2011, S. 273).

Die Forschungen zu den Motivstrukturen der Studien- und Berufswahl können nicht ausschließlich auf quantitativen Erfassungen dieser aufbauen, wie es die langjährige Tradition der Lehrer:innenforschung und ihre Studien zeigen. Es bedarf vor allem konkreter und vertiefender qualitativer Beschreibungen der spezifischen Motiv- und Problemlagen. Da sich die bisherigen Studien dadurch auszeichnen, dass die Antworten auf die Frageitems durch hohe soziale Erwünschtheit verzerrt werden (können), sollte untersucht werden, in welchem Maße die Zustimmungswerte zu Items der intrinsischen Motivation durch tiefer liegende Motivstrukturen begründet werden können. Daher formulieren die Autoren und Autorinnen des FEMOLA die Entwicklung und den Einsatz von weniger reaktiven Erhebungsverfahren als ein wesentliches Desiderat. Auch Neugebauer formuliert als weiterführendes Ziel am Ende einer größeren Studie zur Studienwahl von Lehramtsstudierenden in Mannheim: „In weiteren Analysen sollte geklärt werden, welche subjektiven Studienmotive sowie Berufs- und Lebensziele zukünftige Lehrkräfte als ‚Eingangsvoraussetzungen‘ mitbringen“ (Neugebauer 2014, S. 2).

Überleitung: Von Berufswahlmotiven zu Basismotiven

Betrachtet man die Erforschung von Berufswahlmotiven – speziell für die Wahl des Lehrberufes – ist zu erkennen, dass sich ein Wandel vollzogen hat. Standen in den 50er, 60er und 70er Jahren noch materielle Motive im Vordergrund, so werden diese später, nicht zuletzt aufgrund sich verändernder wirtschaftlicher und politischer Umstände der Zeit, eher als sozial unerwünscht eingeschätzt. Ab 1980 wird der Fokus bei den Befragten mehr auf nicht-materielle Gründe gelegt (vgl. Wiza 2014, S. 45). Als Resultat des Zusammenspiels intrinsischer und extrinsischer Berufswahlmotive stellen demzufolge insbesondere personen- und beziehungsorientierte Motive den primären Beweggrund in der Berufs- und Studienwahl dar (vgl. Wiza 2014, S. 45; Berweger et al. 2015, S. 323 f.). Was Terhart et al. bereits 1994 beobachten, findet noch heute Zustimmung: So leiten nicht mehr allein die äußeren Umstände (z. B. Herkunftsmilieus) die Studien- und Berufswahl, bei den jungen Generationen hat die Selbstbestimmung zugenommen, was einen allgemeinen gesellschaftlichen Trend darstellt. Zu ermitteln bleibt jedoch, wie tiefer liegende Motivstrukturen und psychische Systeme unsere Motivation beeinflussen, im vorliegenden Fall speziell die Studien-/Berufswahl von Lehrkräften. Im Folgenden soll daher unterschieden werden zwischen Berufswahlmotiven – wie bislang beschrieben – und Basismotiven, was wiederum die Darstellung einer der aktuell umfassendsten Persönlichkeitstheorien notwendig macht – die *Persönlichkeits-System-Interaktions-Theorie* (kurz: PSI-Theorie) nach Julius Kuhl. Diese verbindet eine Vielzahl verschiedener Persönlichkeitstheorien, Befunde aus der neurobiologischen wie auch Motivationsforschung und insbesondere Erkenntnisse aus dem Bereich „Entwicklung und Persönlichkeit". Kuhl versucht, diese Anteile in ein umfassendes, „funktionierendes System" zu integrieren. In seinem Werk „Motivation und Persönlichkeit" (2001) zeichnet Kuhl ein umfängliches Bild von Persönlichkeit, welches neben elementaren Ebenen auch Motive, Motivation, Bewältigungsverhalten sowie Selbststeuerungskompetenzen umfasst, die ein breites Spektrum menschlichen Verhaltens und Erlebens widerspiegeln, das in einem komplexen psychischen Interaktionsgefüge zusammenwirkt (vgl. Kuhl & Alsleben 2012, S. 16). An diesen Ansatz der Entwicklungs- und Ressourcenorientierung lässt sich das forschungsimmanente Thema „Studienmotivation für das Lehramt" anschließen. Mittels der von Kuhl entwickelten Testverfahren MUT und OMT, die auf der PSI-Theorie basieren und in Kombination zur Aufdeckung von Diskrepanzen bewusster und unbewusster Motivstrukturen dienen, soll für die Kohorte der Lehramtsstudierenden ein Abbild ihres Umgangs mit den drei Basismotiven Anschluss, Leistung und Macht gezeichnet werden.

5.1.2 Das Motivkonstrukt

Als Beginn der (allgemeinen) Motivforschung können die 1940er Jahre datiert werden. 1935/1946 entwickelte Lewin ein Modell für die psychologische Beschreibung von Situationen („Topologie des Lebensraums"). Demnach bedarf es zur Erklärung menschlichen Verhaltens stets der gleichzeitigen Berücksichtigung zweier Faktorengruppen: Person und Umwelt, die nach Lewin die Funktionen des Verhaltens einer Person beeinflussen (vgl. Rheinberg & Vollmeyer 2019, S. 47 ff.). „Diese Sichtweise wurde grundlegend für die nachfolgende Motivationsforschung." (ebd., S. 48). Umsetzung fand Lewins Basistheorie bei McClelland, Atkinson und Heckhausen. Als Wegbereiter der Motivforschung mit persönlichkeits- und motivationspsychologischen Herangehensweisen sind ebenso Murray, McDougall sowie McClelland zu erwähnen. Alle zusammen trugen zu den Grundlagen des Motivmodells bei und verstanden Motive als Fähigkeit, „erlebte Veränderungen affektiver Situationen [...] so zu verknüpfen, daß die motivationsspezifischen affektiven Veränderungen in Zukunft durch die betreffende Situation wieder ausgelöst [...] werden [können][...]" (Kuhl 2010b, S. 270). In der Weiterentwicklung dieses Modells begann Ende der 40er Jahre die experimentelle Erforschung von Motiven.[5]

Motive, wie viele andere Gedankenkonstrukte in der Psychologie, sind nicht direkt beobachtbar, sondern stellen vielmehr eine angenommene Strukturierung dar, die helfen soll, dass Handeln von Personen besser zu verstehen (vgl. Rheinberg 2008, S. 20). Im Folgenden wird das Motivkonstrukt nach Julius Kuhl dargestellt, welches unserer Auffassung nach den höchsten Differenzierungsgrad bei gleichzeitiger prak-

5 Detaillierte Ausführungen zu richtungsweisenden Forschungstraditionen und der Entstehung der klassischen Motivforschung sind in Kuhls „Lehrbuch der Persönlichkeitspsychologie" 2010 zu finden (S. 267 ff.).

tischer und wissenschaftlicher Anwendbarkeit bietet. Motive in diesem Sinne sind dabei weder als defizitorientierte Grundbedürfnisse (wie zum Beispiel Schlaf, Nahrung, Sicherheit) noch als konkrete spezifische Wünsche oder Ziele im Hinblick auf Handlungsfelder zu verstehen. Letzteres wären wiederum eher die schon beschriebenen Berufswahlmotive. Der Motivbegriff nach Kuhl liegt zwischen diesen beiden Polen: Motive sind, den Grundbedürfnissen nicht unähnlich, stabile und überdauernde basale Konstrukte, die jedoch wesentlich stärker von der Person und Persönlichkeit bestimmt sind als Grundbedürfnisse. Von den Berufswahlmotiven unterscheiden sich Motive insbesondere durch Ihre Gerichtetheit auf alle Lebensbereiche – sie gelten nicht nur für ein Handlungsfeld, etwa das berufliche.

Dem Motivbegriff von Kuhl liegt eine hohe Komplexität[6] zugrunde, die verschiedene Stränge der Motivationspsychologie integriert. Motive beeinflussen bzw. leiten unser Handeln, geben unserer Zielerreichung Energie, selektieren und orientieren und tragen somit zur Bedürfnisbefriedigung bei (vgl. Kuhl, Alsleben 2009, S. 58; Kuhl 2013, S. 8). Wichtig ist an dieser Stelle die Idee, dass Motive auf Basis eines Abgleichs von Ist und Soll der Motivbefriedigung dazu beitragen, unser Verhalten sowohl bewusst als auch unbewusst zu steuern. Scheffer (2001), der mit seiner Forschung auf Kuhl aufbaut, beschreibt Motive als „affektiv getönte assoziative Netzwerke", die Befriedungsstrategien widerspiegeln (vgl. ebd., S. 1). Motive können als eine „überdauernde Vorliebe" (vgl. ebd., S. 1) für ein Handeln verstanden werden, das wir in gewissen Situationen stets auf ähnliche Art und Weise wiederholen. Dabei ist unser Handeln abhängig von verhaltenslenkenden Anreizen, die mit den Bewertungsvorlieben einer Person einhergehen (vgl. Rheinberg 2008, S. 20). Motive können mit Bedürfnisbefriedigungen einer Person in Zusammenhang gebracht werden. Zur Erfüllung des Bedürfnisses greift die Person dabei auf Erfahrungsnetzwerke zurück, die sie im Laufe ihres Lebens gesammelt hat (vgl. Kuhl 2013, S. 8). Anders formuliert: Motive beruhen auf autobiografischem Erfahrungswissen und komplexen impliziten Wissensstrukturen. Hieran wird einerseits deutlich, dass Motive individuell sind, insbesondere weil emotionale und kognitive Prozesse bei der Motivumsetzung eine Rolle spielen (vgl. Kuhl 2010b, S. 339), andererseits ist davon auszugehen, dass Motive über einen langen Zeitraum stabil sind (vgl. Rheinberg 2008, S. 20).

Motivationales Handeln muss dem jeweiligen Akteur zudem nicht bewusst sein; oft treten nur diejenigen Merkmale der Situation ins Bewusstsein, „die für die ersten Handlungsschritte zur Befriedigung des aktuellen Bedürfnisses relevant sind" (Kuhl

6 Die Komplexität zeigt sich daran, dass Kuhl (2001) die Definition von Motiven im gesamten Kontext der sieben Ebenen der Persönlichkeit der PSI-Theorie fasst: „Motive sind komplexe Koalitionen von (1) basalen, körperlichen instantiierten, subaffektiven Bedürfnissen, (2) Muster von motorisch aktivierender und sensorisch erregender Energie, (3) positiver und negativer Anreizmotivation und (4) inhaltlich auf bestimmte Klassen von Zielen, Handlungen, situativen Kontexten und Selbstaspekten abgestimmte kognitive Repräsentationen, die nicht bewußtseinspflichtig und in ihrer Ausdehnung auch nicht annähernd voll explizierbar sind: Die durch ein spezifisches Motiv organisierte Systemkonfiguration ist nicht nur durch eine bestimmte Aufsuchungs- und Meidungscharakteristik der Anreizsysteme und durch eine motivtypische Konfiguration der vier kognitiven Funktionen (Planen, Fühlen, intuitive Verhaltenssteuerung und unstimmigkeitssensitive Objekterkennung), sondern auch durch motivspezifische kohärente Komplexe (d. h. implizite ganzheitliche Repräsentationen) gekennzeichnet, die als Teil der handlungsmodulierenden Hintergrundkontexte das Verhalten fortwährend auf eine bestimmte Klasse von *Handlungszielen* ausrichten." (S. 555, Hervorh. im Original). Vollständig zu verstehen ist diese zitierte Definition daher nur im Kontext der gesamten Persönlichkeitstheorie Kuhls.

2013, S. 8) und somit zur Motivumsetzung führen. Motive sind also nicht bewusstseinspflichtig und können als Verknüpfung zwischen Bedürfnissen und verhaltensbahnenden psychischen Subsystemen gesehen werden.

Dahingehend hat für die Forschungsarbeit die Unterscheidung zwischen impliziten und expliziten Motiven eine besondere Relevanz: Implizite Motive stehen in Verbindung mit der unbewussten, von Selbstreflexion freien Kontrolle des Verhaltens. Explizite Motive sind dem Bewusstsein zugänglich, sie spiegeln sich im Selbstbild sowie den Werten und Zielen einer Person wider. „Implizite Motive beruhen auf früh gelernten, emotional getönten Präferenzen, sich immer wieder mit bestimmten Formen von Anreizen auseinander zu setzen [...]. Da diese Präferenzen früh entwickelt bzw. gelernt werden, sind sie nicht-sprachlich repräsentiert und können daher auch nicht mit Methoden des Selbstberichts erfasst werden." (Brunstein 2010, S. 271). Man geht davon aus, dass Sozialisationsprozesse und unser Erfahrungswissen unsere Motive prägen. Damit sind sie bereits in unserer Kindheit verankert und unterliegen in Handlungssituationen einem ausgedehnten Netzwerk impliziter Repräsentationen (vgl. Rheinberg 2008). Mit genauerem Bezug auf die evolutionär antizipierbaren Kontextbedingungen der frühen Kindheit und die konkreten Sozialisationserfahrungen ist zu sagen, dass stabile Bedürfnisse in der Auseinandersetzung mit motivrelevanten natürlichen Anreizen entstehen. So bedingt das Ausmaß an Wärme/Kohäsion der Eltern gegenüber dem Kind das spätere Bindungsbedürfnis; die Anleitung der Eltern sowie die elterlichen Anforderungen an die Selbstständigkeit des Kindes beeinflussen sein Leistungsbedürfnis und seine Selbstwirksamkeit; letztendlich ist auch das Ausmaß an familiärer Dominanz ausschlaggebend für das Bedürfnis nach Macht (Einfluss auf andere) (vgl. Rheinberg 2008). Dies steht ganz eindeutig für den engen Person-Umwelt-Bezug der Motive (vgl. Kuhl 2001, S. 94).

„Implizite Motive werden mit affektiven Höhepunkten der eigenen Biografie verknüpft. [...] Explizite Motive bringen hingegen kognitive Bedürfnisse zum Ausdruck, die sich auf den Aufbau und Erhalt stabiler und positiver Selbstkonzepte beziehen und eher in den Verhaltensroutinen als in den Höhepunkten des Alltagslebens Ausdruck finden." (Brunstein 2010, S. 249). Sie sind zudem sprachlich direkt erfassbar. Aus diesem Grund lassen sich explizite Motive gut mittels direkter Erhebungsmethoden – etwa dem Fragebogen – erfassen. Implizite Motive hingegen sind unbewusst und können daher nicht unmittelbar benannt werden. Die Erfassung gelingt nur über indirekte Erfassungsmethoden (vgl. Kuhl 2013, S. 8), über diese sie sprachlich repräsentiert werden können. An dieser Stelle wurde für die Vertiefungsstudie auf die beiden später beschriebenen Testverfahren MUT und OMT zurückgegriffen, die eben diese impliziten und expliziten Ausprägungen von Motiven transparent machen.

Zusammenfassend kann Folgendes festgehalten werden: Die Motivationspsychologie lokalisiert Motive in einer zentralen Position – „an der Schnittstelle zwischen den körpernahen Motivationsprozessen und geistigen Vorgängen" (Kuhl 2001, S. 94). Motive werden von Kuhl als intelligente Bedürfnisse + Umsetzungswissen verstanden.

Als motivationale Grundausstattung eines jeden Menschen gelten insbesondere die drei Bereiche Bindung, Leistung und Macht. Diese drei Grundmotive kommen auch in der Terminologie der Motivforschung zum Ausdruck als die drei grundlegenden Antriebsquellen des Menschen. Sie werden als needs bezeichnet: need for affiliation meint das Bindungsmotiv und steht für den Aufbau und Erhalt von sozialen Beziehungen; need for achievement bezeichnet das Leistungsmotiv, dessen Schwerpunkt auf die Verbesserung und Entwicklung von Prozessen abzielt, für Expertise und Durchdringung der Welt steht. Das Machtmotiv als need for power meint den Aufstieg in Hierarchien sowie die Beeinflussung, Entwicklung und Kontrolle anderer (vgl. Scheffer 2001, S. 2). Auf diese drei Basismotive soll im Zusammenhang mit der PSI-Theorie (vgl. Kapitel 5.2.4, 5.2.5) und den im Forschungsprojekt verwendeten Motiv-Mess-Methoden OMT und MUT in Kapitel 5.4.1 nochmal genauer eingegangen werden. Im Verlauf der Forschung und Testentwicklung ist ein viertes Motiv hinzugekommen: das Freiheitsmotiv, welches aufgrund bislang unzureichender Erforschung und noch nicht vorliegender Integration in den OMT im Rahmen dieser Arbeit nur marginal beachtet wurde (eine hinführende Erklärung dieses Motiv erfolgt in Kapitel 5.2.2.4)

5.1.3 Exkurs: Begriffliche Abgrenzungen

Mithilfe des Exkurses soll noch einmal verdeutlicht werden, wie die diversen Begrifflichkeiten, die teilweise synonym für den Ausdruck „Motiv“ genutzt werden, voneinander abzugrenzen sind bzw. in welchem Verhältnis sie genau zum Motivbegriff stehen.

5.1.3.1 Motiv – Bedürfnis

In der Forschungstradition wurden das Motiv- und das Bedürfniskonstrukt, wie auch der Begriff des Grundes, praktisch als deckungsgleich konzipiert und auch in der Alltagssprache werden alle drei häufig synonym verwendet. Wie bereits aufgeführt, macht die weitere Motivdefinition („weiterer Motivbegriff“, Scheffer 2001, S. 1) zwar den Bedürfniskern deutlich, jedoch wird erst durch die „Verbindung mit Affekten und Verhaltensweisen [...] daraus [...] das, was bei der spezifischen bzw. engen Sicht tatsächlich als ein Motiv bezeichnet werden kann. (Scheffer 2001, S. 5)“ Während Bedürfnisse „lediglich“ Ist-Soll-Diskrepanzen feststellen (z. B. könnte das Maß an Anerkennung, das eine Person für eine erledigte Aufgabe erhält, unter dem Maß liegen, dass die Person befriedigt), stellt das komplexere Motiv bereits Möglichkeiten bereit, diese Diskrepanzen aufzulösen: „Motive sind als integrative Konstrukte spezifischer als Bedürfnisse – sie umfassen ebenso Formen der Handlungs- und Emotionsregulation, die darüber entscheiden, ob und wie das Bedürfnis befriedigt werden kann (Ford, 1992; Kuhl & Beckmann, 1985)“ (Scheffer 2001, S. 5; vgl. auch Kuhl 2001).

Motive beruhen auf komplexen impliziten Wissensstrukturen,

> „die aus zahllosen autobiografischen Erfahrungen abstrahiert sind und die man in der Vergangenheit mit vielen, in verschiedenen Situationen ausprobierten Handlungsvarianten zur Befriedigung von Bedürfnissen und zur Erreichung entsprechender Ziele gemacht hat. Motive repräsentieren die aus vielen solchen persönlichen Erfahrungen gebildeten impliziten Wissensnetzwerke über Handlungsoptionen zur Zielerreichung, über mögliche Risiken, zu berücksichtigende Folgen und über ‚Nebenwirkungen‘ verschiedener Handlungen, aber auch über tangierte eigene und fremde Bedürfnisse, Werte und Ziele und andere selbstrelevante Implikationen.“ (Kuhl & Alsleben 2012, S. 58)

Als konkrete Bedürfnis-Definition gibt Kuhl (2001) an:

> „Ein Bedürfnis ist der subkognitive und subaffektive Kern eines Motivs, der dessen Sollwert definiert, also wieviel zwischenmenschliche Interkation (Affiliationsmotiv), wieviel Bewältigung schwieriger Aufgaben (Leistungsmotiv) oder wieviel Durchsetzung eigener Interessen jemand braucht, bis die Folge einer Diskrepanz zwischen dem motivspezifischen Sollwert und dem Ist-Zustand beseitigt sind (z. B. innere Erregung, negativer Affekt, erhöhte Verhaltensbereitschaft etc.) oder bis das angestrebte Ausmaß an positivem Affekt erreicht ist (der durch Verringerung der Ist-Soll-Diskrepanz ansteigt).“ (S. 121)

Bedürfnisse sind also über Motive messbar, da sie eine elementare Ebene der Motive darstellen. Das meint, dass es Bedürfnisse gibt, noch bevor heftige Gemütserregungen hervorgebracht werden, welche wiederum aufzeigen, dass das Bedürfnis im entsprechenden Moment relevant ist (vgl. Kuhl 2001, S. 532). Bedürfnisse stellen also den funktionalen Kern von Motiven dar.

5.1.3.2 Motiv – Affekt

Bereits Murray (1938, 1943), Atkinson (1964), McClelland, (1985) und später auch Heckhausen (1989) betonen die Affektzentrierung des Motivbegriffs. Affekte „werden als zentralnervöse Zustände aufgefaßt, die eine Vielzahl von Reaktionen im autonomen Nervensystem steuern, die den Organismus auf die zu erwartenden instrumentellen Aktionen zur Erlangung oder Vermeidung des jeweiligen Objekts vorbereiten“ (Kuhl 2001, S. 531). Motive beziehen sich auf unsere Außen- und Innenwelt – Affekte und Köperwahrnehmungen werden von Motiven also mit eingeschlossen (vgl. Kuhl 2010, S 276). Diese Affektzentrierung stellt den Bezug zu einer relativ frühen Entwicklungsstufe her (vgl. ebd. S. 277). Affekte äußern sich in einer Art Gefühlswallung, die durch äußere Anreize oder innere psychische Vorgänge ausgelöst werden.

Affekte und Motive sind nicht gleichzusetzen, trotz ihrer starken Affektorientierung enthalten Motive mehr. Mit dem Motivkonstrukt wird ein Übergang zu einer höher anzuordnenden Ebene der Handlungssteuerung vollzogen, als der des reinen anreiz- und affektgesteuerten Verhaltens. Motive „berücksichtigen auch kognitive Repräsentationen (cognitive overtones) bedürfnisrelevanter Erfahrungen, besonders solche, die in intuitiv abrufbaren (vorbegrifflichen) Kognitionen (z. B. Bildern) gespeichert sind.“ (Kuhl 2010b, S. 277)

Man unterscheidet zwischen positivem und negativem Affekt: „Positiver Affekt meldet die erwartete oder erreichte Befriedigung eines Bedürfnisses, seine Hemmung zeigt die Frustration eines Bedürfnisses an; negativer Affekt meldet das Vorhandensein eines bedrohlich starken Bedürfnisses (z. B. einer bedrohlichen Hungerintensität oder einer Gefahr in der Umgebung)“ (Kuhl 2010b, S. 165 f.).

Da der prä-affektive und prä-kognitive Bedürfniskern von Motiven bisher nur indirekt über die Verbindung mit Affekten und Kognitionen messbar ist, aufgrund dessen, dass die indirekte Messung (z. B. mit projektiven Verfahren wie dem TAT) mit großen Unsicherheiten behaftet ist, konzentrierte sich die Forschung lange auf die direkt messbaren, da sprachlich-kognitiv repräsentierten Aspekte von Motiven. Hierdurch wird verständlich, dass die theoretische Unterscheidung zwischen Bedürfnissen und Motiven in der Motivationsforschung oft kaum eine Rolle gespielt hat (vgl. Kuhl 2001, S. 532).

5.1.3.3 Emotion

Im Alltagsverständnis wird der Begriff Emotion oft mit dem des Gefühls gleichgesetzt (vgl. Schmidt-Atzert et al. 2014, S. 23), während die Emotionsforschung in zunehmendem Maße zwischen den beiden Termini unterscheidet: Diverse Ansätze differenzieren das Gefühl als eine von mehreren Komponenten der Emotion (vgl. u. a. Merten 2003, S. 10 f.). Demgegenüber will Julius Kuhl das Gefühl als Oberbegriff verstanden wissen, welcher Affekte und Emotionen unter sich fasst.

> „Der Begriff der *Emotion* wird meist umfassender als der Affektbegriff verwendet (d. h. er geht über die Zweiteilung von positivem und negativen Affekt hinaus) und bezeichnet ein großes Spektrum von differenzierten Gefühlen, die außer der positiven oder negativen Affektkomponente auch bewusste oder unbewusste kognitive Interpretationen enthalten (z. B. ist *Stolz* ein positiver Affekt, der auf der Auffassung beruht, eine Leistung aufgrund eigener Fähigkeiten zustande gebracht zu haben.)" (Kuhl 2010b, S. 166; Hervorh. im Original) [7]

Das Abgrenzungskriterium zwischen Affekt und Emotion wird also in der Beteiligung von Kognitionen gesehen. „Während Affekte subkognitive Zustände sind, die bereits auf einer frühen Stufe der Informationsverarbeitung ausgelöst werden können, handelt es sich bei den Emotionen um Zustände, an denen auch hochinferente [Anmerkung d. Autoren: höhere Verarbeitungsebene] Systeme beteiligt sind" (Kuhl 2001, S. 123).

„*Emotionen* prägen das *Erleben* der Ergebnisse von bedürfnisbezogenen Bewertungsprozessen *unmittelbar*, und sie schränken *mittelbar* das Spektrum möglicher Wahrnehmungs- und Verhaltensalternativen ein (Frijda 1986; Goschke 1996a; Kuhl & Goschke 1994b; Ortony, Clore & Collins 1988)" (Kuhl 2001, S. 618; Hervorh. im Original). Emotionen funktionieren also wie Filter, die Personen ein bestimmtes Verhalten bzw. Handeln nahelegen (wer etwa zornig ist, neigt zum verbalen oder physischen Angriff; wer traurig ist, neigt zu Erstarrtheit und Passivität – Kuhl spricht hier von einer Verbindung von Emotionen und implizitem Wissen, (vgl. Kuhl 2001, S. 618)) und konkrete Perspektiven auf ein Geschehen oder einen Zustand beinhalten (ein zorniger Mensch nimmt etwas als ungerecht wahr; ein trauriger Mensch geht davon aus, dass er einen Verlust erlitten hat).

5.1.3.4 Motivation

Allgemein hat Motivation etwas mit der jeweiligen Person zu tun und ihrem momentanen Zustand (Ziele, Wünsche, Bedürfnisse, Handlungsmöglichkeiten etc.). Sie stellt eine Komponente des persönlichen Lebensvollzugs dar, auf welchen sie eine aktivie-

7 Wenn Kuhl allerdings Emotionen von Affekten anhand des Kriteriums einer Beteiligung von Kognitionen unterscheiden will, dann ist nicht mehr klar, weshalb etwa *Stolz* als Affekt bezeichnet wird: Stolz auf etwas zu sein setzt die kognitive Interpretation voraus, dass die eigenen Fähigkeiten – und nicht etwa der Zufall oder die guten Verbindungen der Eltern – als Ursache für eine erbrachte Leistung angesehen werden.

rende Ausrichtung hat, da in ihrem Zusammenhang Zielzustände positiv bewertet werden (vgl. Rheinberg 2008, S. 15). Motivation befindet sich an der Schnittstelle zwischen den körpernahen und den geistigen Systemebenen (verbindet sozusagen Körper und Geist), was in unserem Selbsterleben zum Ausdruck kommt, wo wir Motivation auch als Streben, Wollen, Wünschen, Hoffen usw. bezeichnen (zu Systemebenen siehe Kapitel 6.1.). Im Alltag betrifft sie also „qualitativ verschiedene Verhaltens- und Erlebnismerkmale" (Rheinberg 2008, S. 15), die stets im Person-Umwelt-Bezug stehen. Dabei gibt es Unterschiede zwischen den Personen und Unterschiede innerhalb derselben Person (vgl. Rheinberg 2008, S. 13).

Im Einzelnen meint Motivation (1) eine (klare) Zielvorstellung, (2) Anstrengung und (3) ablenkungsfrei bei der Sache zu bleiben (ebd., S. 13). Sie ermöglicht die Konzentration auf ein angestrebtes Ziel, wobei andere Bedürfnisse zurückgestellt werden. Sowohl große Anstrengungsbereitschaft und Entbehrung geht mit ihr einher als auch hohe Handlungs- und Lernbereitschaft zur Befriedigung eines zentralen Bedürfnisses.

Wie das Motiv ist Motivation bei anderen Personen nie als unmittelbarer Gegenstand wahrnehmbar, sondern nur an äußeren beobachtbaren Anzeichen erschließbar. Die Motivationspsychologie versucht, dieses hypothetische Konstrukt der Motivation hinsichtlich ihrer Richtung, Ausdauer und der Intensität des Verhaltens (bestimmte Verhaltensweisen/-besonderheiten) der Person zu erklären (ebd., S. 13). Gemein haben sie, dass Motive und Motivation unser Verhalten steuern.

Kuhl definiert Motivation als „das Ausmaß, in dem ein Motiv durch die Anreizmomente einer Situation angeregt wird" (Kuhl 2010b, S. 266). McClelland (1985) beschreibt den Anreiz als situative Bedingung, die zur Ausführung eines bestimmten Verhaltens führt. Er ist sozusagen das Bindeglied zwischen Motiv und Motivation (vgl. Weiß et al. 2016, S. 32). Anreize werden in Motiven verhaltenswirksam, indem z. B. eine bestimmte berufliche Option gewählt wird (vgl. ebd., S. 33).

5.1.3.5 Motive und Berufswahlmotive

Die Motivationspsychologie „[lokalisiert] Motive an der Schnittstelle zwischen den körpernahen Motivationsprozessen und geistigen Vorgängen" (Kuhl 2001, S. 94). Motive lassen sich laut Kuhl als zeitlich relativ stabile, intelligente Bedürfnisse verstehen: Sie sind „ausgedehnte, nicht vollständig bewusste, kognitiv-emotionale Netzwerke, die aus autobiografischem Erfahrungswissen stammen" (Kuhl, 2010b, S. 342). Ihrem Kern nach Bedürfnisse, bringen Motive dank der Verknüpfung mit den Erfahrungen des jeweiligen Subjekts und dem jeweiligen Kontext angemessene Handlungsoptionen hervor, welche das Bedürfnis befriedigen helfen (vgl. ebd., S. 342). Berufswahlmotive sind somit als Faktoren zu verstehen, welche die Handlungen im Hinblick auf die Wahl eines Berufes steuern. Sie erscheinen als zugängliche, bewusste Begründungen. Diese Auswahlgründe wiederum lassen sich in vielen Fällen explizit (und auch implizit) auf Basismotive zurückführen.

5.1.4 Der ideale Lehrer: Persönlichkeitseigenschaften und Motive von Lehramtsstudierenden sowie Berufswahlmotive von (angehenden) Lehrkräften

Das Thema bedarf der Aufmerksamkeit, da die Qualifikation der angehenden Lehrer:innen in deren Ausbildung vermutlich nicht nur „von der Qualität des Studien- und Lernangebots [...] und praktischen Erfahrungsmöglichkeiten bedingt wird" (Rothland 2014, S. 319), sondern ebenso von Persönlichkeitseigenschaften (wie z. B. Motiven), die zu dem beruflichen Umfeld Lehramt passen.

Demnach gilt es, die Persönlichkeitseigenschaften angehender Lehrkräfte zu untersuchen und dabei die personalen Voraussetzungen und Potenziale „hinsichtlich ihrer Passung [...][an die] Anforderungen und Charakteristika des Berufs zu überprüfen [...]" (ebd., S. 319).

Rothland formuliert diesbezüglich folgende Frage: „Zieht der Lehrerberuf Menschen mit einem bestimmten Profil und typischen, personengebundenen Merkmalen und Eigenschaften an, die bei der Mehrzahl der Lehramtsstudierenden zu identifizieren sind und welches Potenzial weisen diese Merkmale als Indikatoren der Eignung für das Lehramtsstudium und den Lehrerberuf im Sinne einer Passung von personalen Ausgangslagen und den Anforderungen des Studiums und Berufs auf?" (ebd. S. 319 f.).

Es ist vorwegzunehmen, dass „empirisch noch nicht genügend geklärt [ist], wie die Eignung für den Lehrerberuf definiert, operationalisiert und gemessen werden kann" (Monitor Lehrerbildung 2014, S. 10). „Neben einer fehlenden Definition wünschenswerter Eigenschaften (zukünftiger) Lehrkräfte" (ebd. S. 8) ist auch unklar, welchen Einfluss die jeweiligen Aspekte der Eignung auf den Lernenden und seine Schulleistungen tatsächlich besitzen. Zusammenfassend kann also gesagt werden, dass in der Wissenschaft noch keine Vereinheitlichung stattgefunden hat bzw. es noch keinen Standard gibt, der festlegt, was eine gute Lehrkraft ausmacht.

Dennoch soll ein Blick in die Forschung geworfen werden, um zu analysieren, mit welchen Persönlichkeits- und Motiveigenschaften die (ideale) Lehrkraft in unserer Gesellschaft am ehesten in Verbindung gebracht wird. So müssen Lehrer:innen insbesondere auf psychischer Ebene Robustheit ausstrahlen und Widerstandfähigkeit mitbringen, ihr Beruf wird im Allgemeinen mit hohen Ansprüchen und Anforderungen verbunden. Lehrer:in werden/sein ist herausfordernd und voraussetzungsreich, geht mit hohen Belastungen einher, die auf hohen (und weiter steigenden) Erwartungshaltungen der Gesellschaft beruhen.

Mayr und Neuweg (2006) beschrieben für die professionelle Entwicklung angehender Lehrkräfte Persönlichkeitsmerkmale, die als „Ensemble relativ stabiler Dispositionen, die für das Handeln, den Erfolg und das Befinden im Lehrerberuf bedeutsam sind" (S. 182). Darunter zählen Persönlichkeitsmerkmale, die personenbezogene, aber berufsunspezifische Persönlichkeitsfaktoren der Persönlichkeitspsychologie beschreiben, auch bekannt als die „Big Five", die aus dem Fünf-Faktoren-Modell von McCrae und Costa (1999/2008) hervorgehen. Gemeint sind die Persönlichkeitsfacetten: (1) Neurotizismus (meint die Verletzlichkeit einer Person hinsichtlich ihrer emotionalen Stabilität), (2) Extraversion (ist charakterisiert durch die Interkation einer Person mit ihrer Umwelt und beschreibt eine nach außen gewandte Haltung), (3) Offenheit für Erfahrungen, (4) Verträglichkeit (Entgegenkommen, Gutherzigkeit, Altruismus) und (5) Gewissenhaftigkeit (auch Selbstdisziplin) (vgl. Rothland 2014, S. 332 f.).

Entsprechend dem Anspruch der Forschung gelten diese allgemeinen Persönlichkeitseigenschaften als Eignungskriterien bzw. -indikatoren. Demnach sollte eine angehende Lehrkraft darauf aufbauend vor allem durchsetzungsfähig, selbstdiszipliniert, nicht leicht zu verletzen und darüber hinaus herzlich und selbstlos sein. Diese berufsrelevanten Persönlichkeitsfacetten für den Lehrberuf gelten als eher stabil und spiegeln wichtige Voraussetzungen für eine längerfristige Prognose wider (vgl. ebd., S. 332).

Hierzu ein paar ausgewählte Forschungsbemühungen und zugehörige Befunde, die Mayr (1994) in der Studie „Lehrer/in werden" veröffentlicht. Er fasst zusammen:

> „Die Frage, wer Lehrer wird und welche bewußten und unbewußten Motive diese Entscheidung beeinflussen, ist vielfach und unter verschiedensten Blickwinkeln untersucht worden: Lehrerinnen und Lehrer dürften demnach bevorzugt solche Personen werden, die gern mit Kindern arbeiten, aufgrund ihrer Wertorientierung Überkommenes radieren möchten, wenig an Prestige und Karriere interessiert sind – und vielleicht auch solche, die ihre bisherige, befriedigende Schullaufbahn lückenlos fortsetzen oder aber traumatisierende Schulerlebnisse aufarbeiten möchten." (S. 79)

Auf Basis einer Untersuchung mit österreichischen Studierenden kommt Mayr (1994) zu dem allgemeinen Befund, dass angehende Lehrer:innen „überdurchschnittlich intelligent, feinfühlig und extravertiert" scheinen. Dies sind Merkmale, die im Hinblick auf die spätere Berufstätigkeit durchaus positiv bewertet werden können. „Problematisch scheint dagegen die hohe Bereitschaft zur Unterordnung." (S. 93)

Rothland (2014) verweist u. a. auf die Studie Eders (2008) mit österreichischen Studienanfängern und Studienanfängerinnen für das Studium des Lehramts an höheren Schulen. Hierfür ist festzuhalten, dass keine vollständige Passung der Persönlichkeitsmerkmale mit Anforderungen des Lehrberufs auszumachen ist. Hinsichtlich dessen sei auch zu berücksichtigen, dass die dominanten Persönlichkeitsmerkmale Offenheit und Wertschätzung neuer Erfahrungen, die sie mit der späteren Tätigkeit verbinden, in der dann eintretenden Routine des Berufsalltags nur noch unzureichend erfüllt werden können. Zudem verweist Eder auf eine nur niedrige Ausprägung der psychischen Belastbarkeit von am Lehramt Interessierten, die verglichen mit den Anforderungen an diesen Beruf jedoch höhere Ausprägungen aufweisen sollten (vgl. Rothland 2011, S. 330 f.).

Weiterhin gibt Rothland (2014) Hinweise zur themenbezogenen Studie von Cramer (2012), welche darüber Auskunft gibt, dass

> „das Persönlichkeitsmerkmal Extraversion mit einem größeren Anteil an pädagogischen Vorerfahrungen bei Lehramtsstudierenden sowie im Vergleich ausgeprägter intrinsischer Berufswahlmotive einher[geht]]. Eine höhere Ausprägung des Persönlichkeitsmerkmals Verträglichkeit steht des Weiteren im Zusammenhang mit einer höheren Bedeutung sozialer Motive im Kontext der Berufswahlentscheidung. Schließlich geht eine hohe Aus-

> prägung des Persönlichkeitsmerkmals Gewissenhaftigkeit mit einer ausgeprägten Berufswahlreife, einem größeren Zeitaufwand im Studium und einer höheren Leistungsmotivation einher (vgl. Cramer 2012 sowie die Arbeiten von Mohr & Ittel 2011/2012)." (S. 343)

Kurz soll auch zu den Leistungsmerkmalen, als weiterer Aspekt der Voraussetzungen, Bezug genommen werden. Hierzu gibt Rothland (2014) an: Allgemein kann gesagt werden, dass kognitive Merkmale die stärkeren Prädikatoren für unterschiedliche Kriterien des beruflichen Erfolgs sind, so auch die verbreitete öffentliche Meinung (vgl. S. 333 f.). Als Beispiel dafür ist die Abiturnote anzuführen. Diese gibt Auskunft über die Lernleistung und den Ausbildungserfolg, „während sie sich zur Vorhersage praktischer Ausbildungs- und Berufsleistungen in geringem Maße eigne[t] [...]" (Schuler 2006, S. 540). D. h., dass, auf den Lehrberuf bezogen, nur eine geringe Abhängigkeit zwischen dem Leistungsmerkmal Schul-/Abschlussnote besteht. Noten können zwar aussagekräftig für den späteren Ausbildungserfolg sein, jedoch lässt diese Beurteilung keine Ableitung der künftigen Unterrichtsqualität zu (vgl. Rothland 2014, S. 335).

In der Bewertung der Befunde der Forschungslage kann allgemein gesagt werden, dass die Ergebnisse diverser Untersuchungen (z. B. Foerster 2008; Klusmann et.al. 2009; Eder et al. 2013) erhebliche, offenbar stichprobenabhängige Unterschiede aufweisen; dies lässt an der Identifizierung eines charakteristischen Persönlichkeitsprofils für angehende Lehrkräfte zweifeln (vgl. Rothland 2014, S. 331 f.; 334).

Der Blick soll in dieser Arbeit auf die motivations- und entscheidungspsychologischen Ansätze und Modelle gelenkt werden, um zu prüfen, ob diese weitere Anhaltspunkte für zum Lehrberuf passende Persönlichkeitsprofile bieten. Diese Modelle beschreiben, dass die Berufswahl aufgrund motivationaler und wahlentscheidender Anreize sowie „der Erwartung, dass diese [Wertkomponenten] auch auf- bzw. eintreten (Erwartungskomponenten), beeinflusst" (Weiß et al. 2016, S. 32 f.) werden (siehe auch Erwartungs-Wert-Theorie, vgl. z. B. Wigeld, Eccles 2000). Diese „Erwartungs- und Wertkognitionen stehen in Zusammenhang mit verschiedenen Personen- und Umweltfaktoren [...]" (Weiß et al. 2016, S. 33).

Wichtig sind die richtigen Erwartungen bei der Berufswahl. Hierfür gilt, ausgehend von einem positiven Berufsbild, welches sich günstig auf die Zufriedenheit in der späteren im Mittelpunkt stehenden pädagogischen Arbeit auswirkt, nach Ulich (2004),

> „berufliche Wünsche ausfindig [...] [zu] machen, die Gefahr laufen, sich nicht zu erfüllen, also riskant sind. Die Lehrerforschung bestätigt recht klar, dass vor allem hoch gesteckte, idealistische Erwartungen häufig enttäuscht werden, was zu Reaktionen von Resignation und Ausbrennen führen kann; deshalb kommt der Bildung einigermaßen realistischer Erwartungen gerade bei Studierenden große Bedeutung zu (vgl. Ulich 1996a, S. 98 ff., S. 204 ff)." (S. 12 f.)

Darüber hinaus gibt er die Empfehlung zur regelmäßigen selbstkritischen Reflexion der Berufsmotivation, um Berufseignung und -zufriedenheit sicherzustellen (vgl. ebd., S. 12 f.).

Wie oben bereits angedeutet, ist festzuhalten, dass kein einheitliches Ergebnis zu den Ausprägungen der Persönlichkeitsmerkmale angehender Lehrer:innen ermittelt werden konnte (vgl. Rothland 2014, S. 332). Wie Rischke et al (2014) formulieren, wird es zudem „nicht nur ein Anforderungsprofil [geben], wenn es um den Lehrerberuf geht, sondern in Abhängigkeit von Schulform und sozialem Umfeld eine Vielzahl von Anforderungsprofilen. Es wäre ein falsches Signal, wenn zu enge Definitionen und Auslegungen weitere Mobilitätshemmnisse zwischen Ländern und Hochschulorten schaffen würden“ (S. 10). Ferner ist zu bedenken, dass die Differenzen in den beruflichen Kompetenzen durch unterschiedliche Qualität und Intensität des Ausbildungsangebotes beeinflusst wird und sich somit auch in der Qualifikation und den Eingangsvoraussetzungen wiederspiegelt. Darüber hinaus empfiehlt Rothland (2014) den Lehramtsinteressierten zur Abklärung ihrer Eignung die Angebote der Selbsterkundungserfahrungen (u. a. FIT und FIBEL) zu nutzen und verweist ebenfalls darauf, die Berufswahl regelmäßig zu reflektieren (vgl. Rothland 2014, S. 332 f.). Ebenso ist Lehramtsinteressierten das Selbsterkundungstool CCT – Career Conselling for Teachers – zu empfehlen (vgl. u. a. Nieskens, B., Mayr, J., Meyerdierks, I. 2011).

Auch sei zu ergänzen, dass es weiterer Längsschnittuntersuchungen auf diesem Gebiet der Lehrer:innenforschung bedarf. Dazu genügen nicht allein empirische Überprüfungen der Eignung und das Vorweisen typischer Merkmale für angehende bzw. bereits im Beruf stehende Lehrkräfte,

> „[v]ielmehr ist insbesondere auch danach zu fragen, in welchem Zusammenhang die berücksichtigten Merkmale u. a. mit der Nutzung von Lerngelegenheiten in der Lehrer:innenbildung und der Kompetenzentwicklung, mit der Unterrichtsqualität oder der Berufszufriedenheit stehen, um im Zuge dessen auch die hier erfassten Variablen als Eignungsindikatoren für den Lehrerberuf zu begründen“ (ebd. S. 344).

Es gilt folglich, auch das Handeln in der Lehrer:innenbildung und in der Berufspraxis zu erfassen (vgl. ebd., S. 344).

Nicht zuletzt ist zu sagen, dass die Berufswahl eine ganz individuelle Entscheidung darstellt, bei der viele Faktoren zusammenspielen und verschiedene Motive sich überlagern. Die Art und Weise, wie Motive in Handlungen umgesetzt werden, wird dabei von vier persönlichkeitsrelevanten Makrosystemen und deren Wechselwirkungen beeinflusst. Zum Tragen kommen diese in der von Kuhl entwickelten Theorie der Persönlichkeits-System-Interaktion (PSI), die im Folgenden erläutert wird.

5.1.5 Aktualisierung des Forschungsstandes zu Persönlichkeitseigenschaften von (angehenden) Lehrkräften

Zur Aktualisierung des Forschungsstandes der vorliegenden Untersuchung wurden Publikationen und Forschungen des Zeitraums 2016–2022 fokussiert. Insbesondere wurde nach Bezügen zu den Themen „Motive und Interessen“, „Berufswahlmotivation“, „Persönlichkeit(smerkmale)“ sowie „Beratung und Eignungsabklärung“ geschaut, welche sich u. a. im *Handbuch der Lehrerinnen- und Lehrerbildung* von Cramer et al. (2020) fanden. Auch im Werk Boegers *Eignung für den Lehrerberuf* (2016) werden Ergebnisse zum (gegenwärtigen) Zustand der Lehrer:innenforschung und Kenntnisse über das Klientel Lehramtsstudierender zusammengetragen. Im Beitrag *For-*

schung zum Lehrerberuf und zur Lehrerbildung von Rothland, Cramer und Terhart (2018) wird ein Überblick über die Disziplinen und das weitere Spektrum der Themenfelder zur Forschung zum Lehrberuf gegeben, welches sich in Teilen auch auf die Untersuchungen von Cramer *Forschung zum Lehrerinnen- und Lehrerberuf. Systematisierung und disziplinäre Verortung eines weiten Forschungsfeldes* (2016a) stützt. Die Themen dieser Publikationen decken sich zu einem großen Teil mit denen, die in der Ersterhebung des Forschungsstandes zu dieser Arbeit, insbesondere mit den Werken von Terhart, Bennewitz & Rothland, 2014 *Handbuch der Forschung zum Lehrerberuf*, gemacht wurden .

Ausgehend vom „Hochschulbildungsreport 2020“, durch den jüngst (2021/2022) eine Reihe von Kurzstudien zu den aktuell relevantesten bildungspolitischen und gesamtgesellschaftlichen Themenfeldern wie „Schule im Wandel“, „Future Skills“ oder auch „Globaler Austausch“, von denen ausgegangen wird, dass sie die Lehrerbildung (zukünftig) erheblich beeinflussen (werden), herausgegeben wurde, kann verdeutlicht werden, mit welchen Diskursen sich in den zugehörigen Forschungen auseinandergesetzt wird/werden muss. Genannt seien hier die allgegenwärtigen und virulenten Diskussionen um Inklusion, Heterogenität und Diversität, darunter u. a. sprachsensibler Unterricht, in Anbetracht der aktuellen Covid-19-Pandemie ist der Begriff Digitalisierung in aller Munde. Darüber hinaus werden Debatten um Kooperationen in (multi-)professionellen Lehrkräfte-Teams geführt und nicht zuletzt sind die Thematiken der Gesundheit und Selbstregulation zu beachten. (vgl. Cramer et al. 2020, S. 5) Auch in den seit 2019 veröffentlichten Artikeln und Beiträgen des „Monitor Lehrerbildung“[8] sind ebendiese Thematiken wiederzufinden.

Als gemeinsame Zielperspektive zur Vereinbarkeit all dieser Anforderungen gilt das Konzept „Professionalisierung“, das in Ausbildung und Berufsausübung vehement gefordert wird. Hierauf nehmen auch Reintjes et al. (2021) in ihrer Veröffentlichung *Schulpraktische Studien und Professionalisierung: Kohärenzambitionen und alternative Zugänge zum Lehrberuf* Bezug. Vor dem Hintergrund der derzeit prekären Situation des Lehrkräftemangels und der damit verbundenen Praxis der personalen Aufstockung durch (qualifizierte) Quer- und Seiteneinsteiger:innen ergeben sich hitzige Diskussionen zur (De-)Professionalisierungsdebatte (siehe dazu auch die Beiträge im Monitor Lehrerbildung). Dies stellt nur einen Teil der Einflüsse dar, die eine (stetige) Veränderung in der Schullandschaft bedingen. Es ist folglich notwendig, tragfähige Modelle und Verfahren zur Kompetenzdiagnostik und -entwicklung (angehender) Lehrkräfte zu entwickeln, um ausgehend von Erhebungen zu individuellen Eingangsvoraussetzungen Lehramtsstudierender Einschätzungen zu deren Studien- und Berufserfolg geben zu können. Hier greift das Stichwort „Eignung“, welches mit den Thematiken „Beratung“, „Training“, aber auch dem Diskurs der „Selektion“ einhergeht. In kurzen Abrissen werden dazu die wichtigsten Aspekte aus den Beiträgen von Bosse, *Beratung und Eignungsabklärung* (2020), und denen der Forscher:innen und Autoren und Autorinnen im Werk von Boeger (2016) zusammengetragen. Auch international wird zum Beruf geforscht. Rothland et al (2018, S. 1013) verweisen dabei auf

8 https://www.monitor-lehrerbildung.de/web/ [Zugriff 16.02.2022]

die Handbücher von Biddle et al (1997), Cochran-Smith & Zeichner (2005), Chochran Smith et al (2008) sowie Saha & Dworkin (2009). Ebenso bietet das US-amerikanische Journal „Educational Research“ (2005–2014) einschlägige Artikel (vgl. Rothland et al, S. 1014).

Die zentralen Forschungsthemen der letzten Jahre auf dem Gebiet der Lehrer:innenforschung befass(t)en sich mit Studien- und Berufserfolg, Berufszufriedenheit, dem Burn-Out-Phänomen und diesem zugrundliegenden Verhaltens- und Verarbeitungsmustern (vgl. Boeger 2016, S. 1 f.). In Rothland et al. (2018) werden die Themenfelder der Forschung zum Lehrberuf in eine Rangfolge gebracht. Anhand von Analysen zu Artikeln aus deutschsprachigen als auch internationalen (US-amerikanischen) Zeitschriften aus Erziehungswissenschaft und Pädagogik steht an erster Stelle das Thema „Lehrer:innenbildung“ (42,1 %), gefolgt vom Forschungsinteresse zu „Lehrerkognition/-emotion/-kompetenzen“ (41,0 %), unter welcher Kompetenzen, Überzeugungen und Selbstwirksamkeit wiedergegeben werden. Berufswahlmotive und personengebundene Merkmale der Klientel werden in der Kategorie „Berufsbiografie“ (13,5 %) subsummiert und untersucht. Insgesamt umfasst das Ranking nach Rothland et al. (2018, S. 1014) acht Plätze.

Vielzählige Untersuchungen und Publikationen auf den Forschungsgebieten der Lehrer:innenbildung und zum Lehrberuf ermöglichen mehrperspektivische Betrachtungsweisen und Zugänge. Zur Thematik der *Eignung für den Lehrerberuf* befasst sich Boeger (2016) im gleichnamigen Werk. Der Fokus liegt u. a. auf den personalen Merkmalen, den Kompetenzprofilen, der Frage nach der Relevanz von Eignungsabklärung sowie Kompetenztrainings und Förderprogrammen. Zudem wird anhand des Beispiels Finnland die Selektionspraxis zur Auswahl geeigneter Lehramtsstudierender hinsichtlich der Anwendung im deutschsprachigen Raum zur Diskussion gestellt.

Es kann daran festgehalten werden, dass der Lehrberuf auch weiterhin einer Zunahme an Komplexität der Tätigkeiten und Anforderungen und somit einem stetigen Wandel unterliegt. Die bereits oben genannten Themen Inklusion, Migration, Digitalisierung, Homeschooling, Lehrkräftemangel, gesellschaftliche Erwartungen und daraus resultierende psychische Belastungen tragen eine bedeutende Rolle, die die persönlichen Voraussetzungen als auch fachliches, didaktisches und pädagogisches Handeln (angehender) Lehrkräfte bedingen (siehe dazu Beiträge auf hochschulreport2020.de und monitor-leherbildung.de). Allein solche äußeren Komponenten, die den Beruf und dessen Ausbildung beeinflussen, stellen Schwierigkeiten für die Beratung zu Beginn des Studiums dar. Hinzu kommen ex- und intrinsische Studien- und Berufswahlmotivationen sowie weitere Personenmerkmale, die im Zusammenhang mit Studien- und Berufserfolg stehen.

Die Kombination aus persönlichen Merkmalen sowie der Ertrag der Lehrer:innenbildung hinsichtlich der im Studium und im Referendariat erworbenen Kompetenzen, entscheiden mit über den späteren Berufserfolg (vgl. Rothland et al 2018, S. 1021). Sowohl Persönlichkeitsmerkmalen als auch Interessen einer Person werden dabei die größten prognostischen Potenziale für das Handeln und den Erfolg zugeschrieben (vgl. ebd., S. 1021; vgl. auch Mayr 2014). Zuvorderst sind hierbei die Persönlichkeitsdimensionen der „Big Five" (vgl. Mayr, Neuweg 2006) zu nennen. Bei guter positiver Ausprägung können diese sowohl den Studienerfolg, Berufseinstieg als auch die spätere Berufszufriedenheit begünstigen (vgl. Boeger 2016, S. 4). Wohl stellen die Dimensionen Gewissenhaftigkeit und Extraversion sowie Verträglichkeit „valide Prädiktoren für den akademischen und beruflichen Erfolg" dar (Roloff 2020, S. 780).

Zuverlässige Aussagen zur Eignung für den Lehrberuf sind kaum möglich, da eine Vielzahl von Faktoren Zukunft und Anforderungen des Berufs beeinflussen und mit Ungewissheit verbunden sind. Hinzu kommt die Alterskomponente der Lehramtsinteressierten, die in durchschnittlichen Studienalter zwischen 20 bis 30 Jahren als biografische Umbruchsphase gedeutet werden kann, da in dieser von einer nicht unerheblichen Veränderbarkeit der Persönlichkeit auszugehen ist (vgl. Nolle 2016, S. 16 f.). Das Konzept der Entwicklungsfähigkeit und Veränderbarkeit der Persönlichkeit sei als neue Erkenntnis der Recherchen festzuhalten (vgl. Boeger 2016, S. 7). Hiernach wird „die Person als handelndes Subjekt [betrachtet; Anm. d. Autoren und Autorinnen], welche seine Entwicklung selbst gestaltet und sich somit in Interaktion zur Umwelt ständig entwickelt [...]." (Boeger 2016, S. 2). Im Hinblick auf die Lebensspanne werden demnach auch als „stabil" geltende Personenmerkmale als entwicklungsfähig und veränderbar angesehen (vgl. Nolle 2016, S. 22).

Vor dem Hintergrund der Entwicklungsfähigkeit und Veränderbarkeit der Persönlichkeit äußert sich Cramer (2016b) zur nötigen Differenzierung personaler Merkmale und Prozessmerkmalen. Diese Abgrenzung sei insbesondere relevant für die individuelle professionelle Entwicklung (vgl. S. 32). Personale Merkmale stellen „die Ausgangslage für die Entwicklung von Prozessmerkmalen [...] dar." (ebd., S. 32). Darunter zählen Herkunfts-, Persönlichkeits- und Leistungsmerkmale, welche als relativ stabil gelten. Sie erlauben jedoch „kein Urteil über die tatsächliche Qualität des Lehrerhandelns [...] [und dienen ebenso wenig; Anm. d. Autoren und Autorinnen] zur Prognose des langfristigen beruflichen Erfolgs." (ebd., S. 49). Demgegenüber sind Prozessmerkmale, wie Berufswahlmotivation, pädagogische Vorerfahrung, Selbstwirksamkeitserwartung und das Beanspruchungserleben, instabile Indikatoren, die für Aussagen über Studien- und Berufserfolg nicht herangezogen werden (vgl. ebd., S. 49). Vielmehr weisen diese auf ein Entwicklungspotenzial der Person hin und seien daher in Eignungseingangsverfahren sowie in der Beratung und Training differenziert zu beachten.

Eine weitere Unterscheidung bei Persönlichkeitsmerkmalen sollte in Eignungsabklärungsverfahren laut Nolle (2016) auch hinsichtlich ergebnisorientierter und entwicklungsorientierter Merkmale vorgenommen werden. Deren gemeinsame Betrachtung ermöglicht Aussagen über die Eignung einer angehenden Lehrkraft (vgl. S. 21 ff.). Ergebnisorientierte Eignungsmerkmale beschreiben insbesondere die Bewältigung operativer Kernaufgaben der Lehrperson (im Wesentlichen sind das die Planung/Durchführung des Unterrichts, Gestaltung der Schüler-Lehrkraft-Beziehung). Augenmerk ist aber auf die Entwicklung der Professionalität während des Ausbildungsprozesses und darüber hinaus auch im Laufe der Berufsausübung zu legen. Demnach ist es für eine wirksamkeitssteigernde Unterstützung bei Eignungsabklärungsverfahren und Beratungen relevant, „biografische Dimensionen" nicht außer Acht zu lassen und diese auf eine langfristige kontinuierliche und individuelle Weiter-/Kompetenzentwicklung auszurichten (vgl. ebd., S. 18; S. 21 f.). Für Beratungsangebote gilt es daher, beide Bereiche zu berücksichtigen und in Experten- und Prozessberatungen auszudifferenzieren. So kann zum einen mittels Expertenberatung die Diskrepanz zum Soll-Wert ermitteln werden, zum anderen durch Prozessberatung das *Wie* der persönlichen Weiterentwicklung beantworten werden, wodurch zu einem selbstgesteuerten und selbstverantworteten Lernprozess sowie zum Aufbau einer angemessenen Lehrkraftidentität beigetragen wird (vgl. ebd, S. 27).

Die Befunde zur Studien- und Berufswahlmotivation bestätigen vorliegende Ergebnisse: intrinsische Motivationen stehen im erwiesenen Zusammenhang mit dem Studiums- und Berufserfolg (vgl. u. a. Boeger 2016, S. 4; Cramer 2016b, S. 39 ff.). Dabei begünstigt insbesondere das Motiv des „pädagogischen Interesses" die erfolgreiche Bewältigung des Berufseinstiegs (vgl. Boeger 2016 S. 4). Eine ausgeprägte intrinsische Berufswahlmotivation begünstigt das Beanspruchungserleben, steht im Zusammenhang mit einer höheren Kompetenzerwartung und höherer Leistungsmotivation (vgl. Rothland et al. 2018, S. 1022).

Ähnlich wie in vorliegender Untersuchung unternahmen Boeger und Beckmann bereits 2009 Untersuchungen zu Studien- und Berufswahlmotiven bei Lehramtserstsemestern an den Universitäten Duisburg-Essen und Aachen. Die Ergebnisse der Studie werden in Boeger (2016) vorgestellt. Das Ziel der Arbeit zeigt Parallelen zu hiesigen Untersuchungen an Leipziger Lehramtsstudierenden: das Forschungsinteresse liegt in der Erörterung relevanter Einstellungen und Motivations- sowie Interessenslagen zu Beginn des Lehramtsstudiums sowie in der späteren Berufsausübung. Im Beitrag Beckmanns (2016) wird die Entwicklung eines – auf Grundlage der in der Untersuchung festgestellten Profile der Erstsemesterstudierenden – Programms zur Förderung studienbezogener Kompetenzen beschrieben (vgl. Boeger 2016, S. 59). Methodisch wurde in der Studie Boegers (2016, S. 59–90) eine faktenanalytische Überprüfung unternommen, die den Fragebogen zur Studien- und Berufswahlmotivation (Mayr 1998a) in den Vergleich mit Kategorien aus den FIT-Choice-Skalen (Richardson, Watt 2006) und dem FEMOLA-Fragebogen (Pohlmann, Möller 2010) stellt. U. a. wurde eine abgegrenzte Betrachtung der Motivlagen der extrinsischen Studien- und extrinsischen Berufsmotivation beforscht und der Frage nachgegangen, ob von einer ausschließlich negativen Bewertung dieser extrinsischen Motive abgerückt werden müsste (vgl. Beckmann 2016, S. 118f.).

Die Untersuchungsergebnisse der Studie Duisburg-Essener und Aachener Lehramtserstsemester decken sich mit denen der hier vorliegenden Untersuchung. Lehramtsstudierende weisen in beiden Forschungen den intrinsischen Motivlagen eine hohe Bedeutung zu (vgl. Beckmann 2016, S. 123 ff). In den Ergebnissen Boegers und Becksmanns konnte darüber hinaus festgehalten werden, dass extrinsische Studien- und Berufswahlmotive Zusammenhänge zeigen, die sich kontrastieren, teilweise aber auch als gleichläufig erweisen. So ergänzen sich extrinsische und intrinsische *Berufs*wahlmotive beispielsweise, wohingegen dies für *Studien*wahlmotive nicht bestätigt werden kann (vgl. Beckmann 2016, S. 131). Stark ausgeprägte extrinsische *Stu-*

*dien*wahlmotive (z. B. Annahme, dass das Studium nicht allzu schwierig sein wird, relativ kurze Studiendauer, Nähe des Studienorts zum Wohnort) gelten als Risikofaktor für Studienerfolg (vgl. Beckmann 2016, S. 123). Diese wurden in Boegers Studie jedoch als diejenigen mit der niedrigsten Bedeutung bezeichnet. Für extrinsische *Berufs*wahlmotive wurden ambivalente Ergebnisse vorgelegt: sie bedingen die Lern-Leistungsmotivation zwar ungünstig, für sie ist jedoch ein positiver Zusammenhang mit Lehrkraft-Berufsinteressen auszumachen. Sie gelten als Motive mittlerer Bedeutung (vgl. ebd., S. 123). Folglich wird empfohlen, die extrinsische Kategorisierung der Wahlmotive in eine für das Studium und eine für den Beruf klar zu unterscheiden. Diese Differenzierung sei auch bei Maßnahmen der Eignungsüberprüfung für Lehramtsstudierende sowie in der Berufsberatung zu beachten (vgl. Beckmann, S. 131 f). „Bei Studierenden, die hauptsächlich durch extrinsische Vorteile während der Studienzeit motiviert sind, sollten Maßnahmen empfohlen und durchgeführt werden, die zu einer realistischeren Einschätzung der Anforderungen des Studiums und des Lehrerberufs führen." (Beckmann 2016, S. 132)

Wie schon mehrfach anklang, spielt Beratung in der Lehrer:innenausbildung eine zentrale Rolle. So empfiehlt die Kultusministerkonferenz (KMK), dass es im „Studium [...] kontinuierliche bzw. wiederkehrende Angebote zur Selbstreflexion über die Eignung für das Lehramt geben [sollte]." (KMK 2013, S. 3) Gemeinsames Ziel der Forscher:innen ist es, die Kompetenzen der Lehramtsanwärter:innen im Studienverlauf zu fördern und gleichzeitig eventuelle vorhandene Defizite abzubauen. Hierfür werden Maßnahmen zu diversen Möglichkeiten von Eignungsuntersuchungen als Studieneingangsverfahren beschrieben, darüber hinaus stellen Laufbahnberatung sowie Trainings und Programme zur Förderung Chancen dar, um Lehramtsstudierende umfänglich und in gegenseitiger Ergänzung auf einen möglichst erfolgreichen Berufseinstieg vorzubereiten (vgl. Boeger 2016, S. 1–9).

An deutschen Hochschulen werden in unterschiedlichen Verfahren Ansätze zur Zugangssteuerung, Eignungsreflexion und Beratung erprobt. Die verpflichtende Anwendung für Bewerber:innen gilt nur an einzelnen Hochschulen. Überwiegend werden Eignungsabklärungsverfahren den Studierenden auf freiwilliger Basis zur Verfügung gestellt und durch Beratungsangebote ergänzt. Nicht unwesentlich ist hierbei auch die Stellungnahme der KMK (2013), die sich ausdrücklich gegen die Verwendung selektiver Verfahren ausgesprochen hat (S. 2). Vielmehr gilt es, den teilnehmenden Studierenden eine Rückmeldung zu den eigenen Kompetenzen, Aussagen zur Passung zwischen Person und Beruf geben zu können und mittels selbstreflektierender Methoden Defizite der Betroffenen abzubauen. Als führende Verfahren zur Bestimmung der Eignung gelten (in Deutschland) der CCT – *Career Counselling for Teachers*[9] (vgl. Nieskens et al., 2011), FIT-L (R) – *Fit für den Lehrerberuf?!*[10] (u. a. Herlt, & Schaarschmidt 2007; Schaarschmidt, Kieschke & Fischer 2017) und SeLF – *Selbsterkundung zum Lehrerberuf mit Filmimpulsen*[11] (Kahlert & Kriesche 2015).

9 http://www.cct-germany.de/ [16.02.2022]
10 https://coping.at/index.php?Inhalt-des-FIT [16.02.2022]
11 www.self.mzl.lmu.de/ [16.02.2022]

Der Thematik der Rekrutierung geeigneter Studierender wird im Werk von Boeger (2016) ein großer Abschnitt gewidmet, in welchem sowohl die *Inventare zur Eignungsabklärung und Zulassungssteuerung* als auch *Aktuelle Kompetenztrainings und Förderprogramme* vorgestellt werden (S. 152–301). Neben den oben genannten folgen Berichte zum *LehramtsNavi* (vgl. Bohndick & Kohlmeyer, 2016), der an der Universität Paderborn zum Einsatz kommt und der Identifizierung und Weiterentwicklung überfachlicher Kompetenzen dient, *Parcours* Verfahren (vgl. Hechinger, 2016), das an der Universität Passau Anwendung findet, das BASIS-Programm der Universität Kassel (seit 2008 verpflichtend) (vgl. Seip & Döring-Seipel 2016) , welches als Selbstprofessionalisierungsprogramm der Förderung der Kompetenzen für den späteren Beruf dienen soll sowie ein *Trainingsprogramm zur Steigerung der Studienkompetenz im Lehramtsstudium* (vgl. Beckmann 2016), welches bereits weiter oben kurz umrissen wurde. Auch das Projekt *„Psychosoziale Basiskompetenzen“* von Döring-Seipel und Seip (2016) sei zu erwähnen (dazu mehr in Boeger 2016, S. 275–301).

Vor der Aussage, dass die Wahl des Lehramtsstudiums nicht länger eine Notlösung sein darf (vgl. Boeger 2016, S. 9), leisten u. a. diese Instrumente einen wichtigen Beitrag: 1. dienen sie der Abklärung der Eignung für den Lehrberuf und 2. tragen sie zur qualitativen Weiterentwicklung der Lehrerbildung bei. Darüber hinaus bedingen sie 3. die Reduzierung der Studienabbrüche.

Bislang wurden in sieben deutschen Bundesländern Strategien zur Eignungsabklärung im Lehrerausbildungsgesetz festgeschrieben. An den meisten Universitäten dienen (immer noch) lediglich die Abiturnoten und lehrerberufsspezifische Self-Assessments als Zulassungskriterien (vgl. Nieskens 2016, S. 156). Aber auch die Diskussion um die Anwendbarkeit von Auswahlverfahren in der Lehrerbildung mittels „härterer“ Selektion ist nicht unbegründet: Passungsbezogen – hinsichtlich Eignungsvoraussetzungen und der Bewältigung der Anforderungen in Studium und Beruf – stellen Studienanfänger:innen im Lehramt eine heterogene Gruppe dar (vgl. Dietrich & Latzko 2016, S. 146). Darüber hinaus gelten in manchen Studien teilweise bis zu einem Drittel der befragten Lehramtsstudierenden als Risikogruppe, welche ungünstige Eingangsvoraussetzungen mitbringen (vgl. u. a. Nolle 2016, S. 13; Boeger 2016, S. 59).

Das ***Eignungs****Untersuchungsverfahren* ***für Lehramtsstudierende*** (EULe), welches im Wintersemester 2013/14 an der Universität Leipzig durchgeführt wurde, untersuchte Studiertypen und widmete sich der Ausdifferenzierung der Gruppe der *bedingt geeigneten* Studierenden. Mithilfe der Diagnostik der persönlichen Eignung und Studienvoraussetzungen Neuimmatrikulierter und einem ergänzenden Beratungsangebot profitieren nicht nur Studierende auf individueller Ebene, Vorteile sollen auch auf institutioneller Ebene, insbesondere durch eine Minderung der Studienabbrüche, spürbar werden und somit zum Zwecke der Steigerung der Effektivität der Lehramtsausbildung dienen (kürzere Studienzeit, zieladäquater Kompetenzzuwachs und bessere Abschlussnoten).

Im EULe-Projekt konnten sechs Cluster zur Unterscheidung von Lehramtstypen identifiziert werden (mehr dazu in Dietrich & Latzko 2016, S. 142–145), fünf davon mit eingeschränkter bis fehlender Passung und „entsprechend negativer Prognose für Studium und Berufseinstieg." (ebd., S. 147). Fokus des Trainingsprogramms liegt auf der „Reflexion der eigenen Eignung anhand der Testergebnisse [...], ergänzt z. B. durch die Vermittlung eines realistischen Berufsbildes, Motivations- und Zeitmanagementtechniken." (ebd. S. 148). Derzeit finden an der Universität Leipzig Implementierung, Weiterentwicklung und Wirksamkeitsevaluation statt, um so durch frühzeitige Eignungsabklärung und Laufbahnberatung Professionalisierung und Kompetenzerwerb im Studium zu unterstützen (vgl. ebd., S. 148).

Im Beitrag *Beratung und Eignungsabklärung in der Lehrerinnen- und Lehrerbildung* (vgl. Cramer et al. 2020, Kapitel 92, S. 756–763) stellt Dorit Bosse die Herausforderungen und Potenziale der professionellen Eignungsberatung, wie sie an einigen deutschen Hochschulen mittlerweile (freiwillig) praktiziert oder derzeit implementiert wird, vor. Notwendigkeit solcher Beratungsanlässe verdeutlichen Studien zur Belastung im Lehrerberuf (Bosse 2020, S. 757). Ein weiterer Grund, der für die flächendeckende Einführung und Nutzung solcher Strategien und Instrumentarien spricht, ist die Tatsache, dass es für kaum eine andere Tätigkeit ein so klar umrissenes Berufsbild gibt, wie für den Lehrerberuf. Hinzu kommen gesellschaftliche Änderungen mit unmittelbaren Auswirkungen auf die Schule und dadurch bedingt stetig neue Aufgaben, was von den ausführenden Personen eine hohe Belastbarkeit als auch hohe soziale und kommunikative Kompetenzen sowie fachlich, didaktisch und pädagogisch professionelles Agieren fordert. (vgl. Bosse 2020, S. 761)

In der Beratung zur Studien- und Berufswahl werden die überfachlichen Anforderungen des Lehrberufs fokussiert. Zur Eignungsabklärung im Speziellen kommt die selbstreflexive Auseinandersetzung mit den Ergebnissen. Hierzu ist die Beratung „neben der Klärung der personalen Ausgangslage auch auf den Prozess der Professionalisierung ausgerichtet [...]." (ebd., S. 761) Potenzial der Eignungsberatung sieht Bosse insbesondere in der Verdeutlichung, welch anspruchsvolle und voraussetzungsreiche Tätigkeit der Lehrberuf darstellt und dass dies kognitive sowie psychosoziale Voraussetzungen der Anwärter:innen und Ausübenden bedingt. Durch die Förderung berufsrelevanter personaler Kompetenzen, beispielsweise durch Training, können solche psychosozialen Ressourcen gestärkt werden. (vgl. ebd., S. 757)

Neben den bereits oben genannten Test- und Beratungsverfahren CCT, FIT und weiteren, die an deutschen Hochschulen meist auf Freiwilligkeit beruhen, soll an dieser Stelle der Blick auf die Instrumentarien und Strategien zur Eignungsabklärung in Österreich, der Schweiz und Finnland gerichtet werden.
In den österreichischen Bezirken Steiermark, Burgenland, Kärnten, Vorarlberg und Tirol gilt seit 2013 TESAT – *Teacher Student Assessment Austria* als verpflichtend (mehr dazu in Bosse 2020, S. 758). Im Nachbarland, der Schweiz, wird zur Bewerbenden-Selektion seit 2006 verpflichtend ein Assessment-Center genutzt (vgl. ebd., S. 759).

In Finnland wurde neben einem zweistufigen Verfahren – landesweite Anwendung des Multiple-Choice-Tests VAKAVA zur Vorauswahl der Bewerber:innen und weitere Testverfahren, die die Universitäten selbst bestimmen dürfen – seit 2017 ein neues Instrument namens OVET entwickelt. Dieses basiert auf einem umfangreichen Kompetenzmodell – das MAP-model (*Multidemensional Adapted Process Model of Teaching*) –, welches die Lehrtätigkeit als vielfältigen Expertenberuf definiert, dem multidimensionale Kompetenzen zugrunde liegen. Diese Kompetenzdimensionen werden unterteilt in *KNOWLEDGE BASE of teaching and learning, COGNITIVE skills, SOCIAL skills, PERSONAL orientations* sowie *PROFESSIONAL well-being* und erfahren darüber hinaus noch weitere Differenzierung. Im Modell werden weiterhin die Faktoren *Situation-spesific skills, Professional practices* und *Teacher effectiveness on student level* betrachtet (vgl. ebd.)[12].

Ob diese „harte“ Selektionspraxis auch in Deutschland Umsetzung finden kann, soll hier nicht diskutiert werden. Wie weiter oben angeführt, sprach sich die KMK bereits 2013 gegen die Nutzung selektiver Verfahren aus. Auch das hierzulande verbreitete Konzept der Entwicklungsfähigkeit und Veränderbarkeit von Persönlichkeit (vgl. u. a. Boeger 2016, S. 7; Roloff 2020, S. 780), schafft begründete Distanz zur Anwendung harter Selektionsverfahren.

Allerdings kann auch für Deutschland ein Kompetenzmodellierungsmodell vorgestellt werden, das im gegenwärtigen Diskurs als sehr dominant bezeichnet werden kann. Im Mittelpunkt stehen abermals die professionellen Kompetenzen von Lehrkräften. Das Modell basiert auf der COACTIV-Studie von Krauss et al. (2004). Diese gilt als „[...] die erste größere Studie, die sich bei der Einschätzung des Erfolgs der Lehrerbildung nicht auf Selbsteinschätzungen der (angehenden) Lehrkräfte verlässt, sondern (beschränkte auf das Fach Mathematik) Ausbildungshintergründe, aktuelle fach- und fachdidaktische Kompetenzen von Lehrkräften sowie die fachlichen Lernleistungen der Schülerinnen und Schüler dieser Lehrkräfte in einen Zusammenhang bringt.“ (Rothland et al. 2018, S. 1019; vgl. auch Kunter et al. 2011). Durch die Weiterentwicklung und Optimierung durch Kunter (2020; u. a. BilWiss-UV, 2016–2019) wuchs ein Kompetenztest heran, der nun zur Anwendung in der Lehrer:innenbildung genutzt werden kann. In weiteren Längsschnittstudien beschäftigt sich das Team um Kunter mit der „Kompetenzentwicklung vom Lehramtsstudium bis zum Berufseinstieg“ (DIPF 2021, S. 62).

Mit Blick auf die aktuell prekäre Situation des Lehrkräftemangels wird das Werk von Reintjes, Idel, Bellenberg & Thönes (2021) – *Schulpraktische Studien und Professionalisierung: Kohärenzambitionen und alternative Zugänge zum Lehrberuf* – herangezogen. Die Autoren und Autorinnen positionieren sich zur Professionalisierungsdebatte. In der „universitäre[n] Phase [der Lehrer:innenausbildung; Anm. d. Autor:innen] [sollte] nicht versucht werden in irgendeiner Form auf Handlungspraxis vorzubereiten“ (Hericks 2004, S. 303), sondern mithilfe „theoretischer und empirischer Grundlagen für angemessene situative Deutung und Entscheidung im Handlungsfeld [gesorgt werden; Anm. d. Autor:innen]“ (Reintjes et al 2021, S. 7) Kritisch, wenn nicht gar emotional, diskutiert wird hinsichtlich dessen das Ausbildungsformat für Quer- und Seiteneinsteiger:innen. Mit Fokus auf den Beitrag von Porsch (2021) soll dieser Diskussion abrissartig zur Einstellung von Lehrkräften über alternative Zugänge nachgegangen werden: Quer- und Seiteneinsteigern:innen wird unterstellt,

12 Siehe auch: https://sites.utu.fi/ovet/en/ [16.02.2022]

über weniger Professionswissen sowie „wenig ausreichende bzw. ungünstig ausgeprägte professionelle Kompetenz" (S. 214) zu verfügen. Ausgehend davon gilt weitläufig die Annahme, dass die Unterrichtsqualität bei nicht traditionell ausgebildeten Lehrkräften in Mitleidenschaft gezogen werden würde und sich dies zum Nachteil für die Lernentwicklung der Schüler:innen auswirken könne. Ebenso besteht die „Angst", dass dadurch der Lehrberuf selbst eine Deprofessionalisierung erleiden könne (ebd., S. 216). Es ergibt sich die Frage, ob grundsätzlich auf die Einstellung solcher Quer- und Seiteneinsteiger:innen verzichtet werden könnte (vgl. Porsch 2021, S. 214). Dies kann verneint werden. Denn unumstritten ist, dass Lehrkräfte derzeit und in naher Zukunft dringend gebraucht werden. An berufsbildenden Schulen ist die Praxis, motivierte und engagierte Quer- und Seiteneinsteiger:innen anzustellen, nicht neu. Die Befunde zu den Motivlagen zur Wahl des Lehrberufes von Quer- und Seiteneinsteigenden spiegeln wider, dass intrinsische Motive höhere Ausprägung haben als extrinsische. Aufgrund meist langjähriger Berufserfahrung verfügen sie auch über fachrelevantes und praktisches Wissen sowie über überfachliche Kompetenzen (vgl. ebd., S. 211). Im Vergleich der Gruppen der Quer- und Seiteneinsteiger:innen mit der der grundständig ausgebildeten Lehrkräfte sind vergleichbare Ausprägungen bei den „individuelle[n] Merkmale[n] wie Berufswahlmotive, Überzeugungen und professionelle[m] Wissen" (ebd. S. 211) festzustellen. Im deutschsprachigen Raum wurden bislang jedoch kaum groß angelegte Forschungen dazu unternommen. Anzunehmen ist, dass Quer- und Seiteneinsteiger:innen im Lehrberuf Schwierigkeiten bei der effektiven Unterrichtsgestaltung haben könnten, generell sind für die Schüler:innen aber vorerst keine Nachteile festzustellen (vgl. ebd., S. 213). Porsch (2021) stellt heraus, dass der Fokus der aktuellen Debatten auf dem Unterricht liegt. Demnach besteht die Forschungslücke hinsichtlich der zentralen Kompetenzen, Anforderungen und Aufgaben der Lehrkräfte, die diesen Beruf auf dem Weg des Quer-/Seiteneinstiegs gefunden haben. Es bedarf Längsschnittstudien, die ebenso den Grad der Professionalität der Quer- und Seiteneinsteiger:innen untersuchen (vgl. S. 216 f.). Aber auch gilt als Desiderat die von Porsch (2021) aufgeworfenen Frage „Werden [Quer- und Seiteneinsteiger:innen; Anm. d. Autor:innen] von Schulleitung, Kolleg*innen, Schüler*innen und Lehrkräften ausreichend akzeptiert, respektiert und in ihrem beruflichen Handeln unterstützt?" (S. 216). Porsch plädiert dafür, die Praxis der Einstellung von Quer- und Seiteneinsteigenden im Lehrberuf nicht grundlegend abzulehnen, sondern ihnen Unterstützungsangebote anzubieten. Zudem stützt sie sich auf Aussagen von Terhart (2020): „Der Seiten- und Quereinsteiger ist keine Anomalität, kein Skandal – er muss als Normalität verstanden werden, schon deshalb, weil es immer eine Realität war." (S. 12). Tillmann (2019) pflichtet dem bei und äußert, dass dies als dauerhaftes Konzept gedacht werden müsse (S. 11) und so die Formulierung „Quer- und Seiteneinsteigenden" ihre negative Ladung verliert (vgl. Porsch 2021, S. 216).

Ein abschließender Blick auf die Online-Plattform „hochschulbildungsreport2020"[13] macht deutlich, welche Stellschrauben in der Lehrer:innenbildung zukünftig zu justieren sind. Das Diskussionspapier „Schule im Wandel" (Nr. 6, 01/2022)

13 https://www.hochschulbildungsreport2020.de/ [Zugriff 16.02.2021]

zeigt die komplexen globalen und digitalen Herausforderungen auf, die aktuell besonders durch die Covid-19-Pandemie und nötiges Homeschooling gehäuft auftreten. Die Wahrnehmung des Berufsbildes hat sich dadurch einmal mehr verändert und bringt neue Fragen mit sich. Die Ermittlung und Definition der „Future Skills“ stehen auf der Agenda (siehe auch Diskussionspapier 3 und 4), um zu ergründen „welche Fähigkeiten [...] die Menschen für ihr berufliches, aber auch für ihr gesellschaftliches Leben in den kommenden Jahren [benötigen] [...] [Und; Anm. d. Autor:innen] [w]ie [...] sich das Bildungssystem entwickeln [muss], um seinen Beitrag zur Vermittlung dieser Fähigkeiten zu leisten“ (Jahresbericht 2019).

Demnach muss weiterhin die „Wirksamkeit der Lehrerbildung auf das Handeln der Lehrkräfte und das Lernen der Schülerinnen und Schüler in Abhängigkeit von individuellen Eingangsvoraussetzungen“ (Rothland et al. 2018, S. 1027) dezidierter untersucht werden. Gegebenenfalls bedarf es der Erweiterung der Motivlagen und der „Verbindung[...] verschiedener motivationaler Konstrukte, die nicht in Abhängigkeit zu stehen scheinen.“ (Lauermann, Benden, Evers 2020, S. 795 f.). Weitere Desiderata, die die Wissenschaftler:innen äußern, drehen sich um die Schaffung konsensfähiger Modelle, die die diversen Themenfelder anschlussfähig machen. Denkbar wäre hierbei das Konzept der professionellen Kompetenzen bzw. der Professionalität im Allgemeinen auszubauen (vgl. Rothland et al. 2018, S. 1027). Diese Forschungen dürfen jedoch nicht nur im wissenschaftlichen Segment bleiben, sondern müssen auf unverzüglichem Weg an die Lehramtsstudierenden und Lehrkräfte herangetragen werden, sodass diese von entsprechenden Weiterbildungs- und Unterstützungsangeboten profitieren können.

5.2 PSI-Theorie

Die Theorie der *Persönlichkeits-System-Interaktionen* ist eine der aktuell umfassendsten Persönlichkeitstheorien. Ihr Begründer, Julius Kuhl, war bis 2015 Inhaber des Lehrstuhls für Differentielle Psychologie und Persönlichkeitsforschung an der Universität in Osnabrück. Er beschreibt in seinem Werk „Motivation und Persönlichkeit“, dass es ihm in seiner Persönlichkeitstheorie darum geht, eine Auswahl unterschiedlicher Persönlichkeitstheorien, Forschungsbefunde und Erkenntnisse zum Thema „Entwicklung und Persönlichkeit“ in ein „funktionierendes System“ zu integrieren (vgl. Kuhl 2001). Kuhl bezeichnet die PSI-Theorie auch als eine funktionsanalytische Persönlichkeitstheorie und beschreibt darin ein Verständnis von Persönlichkeit, das, beginnend bei elementaren Ebenen, über Motivation sowie Bewältigungsverhalten reichend, bis hin zu Selbststeuerungskompetenzen, ein breites Spektrum menschlichen Verhaltens und Erlebens und dessen Zusammenwirken aufzeigt. Die Persönlichkeit ist demnach ein komplexes Interaktionsgefüge von psychischen Funktionen, wobei es Kuhl in seiner PSI-Theorie auf die Inhaltsorientierung bzgl. der Persönlichkeit ankommt (Inhalt des Denkens, Fühlens und Handelns). Aus diesem Ansatz „ergibt sich [...] [eine] außerordentliche Entwicklungsorientierung [...], da die Interaktion von Funktionen umgelernt und adaptiv gemacht werden kann, ohne dass sich Lebens-

und Glaubensinhalte oder Überzeugungen unbedingt ändern müssen" (Kuhl, Alsleben 2009, S. 13). Hierdurch wird eine Ressourcenorientierung möglich, die Persönlichkeitspotenziale widerspiegelt (vgl. ebd., S. 16).

Im Unterschied zu stabilen Persönlichkeitstypologien (z. B. Big Five, DISG, Meyers-Briggs etc.) kann die PSI-Theorie als dynamische Persönlichkeitstheorie betrachtet werden. Hierbei wird Persönlichkeit nicht als statisch feste Struktur betrachtet, sondern ist Teil eines Interaktionsgefüges, in dem sich Prozesse wechselseitig beeinflussen und einem dynamischen Wandel unterliegen (vgl. Kuhl, Alsleben 2012, S. 12). Dieser essenzielle Unterschied zu klassischen Persönlichkeitstheorien (z. B. psychoanalytischen oder behavioristischen Ansätzen) kommt vor allem in der Unterscheidung der Erst- und Zweitreaktion zum Ausdruck. Die Erstreaktion gibt an, „wie stark jedes der vier zentralen psychischen Verarbeitungssysteme [(IG EG IVS OES)] auf neue Situationen ‚anspringt', welche kognitiven Schemata häufig eingesetzt werden oder mit welchem Affekt die Person meist spontan reagiert [...]" (ebd., S. 14). Die Zweitreaktion meint das, was aus der Erstreaktion wird, um sich den Erfordernissen einer konkreten Situation anzupassen. Sie gibt also Auskunft über eine mögliche Veränderung der Erstreaktion aufgrund selbstregulatorischer Prozesse (vgl. ebd., S. 15). Zweitreaktionen sind stark veränderungssensibel, sie können trainiert und entwickelt werden, unterliegen somit einem lebenslangen Lern- und Entwicklungsprozess (vgl. ebd., S. 15). So kann beispielsweise ein introvertierter Mensch lernen, vor vielen Menschen zu sprechen. Durch erlernte Zweitreaktion (Selbstberuhigung) wird so die Erstreaktion (Zurückhaltung) selbstreguliert.

Kuhl versucht, die verschiedenen klassischen Persönlichkeitstheorien (explizit: Psychoanalyse, Analytische Psychologie, Faktorenanalyse, Humanistische Psychologie und Lerntheorie; vgl. Kuhl 2001, S. 57) zu integrieren und bezieht sich dabei auf die moderne experimentelle Persönlichkeitspsychologie und die Neurobiologie (vgl. Kuhl, Alsleben 2012, S. 62). Dazu ordnet er etablierte Sichtweisen der Persönlichkeitspsychologie sieben Systemebenen ((1) kognitive und motorische Operationen (Lernen) – z. B. Hull/Skinner/Witkin/Miller, (2) Temperament (Erregung und Aktivierung) – z. B. Eysenck/Pavlov, (3) Affekt und Anreizmotivation – z. B. Eysenck/Pavlov/Freud, (4) Progression und Regression – z. B. Kelly/Rogers/Fromm/Freud/Jung, (5) Basismotive – z. B. Murray/Lewin/McClelland/Atkinson, (6) Kognition (kognitive Komplexe) – z. B. Jung, (7) Volition/Selbststeuerung (Bewusstsein und Wille) – z. B. Erikson/Ach/A. Freud) (vgl. dazu Kuhl 2001, S. 97 und S. 99 ff.) zu, die eine detaillierte Beschreibung der Persönlichkeit und deren Funktionsweise zulassen. Die bislang disparat erscheinenden Theorien und Ergebnisse verschiedener Persönlichkeitstheorien werden so in einer Theorie zusammengebracht. So können die Wechselwirkungen zwischen den Systemebenen berücksichtigt werden (vgl. Kuhl 2001; 2011; Kuhl, Alsleben 2012, S. 12 f.).

> „Die PSI-Theorie integriert die Erlebniszentrierung vieler klassischer und moderner Persönlichkeitstheorien (Freud, Jung, Rogers, Deci & Ryan) mit der handlungstheoretischen Zentrierung moderner Motivationstheorien. Darüber hinaus wird die in kognitiven Ansätzen übliche Unterscheidung zwischen sequentiell-analytischen (expliziten) und intuitiv-ganzheitlichen (impliziten) Verarbeitungsweisen differenziert: Es gibt zwei Formen der

> analytischen Verarbeitung (Denken und Objekterkennung) und zwei Formen der intuitiven Verarbeitung (ganzheitliches Fühlen und intuitives Verhalten). Die Aktivierungsstärke jedes dieser Systeme kann personenabhängig und situationsabhängig variieren." (Kuhl, Alsleben 2012, S. 12 f.)

Neben den sieben Ebenen der Persönlichkeit (vgl. Exkurs 6.1.), die „[...] durch charakteristische Muster des Zusammenspiels verschiedener Teilsysteme und Systemfunktionen [typische Persönlichkeitsphänomene]" (Kuhl 2001, S. 96) hervorrufen, gibt es weitere sieben Modulationsannahmen der willentlichen Handlungsbahnung (vgl. Kuhl 2001, S. 163 ff.). Diese stellen dar, wie das Handeln einer Person beeinflusst wird. Dabei stehen sie in wechselseitigen Abhängigkeiten, was wiederum ein komplexes Interaktionsgeschehen darstellt. Das Fundament der PSI-Theorie bildet somit die Frage, „wie sich eine Veränderung der Gesamtaktivierung eines Systems [Anmerkung d. Autor:innen: Hier sind die Makrosysteme gemeint] auf die Aktivierung aller anderen Systeme auswirkt" (Kuhl 2001, S. 163). Viele psychologische Erscheinungen lassen sich laut Kuhl (2001) bereits auf der Basis zweier Modulationsannahmen erklären und interpretieren. Diese sind die *1. (Basis-)Modulationsannahme* und die *2. Modulationsannahme*. Hinter der 1. Modulationsannahme verbirgt sich die "Zielumsetzung" bzw. "Willensbahnung", die 2. Modulationsannahme kann mit „Selbstwachstum" umschrieben werden. Beide gelten als zentrale Aspekte der Persönlichkeitsentwicklung (vgl. Kuhl, Alsleben 2012, S. 63). Anhand der antagonistischen Paarung von jeweils zwei Makrosystemen (OES – EG und IVS – IG) sowie deren affektmodulierter Interaktion kann es zur Entwicklung der Persönlichkeit kommen (vgl. ebd., S. 64; siehe auch Kuhl 2001, S. 163 f). Vereinfacht ausgedrückt lässt sich das Zusammenspiel der entgegengesetzten Persönlichkeitssysteme wie folgt beschreiben: 1. Wenn man voll und ganz in der Planung (IG= Itentionsgedächtnis) ist, fällt es schwer, in Handeln zu kommen. Hier braucht es den bewussten Schritt ins Tun (Willensbahnung). Ist man vollständig im spontanen Tun (IVS = Intuitive Verhaltenssteuerung), ist man nicht besonders planvoll und komplexe Aufgaben oder Priorisierung gelingen schwerer. 2. Wenn man sich darauf konzentriert, Unstimmigkeiten zu erkennen (OES = Objekterkennungssystem), ist man zwar gut darin, etwas kritisch zu prüfen, jedoch verliert man ob dieses Fehlerfokus das Positive bzw. das Ganze aus dem Blick. Gelingt es, auch negative Erfahrungen in das Selbst (EG = Extensionsgedächtnis) zu intergieren, so findet eine Entwicklung (Selbstwachstum) statt. Eine vertiefte und dennoch leicht verständliche Erläuterung findet sich im Text „PSI-Theorie light" (vgl. Kuhl 2005). Dies wird nun im Folgenden näher erläutert.

Für die vorliegende Arbeit ist die PSI-Theorie relevant, da sie die Möglichkeit bietet, zu erkennen, welche Basismotive bei einzelnen Personen vorliegen, wie diese Motive in einzelnen Situationen ins Handeln umgesetzt werden, ob diese Umsetzung für die Zufriedenheit des Handelnden langfristig eher günstig oder eher nachteilig ist und unter welchen Voraussetzungen es Handelnden am besten gelingt, dass für die jeweilige Aufgabe geeignetste System zu aktivieren. Insbesondere die mögliche Binnendifferenzierung der Basismotive in einzelne Modi sowie die Differenzierung zwischen impliziten und expliziten Motivlagen erwiesen sich als hilfreich.

5.2.1 Die vier Hauptfunktionen der willentlichen Handlungssteuerung

Die Art und Weise, wie Pläne und Absichten in eine Handlung umgesetzt werden, wird nach Kuhls Theorie von folgenden vier persönlichkeitsrelevanten Makrosystemen und ihren Wechselwirkungen beeinflusst: *Objekterkennung, Intuitive Verhaltenssteuerung, Intentionsgedächtnis* und *Extensionsgedächtnis*. Die Umsetzungsstile der vier Hauptfunktionen (Makrosysteme) integriert Kuhl in die Theorie der willentlichen Handlungssteuerung, wobei er zwischen zwei Formen der Bahnung und Hemmung unterscheidet (vgl. Kuhl 2011, S. 157). Abbildung 1 stellt diese Zusammenhänge grafisch dar. Zusammenfassend lässt sich sagen: „Die Theorie der willentlichen Handlungssteuerung beschreibt die kognitive und affektive Minimalarchitektur, die notwendig erscheint, um willentliches Handeln zu erklären“ (Kuhl 2001, S. 145).

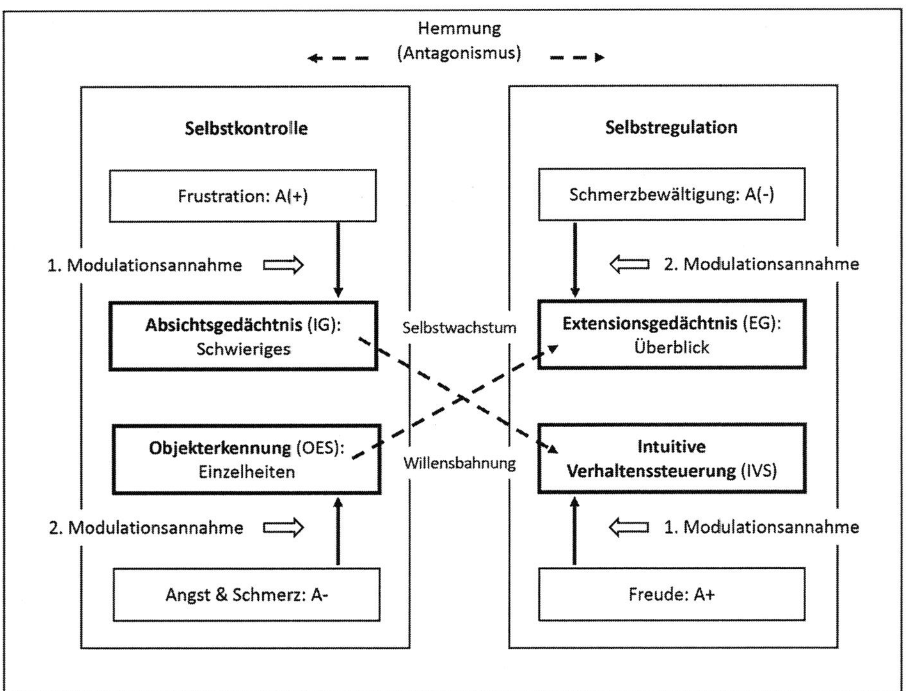

Abbildung 1: Schematische Darstellung der PSI-Theorie – Funktionsanalytische Veranschaulichung der Interaktion der Makrosysteme (darin inbegriffen die Modulationsannahmen) (Nachstellung der Originalquelle Kuhl & Alsleben 2012, S. 139; basierend auf Kuhl 2001)

Die Objekterkennung (OES; Erkennen/Empfinden) beschreibt das Wiedererkennen von Objekten (vgl. Kuhl 2001, S. 161). Es „separiert [...] Objektrepräsentationen in den einzelnen Sinnesmodalitäten und abstrahiert sie von den spezifischen Kontexten, in denen Objekte angetroffen werden“ (Kuhl, 2001, S. 161). Diese Abstraktionsleistung ermöglicht es dem Individuum, „Objekte unabhängig von dem jeweiligen Kontext identifizieren zu können“ (Kuhl, 2001, S. 161). Dieses System ist die Grundvoraussetzung für das Lernen und die individuelle Persönlichkeitsentwicklung. Ist das OES aktiv, konzentriert sich die Person in ihrer Wahrnehmung eher auf Diskrepanzen. Die Aufmerksamkeitsfunktion des OES hebt also Unstimmigkeiten und Mängelzustände hervor und ist vor allem darauf ausgerichtet, Fehler und Misserfolge zu erkennen (vgl. Kuhl 2013, S. 10 f.). Dieses System steht sozusagen für diskrepantes-sensitives Empfinden. „In einseitiger Ausprägung führt das Empfinden zu einer Handlungslähmung im jeweiligen Motivbereich, die meist mit der Angst vor Fehlern oder Misserfolg einhergeht“ (Kuhl, Alsleben 2012, S. 48).

Die intuitive Verhaltenssteuerung (IVS) kann mit dem geistig-körperlichen Vorgang des Intuierens gleichgesetzt werden. Hier geht es um spontanes Handeln ohne vorherige Reflexion. Eine hohe Ausprägung ist besonders von Vorteil bei der Umsetzung des Beziehungsmotivs, um auf intuitiver Ebene kommunizieren zu können. Das IVS ist ein Ausführungssystem, bei dem eine „Übersetzung allgemeiner Ziele oder allgemeiner Absichten in verfügbare Verhaltensroutinen oder spezifische Absichten“ (Kuhl 2001, S. 160) erfolgt. Das IVS spielt eine entscheidende Rolle, wenn automatisierten (also leicht ausführbaren) Handlungsabläufen und Verhaltensroutinen gefolgt wird, um Bedürfnisse umzusetzen (vgl. Kuhl, Alsleben 2012, S. 47). Es versagt also umso eher, je stärker die Bedürfnisumsetzung eine strategische Lösung der Schwierigkeit(en) erfordert (vgl. ebd., S. 47).

Das Intentionsgedächtnis (IG) entspricht dem „Denken“ und wird daher auch als Absichtsgedächtnis bezeichnet. Es steht für das Planen, Analysieren und strategische Vorgehen. Kuhl meint mit dem Absichtsgedächtnis „Prozesse [...], die über die Internalisierung von Gesprochenem [...] verschiedene Leistungen ermöglichen, an denen das explizite Absichtsgedächtnis beteiligt ist, besonders die Übersetzung allgemeiner, aus dem Selbstsystem generierter Ziele [...] in selbstkongruente Handlungsabsichten, also allgemeine Handlungskonzepte“ (Kuhl 2001, S. 158). Es ist demnach ein System, welches es ermöglicht, anspruchsvolle Vorhaben zu planen und schwierige Absichten im Gedächtnis zu behalten, bis sie umgesetzt werden können.

Das Extensionsgedächtnis (EG; Fühlen) als das implizite koordinative Fühlen vermittelt einen unmittelbaren und parallelen Überblick über viele Möglichkeiten, wie die Umsetzung eines Bedürfnisses erfolgen kann/soll, wobei wichtige Lebenserfahrungen (meist unbewusst) hinzugezogen werden. Auch Motive und das integrierte Selbst beeinflussen die situativen Entscheidungen zur Handlungsumsetzung. Somit unterstützt das EG allgemeine selbstkongruente Ziele des Individuums (vgl. Kuhl 2001, S. 159). Ist es aktiv, sind Personen in der Lage, in jeder Lebenssituation kreative, mit Sinn erfüllte und emotional befriedigende Handlungsweisen umzusetzen. Das EG setzt dabei auf integrative Kompetenz, Einfühlungsvermögen, aber auch Selbstbehauptung der persönlichen Werte und Wünsche, wobei im situativen Kontext Mitmenschen mit im Blick behalten werden (vgl. Kuhl, Alsleben 2012, S. 46 f.). Das EG wirkt weitestgehend aus dem Unbewussten heraus und kann deshalb als Selbst-System verstanden werden (aus dem impliziten Selbst (Ich) heraus), in welchem das ganzheitliche Fühlen die tragende Rolle spielt. Kuhl beschreibt das EG auch als höchste Stufe der „persönlichen Intelligenz“ (ebd., S. 62).

Das dynamische Zusammenspiel der vier Systeme prägt das Erleben sowie Verhalten und bildet so die Persönlichkeit. Diese wiederum lässt sich in Stilen (Tendenzen in Richtung eines Systems bzw. der Kombination mehrerer Systeme) der Erstreaktion beschreiben. Darüber hinaus besteht die Möglichkeit, den Umgang mit dem Selbst und der Persönlichkeit zu erlernen und so eine Zweitreaktion (Selbststeuerung) zu bilden, welche es ermöglicht, diese Tendenzen auszugleichen. Erfolgreiches Handeln, an dem sich die Persönlichkeit erkennen lässt, greift dabei immer auf alle Persönlichkeitssysteme zurück. Dies wird im Folgenden am Beispiel eines prototypischen Handlungskreislaufs anschaulich.

Exkurs: Prototypischer Handlungskreislauf

Zur besseren Verständlichkeit des Zusammenwirkens der vier Systeme hilft es, sich einen kompletten Handlungskreislauf an einem konkreten Fall vorzustellen. Das folgende Beispiel verwendet Kuhl in Weiterbildungen des Öfteren zur Verdeutlichung. Die Verschriftlichung stammt von Heiko Frankenberg, einem ehemaligen Mitarbeiter Kuhls, der uns diese freundlicherweise zur Verfügung gestellt hat:

> „Stellen Sie sich einmal vor, es soll ein großes Holzschiff gebaut werden. Beteiligt an der Umsetzung dieser großen Aufgabe sind nun also die vier bekannten Makrosysteme. Den Anfang machen könnte je nach Ausgangsituation natürlich jedes der vier Systeme. Beginnen wir jedoch unsere sehr bildhafte und mit einem kleinen Augenzwinkern versehene Beschreibung mit dem Extensionsgedächtnis.
>
> Das EG vermag es bestens, eine visionäre Vorstellung zu generieren, wie toll es wohl sein wird, zukünftig mit dem bald fertigen Schiff ganz romantisch in den Sonnenuntergang zu segeln. Da es eine besonders gute Anbindung zum Körper und zu den Gefühlszentren im limbischen System unseres Gehirns hat, wird diese Vorstellung mit Emotionen unterfüttert, die uns tief im Herzen berühren. Dagegen sieht jedes noch so moderne 3D-Kino einfach nur blass aus! Allerdings kommen wir mit dem Schiffsbau nicht wirklich weiter, wenn wir jetzt in diesem zwar schönen, aber dennoch eher traumartigen Zustand verbleiben würden. Es muss daher zumindest schon mal etwas konkreter werden.
>
> Die bisherige grobe Vision wird daher vom zuständigen Planungsbüro klar umrissen und in kleinere Unterziele aufgeteilt. Der Abteilungsleiter mit seinem roten Jackett ist hier das Intentionsgedächtnis. Es muss geklärt werden, wie viel Holz wir benötigen, wie viele Werftarbeiter wohl angeheuert werden sollen, welche Bauzeit zu veranschlagen ist, was uns das Ganze kosten wird. Die gesamte Konstruktion muss abgestimmt werden und so weiter und so weiter. Vor allem müssen noch die exakten Baupläne für das Schiff erarbeitet werden. Dieser Aufgabenbereich erfordert eine Menge an Selbstdisziplin und insbesondere eine ungestörte Konzentration. Daher mag es das IG besonders gerne, in einem etwas karger eingerichteten Büro zu sitzen, wo man in Ruhe bei der Sache bleiben kann und nicht abgelenkt wird. Nüchternheit und Klarheit statt Emotionalität, so könnte das persönliche Erfolgsmotto des IG heißen.
>
> Leider endet dann oftmals dieser Erfolg an dem Punkt, wenn es darum geht, die in grünen Overalls gekleideten Werftarbeiter zu motivieren. Der ermüdende und irgendwie doch sehr abstrakte Vortrag zu den Konstruktionsplänen hat die wenigsten Werftarbeiter dazu bewogen, endlich anzufangen. Jetzt ist noch einmal kurz das Extensionsgedächtnis gefordert, vermittelnd einzugreifen. Es ruft wieder die hoch emotionale Vision wach und alle haben danach den Sonnenuntergang vor ihrem inneren Auge. Plötzlich geht es sehr schnell. Die Werftarbeiter wirken beinahe wie fleißige Ameisen, auch Überstunden stellen kein Problem dar. Viel früher als erwartet ist nun das Schiff fertig geworden und die

> Werftarbeiter mitsamt ihrer intuitiven Verhaltenssteuerung überlegen und warten nicht lange. Sie wollen gerne sofort freudig das neue Schiff ausprobieren und initiieren spontan sogleich den Stapellauf. Doch dann: Ups! – Kurz danach sah man nur noch den Mast des Schiffes aus dem Hafenbecken ragen.
>
> Was war passiert? In ihrem Übereifer hatten sie doch glatt vergessen, dem Typen von TÜV wegen der Endabnahme vorher Bescheid zu sagen. Dieser hätte zwar in seinem blauen Kittel an der einen oder anderen Stelle des Schiffes herumgenörgelt und jedes noch so kleine Objekt erkannt, was nicht ganz der vorgeschriebenen Norm entspricht. Sicherlich hätte einerseits die Kritik auch ein bisschen wehgetan, aber der Prüfer hätte andererseits wohl entscheidende Baumängel zuvor rechtzeitig erkannt, sodass die jetzige Vollkatastrophe wahrscheinlich ausgeblieben wäre.
>
> Anschießend ist es in diesem Fall natürlich ebenso wichtig, dass sein genauer Prüfbericht nicht irgendwo in einer dunklen Schublade verschwindet oder gar wegen des Stimmungsdämpfers verdrängt wird, sondern in den breiten Erfahrungsschatz des Extensionsgedächtnisses integriert wird. Die Erfahrung mag vielleicht schmerzlich gewesen sein, doch auch das gehört dazu. Beim nächsten Mal, wenn wieder das Bild vom ‚Segeln in den Sonnenuntergang' auftaucht, klopft gleichzeitig auch die Erinnerung an den anderen ‚Untergang' (Stichwort: Hafen) an die Tür und appelliert ein wenig an den notwendigen Realitätssinn. Für den nächsten Handlungskreislauf mag dies dann bedeuten, dass er unter Umständen von Anfang an gleich reifer und bedachter ablaufen wird." (Frankenberg)

Wie oben beschrieben, besteht mit Hilfe der PSI-Theorie die Möglichkeit, zu erkennen, ob die jeweilige Herangehensweise in einer bestimmten Situation einen vor- oder nachteiligen Effekt haben kann und unter welchen Voraussetzungen es Personen am besten gelingt, das für die jeweilige Aufgabe geeignetste System zu aktivieren. Jedoch wechselwirken diese vier Systeme nicht unabhängig von Affekten oder Stimmungslagen, Affekte haben nämlich einen wesentlichen Einfluss auf die Makrosysteme. Sie sind nicht nur in bestimmten Stimmungen aktiv, sondern können auch durch diese aktiviert werden, womit Affektregulationen entscheidend auf das Bewältigungsverhalten Einfluss nehmen (vgl. Kuhl, 2001, S. 303 ff.). Die Fähigkeit der Regulation wird als Selbststeuerung oder Selbstmanagement bezeichnet. Diese Selbststeuerungskompetenzen können erworben und trainiert werden. Auch die durch die PSI-Theorie abgebildeten Motive, die unsere Aufmerksamkeit und unsere Emotionen lenken und uns letztlich in Abhängigkeit zu dieser wahrnehmen und handeln lassen, sind zwar zeitlich relativ stabil, aber nicht starr. Durch neue Erfahrungen und Gegebenheiten in der Umwelt werden Bedürfnisse und Motive allmählich verändert (vgl. Kuhl 2001, S. 303 ff.).

In der theoretischen Erläuterung der vier Makrosysteme wurde bereits ersichtlich, dass in bestimmten Situationen das ein oder andere System stärker aktiv sein sollte, um mit gutem „Ergebnis" herauszugehen. An dieser Stelle soll zum besseren Verständnis auf die angehängte Beispielerklärung hingewiesen werden, die in den Interviews genutzt wurde, um anhand situativer Gegebenheiten darzustellen, wie die Systeme und ihre Wechselwirkungen funktionieren (siehe Anhang (A)).

Als Sinnbild für das Anschlussmotiv (genauere Erläuterung folgt in der Erklärung der Basismotive; siehe Kapitel 5.2.2) und die Aktivierung des nach idealtypischer Annahme optimalsten Systems in dieser Kombination soll folgende Situation dienen: „Soziale Beziehungen laufen meist reibungsloser ab, wenn man auf intuitive Verhaltensprogramme [(IVS)] zurückgreifen kann" (Kuhl, Alsleben 2012, S. 46). Das Erreichen von Leistungszielen (Leistungsmotiv) erfordert zumeist analytisches Denken und Planen, sodass die Aktivierung des Intentionsgedächtnisses in diesen Situationen am idealsten ist (vgl. ebd., S. 46). Als adaptiv für das Machtmotiv kann das Extentionsgedächtnis gesehen werden.

„Trotzdem braucht jedes Motiv zeitweise auch die jeweils nicht typischen Funktionen (z. B. ist zur Befriedigung von Beziehungsbedürfnissen zuweilen analytisches Denken notwendig, etwa wenn es um die Lösung sozialer Konflikte geht)" (Kuhl, Alsleben 2012, S. 46). Als antagonistische Paarungen „vereinen" sich IG und IVS sowie EG und OES (siehe dazu Kuhl,2001, S. 145 ff. bzw. Erklärung der Zusammenhänge der vier Makrosysteme für die Teilnehmenden an der Studie; siehe Anhang).

Zur Funktionsweise der antagonistischen Systeme:

> „Sobald der Austausch zwischen einem dieser beiden Systeme gehemmt ist, entsteht eine Form von Entfremdung (Alienation). Die sogenannte *Manifeste Alienation*, d. h. das Nichtausführen von *eigenen* Absichten, [...] kann erst in Zielumsetzung überführt werden, wenn die Hemmung positiven Affekts (A+) durch Selbstmotivierung oder durch ein externes Ereignis in positiven Affekt [A+] überführt wird. [...] Analog kann latente Alienation, d. h. das Nicht-Bewusstmachen-Können eigener Präferenzen (im EG), erst in die für das Selbstwachstum notwendige Integration neuer (oft schmerzhafter) Einzelerfahrungen (im OES) überführt werden, wenn während des Übergangs von negativen Affekt (A–) in eine gelassene Stimmung [A(–)] ein Zeitfenster entsteht, in dem beide Systeme [...] kommunizieren können, d. h., währenddessen sie etwa gleich stark aktiviert sind." (Kuhl, Alsleben 2012, S. 64; Hervorh. im Original)

5.2.2 Basismotive

In den bisherigen Ausführungen wurden die drei Motive bereits des Öfteren angesprochen. In diesem Abschnitt soll erklärt werden, weshalb sie als *Basis*motive zu verstehen sind, wodurch sich die Motive Anschluss, Leistung und Macht auszeichnen und voneinander unterscheiden und wie sie in die PSI-Theorie integriert sind. Auf die erste der drei unterschiedenen Fragen gibt Kuhl folgende Antwort:

> „Die motivationspsychologische Forschung hat sich besonders auf die Basismotive konzentriert: Anschluss (Affiliation), Macht und Leistung. [...] Die Wahl gerade dieser drei Motive aus dem von Murray (1938) erstellten Katalog von 20 Motiven mag zunächst recht willkürlich erscheinen. In den letzten Jahren ist jedoch immer deutlicher geworden, daß diese oder ähnlich gefaßte Motive evolutionsbiologisch ableitbare Basisbedürfnisse darstellen (z. B. Bischoff, 1985, 1993; Buss, 1990; Ryan, 1995) und ihre Ausprägung mit dem Funktionsniveau fundamentaler biochemischer Mechanismen assoziiert ist (McClelland, 1985)." (Kuhl 2001, S. 533)

5.2.2.1 Das Anschlussmotiv

In der klassischen Motivationsforschung wurde es auch als Affiliations- oder Begegnungsmotiv definiert (vgl. Kuhl 2001, S. 559). Es bezieht sich auf „[d]as Bedürfnis nach sozialen Beziehungen (Freundschaft, Kollegialität) und Bezogenheit (Zugehörigkeit)." (Kuhl, Alsleben 2012, S. 45 f.). Es beschreibt, wie bereits erwähnt, die Aufnahme und das Beibehalten von Kontakten zu anderen Menschen und des sozialen Anschlusses (vgl. Kuhl 2011, S. 559). Es geht also um Freundschaft, Kollegialität und Zugehörigkeit (vgl. Kuhl, Alsleben 2012, S. 45).

5.2.2.2 Das Leistungsmotiv

So wie für das Beziehungsmotiv der natürliche Anreiz im „Kontakt" zu anderen Menschen besteht, hat beim Leistungsmotiv „der Anreiz *Verbesserung* eigener Kompetenzen evolutionär eine so hohe Bedeutung gehabt, dass sich ein eigenständiges Motiv bilden konnte, welches den Umgang mit Misserfolgen reguliert." (Kuhl 2013, S. 45; Hervorh. im Original). Das Leistungsmotiv beschreibt „[d]as Bedürfnis nach einem Gütemaßstab für das eigene Handeln und daraus entstehend nach Effizienz- und Kompetenzsteigerung." (Kuhl, Alsleben 2012, S. 45).

Grundlage für die Entstehung eines Leistungsmotivs ist die Neugier, sie gilt als eine Basis des Leistungsmotivs. Ohne die Neugier kann sich also kein Leistungsmotiv entwickeln, in der späteren Entwicklung (Jugend- und Erwachsenenalter) bleiben Neugier und Exploration wichtige Komponenten des Leistungsmotivs (vgl. Kuhl 2001, S. 588). Der Unterschied zwischen Neugier und Leistungsmotivation besteht darin, dass Neugier einen eher spielerischen Moment besitzt. Leistungsmotivation ist stärker auf ein konkretes Ergebnis oder explizit angestrebtes Erkenntnisziel ausgerichtet (vgl. ebd., S. 589).

5.2.2.3 Das Machtmotiv

Kuhl (2001) bezieht sich bei der Beschreibung des Machtmotivs auf die Äußerung von Veroff (1957), wonach sich dieses Motiv mit der Befriedigung des eigenen Verhaltens beschrieben lässt, welche zudem in Abhängigkeit dazu steht, wie groß das Ausmaß der Kontrolle über Mittel ist, um andere beeinflussen zu können (vgl. S. 533). Macht beschreibt „[d]as Bedürfnis nach Selbstbehauptung und Selbstausdruck, insbesondere durch eigene Einflussnahme auf andere." (Kuhl, Alsleben 2012, S. 45). Diese erste Einordnung des Machtmotivs, die in Verbindung mit Selbstbehauptung steht, meint das Bestreben, die eigenen Bedürfnisse auch gerade bei vorhandenem Widerstand durch andere durchzusetzen. Daher ist auch der Begriff „Durchsetzungsmotivation" geläufig (vgl. Kuhl 2001, S. 578). „Da der Erfolg der Durchsetzungsmotivation von der Aktivierung zielgerichteten Verhaltens abhängt, ist zu vermuten, daß das erfolgsorientierte Machtmotiv durch die Kombination einer hohen Herabregulierungsfähigkeit und einer hohen positiven Emotionalität gekennzeichnet ist." (ebd., S. 578).

Im alltäglichen Sprachgebrauch ist der Machtbegriff oftmals negativ konnotiert, da mit ihm in Verbindung gebracht wird, einen anderen Menschen zu beeinflussen, ihn etwas tun oder fühlen zu lassen, das nicht seinem Selbst entspringt, sondern durch die machtausübende Person im Sinne einer negativen Beeinflussung von außen aufgetragen wurde (vgl. Kuhl 2001, S. 578). Ausgehend von der deutschen Vergangenheit stehen die negativen Aspekte des Machtbegriffs mit dem geschichtlichen Kriegshintergrund in Zusammenhang; bis heute wird Macht mit der rücksichtlosen Durchsetzung eigener Interessen in Verbindung gebracht. In der PSI-Theorie hingegen schließt das Machtmotiv auch prosoziale Formen ein, „nämlich das Bedürfnis nach Autonomie, Selbstäußerung und sozial verträglichem Durchsetzen eigener (und sozialer) Interessen." (Kuhl, Alsleben 2012, S. 45). Mit Macht werden somit auch positive Aspekte assoziiert, wie sie in der Übersetzung des gleichbedeutenden englischen Begriffs „power" zum Ausdruck kommen: Führung, Verantwortungsübernahme, andere anstecken, Überzeugung, Direktion (Entwickeln), kraftvolles Auftreten usw. (vgl. ebd., S. 45 f.).

Die drei Motive können grob in zwei Kategorien eingeteilt werden: Einerseits die wirkungs- bzw. handlungsorientierten Motive, Leistung und Macht, welche auf das Erreichen bzw. „Haben-Wollen" ausgerichtet sind, andererseits das erlebnisorientierte Motiv Anschluss, das am „Sein" orientiert ist (vgl. Kuhl 2010b, S. 276). Es ist zu erahnen, dass in dieser Konstellation ein Motiv fehlt, das als zweites erlebnisorientiertes Motiv an die Seite des Anschlussmotivs gestellt werden muss – die Selbstentfaltung. In neueren Untersuchungen wurde *Freiheit* als viertes Basismotiv ermittelt (vgl. Kuhl, Alsleben 2012).

5.2.2.4 Ausblick: Das vierte Basismotiv – Freiheit

In der vorliegenden Studie war Kenntnis über dieses vierte Motiv vorhanden, jedoch wurde dieses weitestgehend außer Acht gelassen, da das verwendete MUT-Testverfahren das Freiheitsmotiv zum Zeitpunkt der Erhebung noch nicht erfasste und somit der angestrebte Vergleich zwischen unbewusster und bewusster freiheitsbezogener Motivausprägung nicht möglich war. Mittlerweile ist diese Lücke im Testverfahren geschlossen und könnte in Folgestudien Berücksichtigung finden. Im folgenden Abschnitt soll kurz dargelegt werden, was das Freiheitsmotiv beinhaltet:

Das Freiheitsmotiv wird als das Bedürfnis nach Autonomie beschrieben und mit dem Machtmotiv verglichen. Das Machtmotiv kann als „ein ‚kontrollierter' Abkömmling des (frustrierten) Bedürfnisses nach freier Selbstbestimmung" (Kuhl 2010b, S. 295) gesehen werden. Die Ausübung von Macht kann dann als ein Streben nach Freiheit – „wenn es einem schon nicht ‚geschenkt' wird" (ebd., S. 295) – gedeutet werden. Freiheit wird in diesem Sinne durch Macht, d. h. durch eigene Willensanstrengung erzielt. Dieses Autonomiebedürfnis kann aber nicht mit dem Machtbedürfnis und seinen verschiedenen Formen der Kontrolle gleichgesetzt werden. Das Freiheitsmotiv ist durch eine – im Vergleich zum Machtmotiv – absichtslose Haltung geprägt (vgl. ebd., S. 295). Das Bedürfnis nach Freiheit richtet sich nach innen, „auf das Erleben der eigenen Person." (Kuhl, Alsleben 2012, S. 163). Dabei strebt das Motiv nach *Freiheit von allem*, „was das Selbsterleben und Selbstwachstum begrenzt" (ebd., S. 169).

Alsleben entwickelte 2008 eine Methode zur Messung des Bedürfnisses nach Autonomie auf der vorbegrifflichen Ebene der „freien Selbstbestimmung". Unter Verwendung des OMT-Verfahrens konnte er das Freiheitsmotiv messen. In Alslebens Inhaltsschlüsseln werden die Formen des Freiheitsmotivs erfasst durch die Kategorien (1) Selbstvertrauen, (2) Status, (3) Selbsterkenntnis, (4) Selbstschutz und (5) Selbstlosigkeit.

Inhaltlich definiert werden kann das Freiheitsmotiv durch die Ausrichtung auf authentisches Selbstsein, durch das die Person sich frei von äußeren und inneren

Zwängen verwirklichen kann (vgl. Kuhl 2013, S. 15). Das Bedürfnis nach Freiheit „wird befriedigt durch ein umfassendes und wachsendes Selbstgespür für eigene Wünsche, Präferenzen und Stimmungen [...]. Dafür ist eine Trennung und Abgrenzung notwendig zwischen dem eigenen Erleben, das als selbstkongruent [...] und authentisch wahrgenommen wird, und den Bewusstseinsinhalten, die als fremd, inkongruent oder sogar bedrohlich empfunden werden." (Kuhl, Alsleben 2012, S. 168; vgl. auch Alsleben 2008). Das freiheitsbezogene Kernthema entspricht also dem Erleben von Grenzen, nicht nur in der Unterscheidung der eigenen Grenzen von denen Fremder. Die Trennung vollzieht sich noch weitreichender, umfasst dabei das Eigene voll und ganz (vgl. Kuhl, Alsleben 2012, S. 168). Die Befriedigung des Freiheitsbedürfnisses kann daher also auch „durch Grenzstärkung (sich selbst besser abgrenzen zu können) [...] [sowie] Grenzerweiterung bzw. Grenzauflösung (sich selbst besser spüren) geschehen." (ebd., S. 168).

Abschließend ist zu klären, welche Bedeutung das Freiheitsmotiv im Alltagskontext hat: „Selbst einfache Alltagserfahrungen zeigen, dass Menschen mit [...] der Fähigkeit [authentisch zu sein und zu handeln] ausgeglichener sind, eine positive Ausstrahlung auf andere haben, mehr Energie für Tätigkeiten zur Verfügung haben und resistenter gegen Stress sind." (Kuhl, Alsleben 2012, S. 171; vgl. auch Alsleben 2008). Vor allem diese verbundene Fähigkeit zur Stressresistenz ist zentral für das Freiheitsmotiv; es betrifft den Arbeits-/Leistungskontext sowie den Alltag und ist bezogen auf die Gesamtpersönlichkeit.

„Der Grund, warum das Freiheitsmotiv über Jahrzehnte hinweg nicht als solches erkannt wurde, mag vor allem darin liegen, dass es so selbstverständlich und gewohnt ist und gleichzeitig das am schwierigsten zu explizierende Motiv ist" (ebd., S. 172). Theoretische Überlegungen lassen vermuten, dass das Freiheitsmotiv in der Entwicklung als Erstes und Nachhaltigstes geprägt wird. Daher ist es nur schwer von den anderen Motiven abgrenzbar. Die Motive Anschluss, Leistung und Macht hingegen wurden weitreichend durch frühe soziale Interaktionen (Sozialisation) geprägt, die Verbalisierung fordert und fördert. Das Bedürfnis nach Selbstintegration wird im Austausch mit anderen viel weniger berücksichtigt (vgl. ebd., S. 172).

5.2.3 Die 5 Motivmodi aktiver Formen der Bedürfnisbefriedigung

Motive können in verschiedenen Formen auftreten. Vor dem Hintergrund der PSI-Theorie besteht die Aufgabe, diese funktionsanalytisch zu explizieren. Jedes Motiv kann mithilfe der 4 Makrosysteme auf unterschiedliche Weise umgesetzt werden. Bei der bewussten Umsetzung resultieren je Motiv 4 Umsetzungsmodi (vgl. Kuhl, Alsleben 2009, S. 46 ff.), bei der unbewussten Umsetzung resultieren je Motiv 5 Umsetzungsmodi der Bedürfnisbefriedigung (vgl. Kuhl, Alsleben 2009, S. 61; Kuhl 2001, S. 531 ff.). Bei der impliziten (unbewussten) Umsetzung sind die Modi 1 bis 4 als aktive Formen der Bedürfnisbefriedigung bzw. aufsuchungsorientierte Formen des Motivs zu verstehen, welche sich aus der Kombination zweier Affektvalenzen (positiver und negativer Affekt) mit zwei Affektquellen (äußerer Anreiz vs. Selbstkongruenz) ergeben. Diese beruhen auf der klassischen Hoffnungs- bzw. Aufsuchungskomponente der Motive. Ausnahme bildet die fünfte Ebene. Diese stellt eine passive Variante des Motivs dar und kann als klassische angstvolle Motivausrichtung interpretiert werden (vgl. Kuhl 2013, S. 25; 29; Kuhl 2001, S. 558 f.).

Die einzelnen Modi lassen sich motivübergreifend wie folgt fassen:

> Ebene/Modus 1: Beschreibt die durch positiven Affekt regulierte Motivation, die an das Selbst angebunden ist.
> Ebene/Modus 2: Beschreibt ebenfalls die durch positiven Affekt regulierte Motivation, die jedoch nicht an das Selbst, sondern durch einen äußeren Anreizfokus angebunden ist.
> Ebene/Modus 3: Bezieht sich auf die durch negativen Affekt regulierte Motivation in Verbindung mit dem Selbstbezug.
> Ebene/Modus 4: Beschreibt nochmals die durch negativen Affekt regulierte Motivation mit dem äußeren Anreizbezug.
> Ebene/Modus 5: Beruht auf der durch negativ-passiven Affekt regulierte Form der Motivation, „bei der die Angst typischerweise bewußt wird". (Kuhl 2001, S. 558 f) (vgl. Abb. 2)

Bezogen auf die Systeme und am Beispiel des Machtmotivs heißt dies:

Im Modus 1 sind EG und IVS aktiv. Er ist dementsprechend geprägt durch intrinsische Motivation (Identifikation mit der Aufgabe oder der Situation) und der Empfindung von Sinn und tiefer Erfüllung. Macht-Motivation im Modus 1 drückt sich aus in prosozialer Führung: Anderen Menschen wird geholfen oder Rat gegeben; sie werden geschützt und verstanden. Auch die Weitergabe von Wissen fällt in diesen Bereich.

Im Modus 2 ist das IVS wirksam. Er ist geprägt durch extrinsische Motivation (Anreizorientierung). Macht-Motivation im Modus 2 drückt sich aus in dem Wunsch, andere zu begeistern und mitzureißen. Hilfe wird anderen aus der Situation heraus zuteil.

Im Modus 3 wirken insbesondere OES und EG zusammen. Er ist dementsprechend geprägt durch die selbstständige, aktive Bewältigung von Frustration oder wahrgenommener Bedrohung. Macht-Motivation im Modus 3 drückt sich aus durch verantwortliche Führung: Konflikte werden gemeistert, Entscheidungen auch gegen Widerstände getroffen.

Im Modus 4 wirken IG und IVS zusammen. Er ist geprägt durch aktives Vermeiden von Frustration und hartnäckiges Durchhalten. Macht-Motivation im Modus 4 drückt sich aus in starkem Kontrollverhalten und strenger, dominanter Führung, welche mitunter durch Pflichten gerechtfertigt wird. Diejenigen Pflichten, auf welche im Modus 4 Bezug genommen wird, sind als sog. introjizierte Gründe (vgl. Deci, Ryan 2000) zu verstehen, die nicht ursprünglich aus dem Selbst stammen, sondern ehemals externale Erwartungen (etwa der Gesellschaft oder der Eltern) sind, welche im Laufe der Zeit so internalisiert wurden, dass bei Nichtbefolgung ein Selbstwertverlust droht.

Im Modus 5 ist das OES – und implizit das IG – wirksam. Er ist dementsprechend geprägt durch passive Vermeidung und Phlegmatismus; eine aktive Bewältigung der negativen Gefühle scheint nicht möglich. Macht-Motivation im Modus 5 drückt sich aus in Ohnmacht; dem Gefühl, keinen Einfluss zu haben oder Schuld an etwas zu sein – oder in der Angst vor Machtverlust und Demütigung.

	Motive (*hinreichende* Kriterien*: Stichwörter bezeichnen nur Beispiele)			
5 Modi: Umsetzungsformen ↓(Systemkonfiguration) ***Notwendige* Kriterien***	**Anschluss (Beziehung)** ***Kontakt*** (meist dynamisch): horizontal, ohne Zweck, absichtslos, **erlebnisorientiert**	**Leistung (Fähigkeit)** Gütemaßstab: *etwas kann* ***gelingen oder misslingen*** (besser oder schlechter), Schwieriges selber meistern	**Macht (Durchsetzen)** ***Einfluss auf andere*** *ausüben*; vertikaler Kontakt (stärker, schwächer), **wirkungs- & zweckorientiert**	**Freiheit (Selbstsein)** **Selbstwert,** absichtsloses Sein, Selbst-Integration, **erlebnisorientiert**
1) S+: positive Stimmung (implizit) aus dem Selbst: Gestaltungskraft, Kreativität, Selbstverständlichkeit *PSI: Ebene 5 (Aufsuchen)*	**A1: Begegnung** (freudig-intuitiver Austausch: *intimacy*) Persönlich werden, sich verstehen, austauschen	**L1: Flow** Aufgehen in einer herausfordernden Tätigkeit, Neugier und Interesse, Spaß an der Herausforderung, spielerisches Lernen	**M1: prosoziale Führung** (prosoziale Macht), Selbstausdruck, Rat geben, helfen, Wissen weitergeben, andere schützen, verstehen	**F1: Selbstvertrauen** genießen, sich öffnen, offenbaren, Freude an neuer Erfahrung, für sich sein
2) A+: positiver Anreiz Aufmerksamkeit ist nach außen auf ein Objekt gerichtet *PSI: Ebene 6 (Aufsuchen)*	**A2: Spaß mit anderen** Extravertierter Kontakt, Unterhaltung, gute Stimmung, Erotik	**L2: etwas gut machen** (individueller Gütemaßstab), Schwieriges schaffen, auf ein Ziel fokussiert sein; Zielorientierung	**M2: andere begeistern** objektbezogener Einfluss Helfen, Pflegen aus der Situation heraus, andere begeistern, mitreißen	**F2: Status** (bedingtes Selbstvertrauen), Aufmerksamkeit, Anerkennung bekomme, im Mittelpunkt stehen
3) S(-): selbstständige Bewältigung (Selbstdistanzierung) Nennen von Schwierigkeiten, Angst vor einem negativen Ausgang etc. und kreatives Problemlösen, Flexibilität, Weitblick *PSI: Ebene 7*	**A3: Beziehung wiederherstellen** Beziehungsschwierigkeiten (z. B. Zurückweisung) meistern, Verständnis für Leid und Schwäche	**L3: Bewältigung von Misserfolg:** Herausforderung, *positive* Sicht von Schwierigkeiten, aus Fehlern lernen; Flexibilität, eigene mit Teamleistung integrieren	**M3: verantwortliche Führung** trotz "Gegenwind": Einfluss nehmen, helfen, integrieren, entscheiden, Freiheit einräumen, Autonomie gewähren	**F3: Selbstwachstum (SR)** Sicherheit wiedergewinnen, Selbst-Akzeptanz/-Integration von Unangenehmem, Mut zur Warheit, Wahlfreiheit, sich neue Erkenntnisse erarbeiten
4) A- □ A+: aktives Vermeiden Angst vor der Frustration des Motivs wird meist nicht genannt, ist aber an Enge, Kontrollieren, Befolgen, Zielfixierung erkennbar *PSI: Ebene 6*	**A4: Vertrautheit („Affiliation"): Nähe** Geborgenheit, Sicherheit finden, geliebt werden, Bindung an Stärkere, Beziehungen *kontrollieren*	**L4: Leistungsdruck** Soziale Bezugsnormen: besser sein als andere, Wettkampf, Konkurrenz, *ermüdende Anstrengung, nichts falsch zu machen*	**M4: Dominanz** *Befehlen, strenge Führung*, konflikthafte Macht (erkennbar an Negationen), Recht von Macht durch Pflicht; Kampf	**F4: Selbstschutz (SK)** rigide Ich-Grenzen, sich rechtfertigen, Selbstbild durch Vergleich mit anderen, lästern, jemanden nicht mögen, so tun als ob
5) A- & A(+): passive Vermeidung Nennen eines negativen Ausgangs und negativer Gefühle ohne aktive Bewältigung *PSI: Ebene 5 (Meiden)*	**A5: Alleinsein** Verlassen werden, nicht gemocht werden, einsam sein	**L5: Misserfolgsfurcht** Wegen eines Misserfolgs hilflos, ratlos, enttäuscht sein	**M5: Ohnmacht** Keinen Einfluss haben, sich schuldig fühlen, unterdrückt werden	**F5: Selbstentwertung** Unsicherheit, Misstrauen, Scham, angeklagt werden, Angst vor Unbekanntem; nicht gewürdigt werden

Anmerkung; Bei Kindern (zuweilen auch Erwachsenen) kann die kindliche Form von Macht durch den Zusatz "k" kenntlich gemacht werden: Mk1: Rat annehmen, erfragen; Mk2: jemanden bewundern, applaudieren; Mk3: Führung, Rat, Integrationsangebote in einer schwierigen Situation annehmen; Mk4: gehorchen, folgen; Mk5: wie M5
*Hinreichende Hinweise (in den Zellen): Das Vorliegen EINES Kriteriums reicht aus ,vorausgesetzt, der Sinn passt zu der gemeinten Systemkonfiguration (s. 1. Spalte)

Abbildung 2: Ebenen-Modell der Motiv-Umsetzungsformen der Basismotive (inkl. Modi des Freiheitsmotivs) mit Darstellung der Entwicklungsbedingungen und Inhaltskategorien (Nachbau der Darstellung nach Kuhl 2013, Interne Schulungsunterlagen)

„Die fünf Motivformen haben zu einer Elaboration klassischer Inhaltsschlüssel zur motivdiagnostischen Auswertung von Fantasieproduktionen geführt" (Kuhl 2001, S. 559); gemeint sind hierbei die Auswertungsschlüssel des OMT. Zur Beschreibung der drei Basismotive Anschluss, Leistung und Macht werden diese in den Folgekapiteln herangezogen, um die Motive und ihre durch die PSI-Theorie differenzierten Formen in ihrem ganzen Umfang zu erörtern.

Diese fünf Modi der Motive stellen die Auswertungsschlüssel des OMT-Verfahrens dar (vgl. Abb. 2). Der OMT misst die unbewussten Motivlagen. Als vergleichendes Verfahren wurde zur Messung der Motive auf bewusster Ebene der MUT hinzugezogen. Die Modi/Ebenen des MUT sind vergleichbar denen des OMT, ebenso ihre ausführenden Systeme. Der Unterschied liegt in den im MUT verwendeten Messskalen, anhand derer eine hohe bzw. niedrige Ausprägung des jeweiligen Motivumsetzungsstils identifiziert werden kann, was wiederum die Beurteilung des Umsetzungsstils erlaubt. Auf einer weiteren Skala (Dominanzskala) wird die Stärke des bewussten Motivs angezeigt. Durch die Antworten gibt die Person also auf bewusster Ebene an, wie stark sie ihre jeweiligen Bedürfnisse entsprechend der Motive einschätzt und wie viel Handlungsenergie sie dafür selbst aufbringt. Der Abgleich dieser bewussten Messwerte des MUT (bewusst) mit denen des OMT (unbewusst) gibt dann Aufschluss darüber, ob die bewusste Einschätzung des Motivs und die unbewusste Motivlage deckungsgleich sind. So wird auch aufgezeigt, in welchen Bereichen der/die Proband:in noch Ressourcen hat, d. h. durch welche Motivstile er/sie (unbewusst) besonders motiviert ist. Es wird aber auch angezeigt, in welchen (Motiv-)Bereichen er/sie Energien „einsparen" kann, da ihn/sie diese nicht so stark motivieren, wie vielleicht bewusst von ihm/ihr angenommen.

5.2.4 Anwendung der Motivtypen und -modi auf die drei Basismotive Anschluss, Leistung und Macht

5.2.4.1 Zum Anschlussmotiv:

Die Erlebnisorientierung des Anschlussmotivs (auch des Freiheitsmotivs) ist im Gegensatz zu den wirkungsorientierten Motiven (Macht und Leistung) auf offenes Erleben ausgelegt (vgl. Kuhl 2001, S. 276 ff). Um bestimmte Wirkungen anzustreben, kommen die erlebnisorientierten Motive (am besten) ohne den Einsatz spezifischer Mittel aus. Sie funktionieren sozusagen durch „absichtsloses" Handeln („Zweckfreiheit"). Anschluss differenziert sich dabei vom Freiheitsmotiv durch die interaktive Komponente, das Freiheitsmotiv ist eher auf das Individuum bezogen.

Bezugnehmend zum späteren Auswertungsvorgehen der Testverfahren MUT und OMT, deren bewusste Wahrnehmung einer Handlungsumsetzung (MUT) sowie der unbewussten Ausführung der Handlung (OMT), soll hier dargestellt werden, in welche Formen das Anschlussmotiv anhand der Auswertungsschlüssel auf Grundlage der PSI-Theorie differenziert wird. Es werden, wie zuvor schon beschrieben, acht Systemkonfigurationen unterschieden, die sich aus dem Emotionsbewältigungsmodell (vgl. Kuhl 2001) ableiten lassen. Für das Motiv „Anschluss" sind das folgende: (1) Gemeinsame Bewältigung, (2) Gemeinsames Gestalten, (3) Begegnung, (4) Hassliebe, (5) Vertrautheit (Affiliation), (6) Zurückweisungsfurcht, (7) Soziales Desinteresse, (8) Kontaktvermeidung (vgl. Kuhl 2001, S. 568).

Darin integriert sind die 5 Modi der Befriedigungsformen des Anschlussmotivs, wie sie im Rahmen der PSI-Theorie unterschieden werden:

Auf Ebene 1 (A1) wird der Anschluss als „Begegnungsmotiv (intimacy)“ bezeichnet. „Ziel [...] ist die Aufrechterhaltung und Vertiefung von Vertrautheit durch wechselseitigen Austausch.“ (Kuhl 2003, S. 29).

Die zweite Ebene (A2) wird als Spaß mit anderen beschrieben. Dieser geht einher mit Quantität in der Kontaktaufnahme. Der Person geht es weniger um liebevollen, reziproken (qualitativen) Austausch mit anderen Menschen als vielmehr um die freundliche Herstellung von Kontakt zu bislang unbekannten Personen. Dabei wird eher oberflächliche, auf Spaß ausgerichtete Kommunikation erstrebt (vgl. Kuhl 2001, S. 560; 572). Im Vordergrund des Austauschs mit anderen steht die Geselligkeit (Geselligkeitsmotivation; vgl. Kuhl 2001, S. 571), weniger Bindung und Sicherheit bzw. Selbstöffnung in der persönlichen Begegnung (vgl. ebd., S. 572). Weiterhin wird auf dieser Ebene eher eine Tendenz zur Konfliktvermeidung beschrieben (vgl. ebd., S. 560).

Gemeinsame Bewältigung von Konflikten und Liebe werden auf der dritten Ebene (A3) beschrieben. Diese kann auch als Tiefendimension von der warmherzigen Variante A1 angesehen werden (vgl. Kuhl 2001, S. 573). Jedoch geht es im Unterschied zu Ebene 1 und 2 hierbei um „die Auseinandersetzung mit *negativen* Affekten, die aber letztendlich in positiven Affekten münden oder einen positiven Ausgang vorbereiten.“ (Kuhl 2013, S. 33; Hervorh. im Original).

Ebene 4 (A4) wird im OMT-Manual als „Anschluss (Affiliation)“ betitelt, auch Vertrautheit/Unsicherheitsvermeidung sind Überbegriffe für diesen vierten Modus des Beziehungsmotivs. Hierbei geht es um die aktive Bindungssuche, wobei die Vermeidung von Angst ein wichtiger emotionaler Bestandteil ist (vgl. Kuhl 2013, S. 34). Sie beschreibt das klassische schutz- und anlehnungsorientierte Affiliationsmotiv. Auch hier ist die aktive Vermeidung eines negativen Zustandes durch aktives Handeln gemeint (vgl. ebd., S. 35). Dabei versucht die Person, durch Aktionismus die erhoffte Geborgenheit, Nähe und Sicherheit zu erlangen – dieser Zustand muss aber erst noch erreicht werden. „Hoffnung oder Sehnsucht auf Bindung ist daher das vorherrschende Thema bei Kategorie A4.“ (ebd., S. 35) Diese können als aufsuchende Motivation verstanden werden, müssen im OMT aber gleichzeitig auch als latente Angst angesehen werden (vgl. ebd., S. 35).

Auf Ebene 5 spielt die Furchtkomponente des Anschlussmotivs die tragende Rolle. A5 wird mit Zurückweisungsfurcht beschrieben. Wenn A4 als aktiv-ängstlich-hoffnungsvolle Stufe beschrieben werden kann, so steht A5 für das Scheitern dieser hoffnungsvollen Suche. Die Hoffnung auf Anschluss wird hier durch Gefühle der Verzweiflung und Hoffnungslosigkeit ersetzt (vgl. Kuhl 2013, S. 37). Das Angsterleben wird also bewusst fixiert, was dazu führt, dass sich die Person im Stich gelassen oder abgelehnt fühlt. Sie ist der Meinung, nicht verstanden zu werden, und verfällt dadurch immer mehr in die Einsamkeit. Jedoch handelt der Betroffene auch nicht, sondern bleibt im passiven Grübeln über sein „Unglück“ (ebd., S. 37).

5.2.4.2 Zum Leistungsmotiv:

Entsprechend der acht Systemkonfigurationen des Emotionsbewältigungsmodells nach der PSI-Theorie wird Leistung unterteilt in: (1) Das intrinsische Leistungsmotiv, welches auch als „diversive Neugier“ oder „Flow“ bezeichnet wird, (2) die kreative Neugier, (3) die Lernmotivation, (4) die Erfolgsmotivation, (5) die Misserfolgsfurcht, (6) die Fantasie, (7) das Planen/die Erkenntnisorientierung und (8) in die inhibierte Leistungsmotivation (vgl. Kuhl 2001, S. 587).

Entsprechend der Auswertungsschlüssel des OMT und ihrer Zuordnung zu den vier Systemebenen sollen nun die fünf Ebenen/Modi des (unbewussten) Leistungsmotivs vorgestellt werden:

Auf Ebene 1 wird vom intrinsischen Leistungsmotiv (L1) gesprochen. Im Zusammenhang mit der Aktivität des IVS wird die Tätigkeit nur um ihrer selbst willen vollzogen, es geht dabei nicht darum, sich selbst oder anderen etwas zu beweisen. Der Leistungsmotivation ist auf dieser Ebene ein spielerischer Charakter inne, in entwicklungspsychologischer Entsprechung wird dafür der Begriff „diversive Exploration“ verwendet. „Bei der Exploration geht es darum, der Tätigkeit neue, aufregende Seiten abzugewinnen. Ein Gefühl von äußerem Druck oder gar Überforderung, das mit einer Bahnung des Bestrafungssystems einhergehen würde, ist nicht vorhanden.“ (Kuhl 2001, S. 595). Das Interesse an der Tätigkeit entsteht dadurch, dass die Aufgabe Abwechslung, Komplexität und Veränderung bietet (vgl. Kuhl 2013, S. 39). „L1 weist einen eindeutig ‚nicht-sozialen‘ Charakter auf [...].“ (ebd., S. 41).

Wie auch bei L1 wird das Leistungsmotiv auf der zweiten Ebene (L2) von einer positiven Stimmung getragen, jedoch als gedämpft positiver Affekt. Je weniger Vorfreude die Person also zulässt, desto geringer fällt die Enttäuschung bei Misserfolg aus. Demnach orientiert sich eine Person mit einem ausgeprägten erkenntnisorientierten Leistungsmotiv stärker auf besonders schwierige Probleme. Für die Person ist „[d]er eigentliche Kern des Leistungsbedürfnisses [...] befriedigt, wenn die Lösung eines Problems erkannt ist [...], so daß zur Herstellung vorzeigbarer Ergebnisse [...] durchaus die Motivation fehlen kann.“ (Kuhl 2001, S. 592 f.).

Die Freude an der Aufgabe ist an dem Leistungsergebnis orientiert, welches Grundlage des Bedürfnisses nach Verbesserung gegenüber einem Standard ist. Diese Veränderung ist jedoch nicht selbstgeneriert, sondern orientiert sich an sozialen Bezugsnormen (diese müssen jedoch nicht bewusst und direkt ausgedrückt sein), wird also von außen generiert (vgl. Kuhl 2013, S. 43). Den (äußeren) Anreizfokus stellt das Ergebnis selbst dar.

Neben dem erkenntnisorientierten Leistungsmotiv (L2) gibt es noch das lernorientierte (L3), das an einer Entwicklung der eigenen Fähigkeiten und dem Prozess des Erkenntniserwerbs interessiert ist. Leistungsziel ist also nicht das konkrete Ergebnis, sondern die Fortentwicklung neuer Fähigkeiten, wobei der Fokus auf dem Meistern von Herausforderungen liegt. Nach funktionsanalytischer Einordnung entsteht diese Form durch die bewusste Wahrnehmung negativer Gefühle. Die mit schwierigen Aufgaben im Zusammenhang stehenden negativen Gefühle werden demnach nicht ignoriert oder durch impulsiven Aktionismus übergangen, „sondern (vor-)bewußt wahrgenommen und dann durch aktive Auseinandersetzung mit dem Problem bewältigt [...].“ (Kuhl 2001, S. 591). „Diese selbstregulatorische unterstützende Misserfolgsbewältigung lässt sich vergleichen mit dem Begriff der *mastery motivation* (Dweck & Leggett 1988), die durch Gefühle der Herausforderung und lösungsorientierte Bewältigung schwieriger Aufgaben charakterisiert ist.“ (Kuhl 2013, S. 45; Hervorh. im Original).

Die erfolgsmotivierte Form des Leistungsmotivs (L4) ist zentral auf das Erreichen eines Ergebnisses ausgerichtet. „Das Erreichen konkreter Leistungsergebnisse steht im Zentrum der Aufmerksamkeit.“ (Kuhl 2001, S. 590). Im Zusammenhang mit der postulierten latenten Furchtkomponente kann diese Fokussierung auf konkrete Leistungsergebnisse „eine soziale Vergleichsorientierung miteinschließen: Leistungsangst ist typischerweise Angst vor der sozialen Bewertung und vor Abwertung der eigenen Person im Falle eines Mißerfolges.“ (Kuhl 2001, S. 590). Das meint die aktive Auseinandersetzung mit gesellschaftlich verankerten Gütemaßstäben, das Wetteifern mit vergleichbaren Personen (vgl. ebd., S. 590).

Auf Ebene 5 spricht man laut PSI-Theorie von Misserfolgsfurcht und Selbstkritik (L5). Wird auf Ebene 4 durch eigene Anstrengung die Furcht vor dem Misserfolg und der Misserfolg an sich noch zu vermeiden versucht (oftmals unbewusst), so scheint für L5 jegliche Anstrengung nutzlos (vgl. Kuhl 2013, S. 49). „Hilflosigkeitsgefühle, geringe Ausdauer bei der Auseinandersetzung mit schwierigen Aufgaben und eine Präferenz für zu schwierige oder zu leichte Aufgaben gehören zu den empirisch dokumentierten Korrelaten der Mißerfolgsangst [...].“ (Kuhl 2001, S. 595 f.). Misserfolgsfurcht schränkt die Handlungsfähigkeit also stark ein.

5.2.4.3 Zum Machtmotiv:

Kuhl ist der Ansicht, dass Machtmotivation typischerweise mit der Temperamentebene koaliert (vgl. Kuhl 2001, S. 578). Es gibt folgende Varianten des Machtmotivs: (M1) Prosoziale Macht (Führung), (M2) Andere begeistern, (M3) Selbstbehauptung, (M4) Unterwerfung/Strenge (konflikthafte Macht), (M5) Ohnmachtsgefühl (vgl. Kuhl 2001, S. 579). In der Erweiterung der Systemkonfigurationen des Emotionsbewältigungsmodells können noch folgende drei Varianten ergänz werden: Inhibierte Macht, Machtvermeidung und Willkür.

Für die erste Ebene gilt: „Wie bei den anderen beiden Motivfamilien lässt sich die intrinsische Machtkomponente daran erkennen, dass das Bedürfnis und die angestrebte emotionale Erfahrung deckungsgleich sind“ (Kuhl 2013, S. 50). Auf der ersten Ebene geht es bei Macht um die Erfahrung von Einfluss an sich, die mit den Emotionen, Wirksamkeit und Einfluss in Verbindung steht. M1 lässt sich definieren durch eine prosoziale Komponente, der umsichtigen Einbindung von Werten, Interessen und Bedürfnisse anderer (vgl. Kuhl 2001, S. 579). „Im Vordergrund steht die selbstverständliche [sic!] (d. h. selbstkongruente) Freude an der Beeinflussung anderer.“ (ebd., S. 52).

Ebene 2 des Machtmotivs ist (auch) auf andere ausgerichtet, jedoch mit einer auf Ansehen und Prestige ausgerichteten Komponente. Im Vordergrund stehen dabei die Reaktionen auf die (expliziten) Wünsche der anderen, d.h. Rat Geben, Helfen und Führen sind eher reaktiver Natur. „Dabei ist entweder eine explizite Intention oder Rolle erkennbar [...] oder eine Ausrichtung des Verhaltens auf einen Anreiz." (Kuhl 2013, S. 53). Helfen und andere begeistern sind die primären Absichten dieses Modus, gut erkennbar an ihrem außerordentlich positiven, gar euphorischen Charakter („wobei man sich aber eines *oberflächlichen* Eindrucks nicht erwehren kann." (ebd., S. 53; Hervorh. im Original)).

Für Ebene 1 und 2 ist insbesondere darauf zu achten, dass keine negativen Gefühle genannt werden (vgl. ebd., S. 53).

Ebene 3 des Machtmotivs wird als „verantwortliche Führung" und „Selbstbehauptung" benannt und durch eine aktive Auseinandersetzung mit einer impliziten oder expliziten Bedrohung beschrieben. Der ängstliche Hintergrund im Machtmotiv M3 wird dabei selbstgesteuert bewältigt. Die Bedrohung bezieht sich auf die eigene Wirksamkeit oder den eigenen Einfluss, welchen in situationsangemessener Art und Weise „aggressiv" entgegengewirkt werden muss (d.h. dosiert und selbstbewusst) (vgl. Kuhl 2013, S. 54).

Ziel ist die Durchsetzung eigener Vorstellungen gegenüber Barrieren und Hindernissen. „Es liegt also durchaus eine handlungsorientierte Machtkomponente vor [...], da man sozusagen erst unter Belastung zu Höchstform aufläuft." (ebd., S. 54).

Auch auf der vierten Ebene (M4) ist ein handlungsorientierter Modus der Beeinflussung anderer zu verzeichnen, wobei Dominanz vorliegt (sie verlangt Gehorsam durch teilweise diktatorische Strenge). Dieser Modus beinhaltet neben der klassischen Dominanz auch die sogenannte „inhibierte Macht". „Bei der inhibierten Macht geht es darum, durch Verneinung von Macht mit einer machtthematischen Frustration umzugehen. Ziel ist es, durch (scheinbaren) Rückzug vom direkten Machtanspruch Zeit zu gewinnen und neue Ressourcen zu sammeln." (Kuhl 2013, S. 57). Die implizite oder explizite Machtverneinung gibt Hinweis auf die Kodierung M4 (z. B. vorhandene positive Seiten der Macht werden abgestritten oder Hierarchien werden zuweilen als verwerflich beschrieben). Dies bedeutet aber nicht, dass die Person weniger machtmotiviert ist oder dominant auftritt, sie beschäftigt sich nur im Verborgenen mit der Machtthematik. Die Person handelt machtthematisch, auch wenn sie das nicht bewusst wahrnimmt oder nicht wissen will (vgl. Kuhl 2013, S. 57).

Die Betitelung des Modus der fünften Ebene als „Ohnmacht" bzw. „Unterordnung" beinhaltet die bewusste Angst vor Machtverlust und Demütigung. Doch „[s]elbst in der Unterwerfung liegt immer noch das Machtmotiv vor, und zwar durchaus auch in einer Weise, die Anpassungsvorteile hat. Wer seine Machtlosigkeit signalisiert, wird von anderen nicht so leicht angegriffen, kann an fremder Macht teilhaben und ist oft auch gut in der Lage, sich in Hierarchien einzuordnen." (Kuhl 2013, S. 59). Weiterhin kann es Strategie sein, durch gespielte Schwäche Macht auszuüben und Einfluss auf andere zu haben. Dies kann über den Appell-Charakter negativer Stimmungen auf andere erreicht werden. Bei Kategorie M5 spricht man sozusagen auch von einem „Jammer-Modus" (ebd., S. 59).

5.2.4.4 Zusammenfassung und Bezug zwischen PSI-Theorie & der Forschung zu Berufswahlmotiven:

Zur Erinnerung: Die Motivationspsychologie "[lokalisiert] Motive an der Schnittstelle zwischen den körpernahen Motivationsprozessen und geistigen Vorgängen" (Kuhl, 2001, S. 94). Motive lassen sich laut Kuhl als zeitlich relativ stabile, intelligente Bedürfnisse verstehen: Sie sind „ausgedehnte, nicht vollständig bewusste, kognitiv-emotionale Netzwerke, die aus autobiografischem Erfahrungswissen stammen" (Kuhl, 2010b, S. 342). Ihrem Kern nach Bedürfnisse, bringen Motive dank der Verknüpfung mit den Erfahrungen des jeweiligen Subjekts dem jeweiligen Kontext angemessene Handlungsoptionen hervor, welche das Bedürfnis befriedigen helfen (vgl. ebd., S. 342). Berufswahlmotive sind somit als Faktoren zu verstehen, welche die Handlungen im Hinblick auf die Wahl eines Berufes steuern. Sie erscheinen als zugängliche bewusste Begründungen. Diese Auswahlgründe wiederum lassen sich in vielen Fällen auf explizite Basismotive zurückführen (s. o.).

Wie beschrieben, lassen sich explizite, bewusste Motive, welche das Selbstbild, die Werte und Ziele der befragten Personen widerspiegeln, unterscheiden von unbewussten, impliziten Motiven als „früh gelernten, emotional getönten Präferenzen, sich immer wieder mit bestimmten Formen von Anreizen auseinanderzusetzen" (Brunstein, 2010b, S. 239). Während sich mithilfe impliziter Motive „eher spontanes Handeln und zeitlich überdauernde Verhaltenstrends" vorhersagen lassen, wirken explizite Motive „primär auf kurzfristige Entscheidungen und Bewertungen ein." (ebd., S. 246). Differieren bewusste und unbewusste Motivausprägung (d. h., ist eine Person auf der bewussten Ebene bspw. davon überzeugt, viel Kraft aus der Pflege von Beziehungen zu anderen Personen zu erhalten, aber auf unbewusster Ebene viel stärker durch das Zeigen von Leistung motiviert) und wird deshalb von der betreffenden Person zu viel Kraft in die wenig energetisierende Befriedigung von Bedürfnissen gesteckt, die hoch energetisierende Befriedigung zentraler Bedürfnisse (die den Kern des Motivs ausmachen) hingegen kaum beachtet, dann führt diese Kraftinvestition in die falschen Bereiche häufig zu abnehmender Zufriedenheit, psychosomatischen Symptomen und volitionaler Ermüdung bis hin zur Depression (zum Zusammenhang von Motivkongruenz und Wohlbefinden vgl. Baumann, Kaschel, Kuhl 2007, Brunstein 2010; zum Zusammenhang von Motivkongruenz und Motivation am Arbeitsplatz vgl. Brandstätter, Job, Schulze 2016). Daher ist es unerlässlich, die unbewussten Motivlagen gleichberechtigt zu den bewussten Motivlagen zu untersuchen.

Es hat sich gezeigt, dass in den vorangegangenen Forschungsjahren gewisse Berufswahlmotive lediglich immer wieder reproduziert wurden. Dabei ist festzuhalten, dass in den Untersuchungen generell personen- und beziehungsorientierte Motive dominieren und sich die Forschung hinsichtlich des vor allem intrinsisch geprägten Hauptmotivs – der Freude an der Zusammenarbeit mit Kindern und Jugendlichen – einig ist. Die vorliegende Forschungsarbeit knüpft in Bezug auf die Theorie an die zuletzt aufgeführten Binnendifferenzierungen der Motive (Motivmodi) an. Insbesondere das Machtmotiv spielt dabei eine ausschlaggebende Rolle für die Formulierung der forschungsleitenden Fragestellung und Hypothese. Kuhl und Rheinberg setzen die Ausübung des Lehrberufes mit einer sozialisierten Machtorientierung in Verbindung (vgl. Rheinberg 2008, S. 110; 114). Ihren Forschungen zufolge äußert sich die Machtmotivation des Lehrers/der Lehrerin in seinem/ihrem rollentypischen Verhalten, das sich im Helfen, Erziehen, Unterstützen, Rat Geben und Begeistern anderer ausdrückt (vgl. Kuhl 2013, S. 22) – dieses Verhalten entspricht der Form der *prosozialen Führung* und wird in der PSI-Theorie als Ausdruck der Macht gedeutet (meint: das soziale verträgliche Durchsetzen eigener und fremder bzw. sozialer Interessen). Im Alltag wird der Machtbegriff jedoch zunächst mit überwiegend negativen Aspekten in Verbindung gebracht, sodass die Befragten die Dominanz des Machtmotives in der Ausübung des Lehrberufs (zunächst) bestreiten. Letztendlich ist das Machtmotiv zur Ausübung dieses Berufes aber essenziell. Es wird angenommen, dass es insbesondere bezüglich der Machtmotivation deutliche Diskrepanzen zwischen der bewussten und unbewussten Motivausprägung gibt. Zur Erforschung dieser Annahme kamen die mit der PSI-Theorie in Zusammenhang stehenden Motivmessverfahren MUT und OMT zum Einsatz. Dies und andere Aspekte des Forschungsdesigns werden im Folgekapitel vorgestellt.

5.3 Hypothesen und forschungsleitende Fragestellung

Im Unterschied zu Berufswahlmotiven, welche als spezifisch für bestimmte Professionen angesehen werden können, lassen sich die Basismotive Anschluss, Leistung und Macht bei allen Menschen gleichermaßen erheben (McClelland 1985; Kuhl 2013). Die Erhebung der Basismotive verspricht somit vertiefte Erkenntnisse darüber, welche Aspekte von Tätigkeiten, wie der Arbeit mit Kindern, von den Befragten als motivierend empfunden werden. Die Theorie und die aus ihr entwickelten Messverfahren ermöglichen zum einen die Erfassung der expliziten Basismotive, welche den Studierenden bewusst sind und das Selbstbild, die Werte und Ziele der befragten Personen widerspiegeln, zum anderen die Erfassung der unbewussten, impliziten Motive (erstmals McClelland, Koestner, Weinberger 1989) als „früh gelernte[n], emotional getönte[n] Präferenzen, sich immer wieder mit bestimmten Formen von Anreizen auseinanderzusetzen“ (Brunstein 2010, 239). Vor dem Hintergrund der zunehmenden Forschung zu Lehrer:innengesundheit, Lehrer:innenzufriedenheit und Eignung für den Lehrberuf (u. a. Rothland 2013, Schüle et al. 2014, Boeger 2016, Schaarschmidt, Kieschke & Fischer 2017) scheint es zudem sinnvoll, die Ausprägung beider Motive zu vergleichen, da Diskrepanzen zwischen diesen langfristig negative Auswirkungen auf Gesundheit und Zufriedenheit haben. Unsere erste Forschungsfrage lautet daher: Zeigen sich Diskrepanzen zwischen expliziten und impliziten Basismotiven von Lehramtsstudierenden?

Innerhalb der Theorie der Basismotive werden Aspekte von Erziehen, Beraten, Anleiten und Helfen als Beeinflussung anderer und damit als Formen des Machtmotivs begriffen (Kuhl 2013; auch McAdams 1985, Winter 1994 und Chasiotis, Hofer 2018). Diese Aspekte sind für den Beruf des Lehrers/der Lehrerin von großer Relevanz (u. a. McClelland 1975) und gehören auch in der öffentlichen Wahrnehmung zu den zentralen Aufgaben von Lehrkräften (Herzog, Makarova 2014); hohe explizite wie implizite Werte im Bereich des Machtmotivs gelten zudem als gute Prädiktoren für das Wohlbefinden von Lehrkräften (Wagner, Baumann, Hank 2016). Gleichzeitig ist der Begriff der Macht in der Alltagssprache ambivalent bis negativ besetzt. Wie Lehramtsstudierende selbst die Verbindung zwischen Machtausübung und Lehrberuf auf expliziter Ebene deuten, ist u. E. noch nicht erforscht (zu den impliziten Umsetzungsmodi des Machtmotivs bei Lehramtsstudierenden hingegen Baumann, Chatterjee, Hank 2016); Kuhl selbst verweist bzgl. der impliziten Umsetzungsmodi darauf, dass Vorstellungen von Machtausübung als Pflichterfüllung (Modus 4) oder die Angst vor Machtverlust (Modus 5) sich langfristig negativ auf das Wohlbefinden und die Motivation auswirken (2013, S. 57 ff.; Kazén, Kuhl 2011). Dementsprechend soll unsere zweite Forschungsfrage die folgende sein: Welche expliziten Deutungen und impliziten Umsetzungen des Machtmotivs finden sich bei Lehramtsstudierenden?

Diese forschungsleitenden Fragestellungen ließen sich anschließend in fünf Arbeitshypothesen operationalisieren. Wie in Kapitel 4 gezeigt, weisen viele, jedoch nicht alle Kategorien deutliche Bezüge zu den Basismotiven auf – die berufliche und finanzielle Absicherung oder die studienbezogenen pragmatischen Erwägungen etwa passen zu keinem der Basismotive. Die Kategorie „Arbeit mit Kindern und Jugendlichen" (45 % bzw. 41 %) wurde von den Studierenden am häufigsten angeführt, wenn nach den Gründen der Aufnahme eines Lehramtsstudiums gefragt wurde. Diese Beschreibungen sind dem Anschlussmotiv zuzuordnen. Im Vergleich dazu ist es interessant, zu erfahren, ob sich diese bewusst geäußerten Motive auch im Unbewussten widerspiegeln. Es wird angenommen, dass dem nicht so ist, im Unbewussten also ein anderes Leitmotiv vorherrscht. Für den Lehrberuf spielt hierbei das Machtmotiv eine wichtige Rolle. Gemeinsam mit den Annahmen, dass Macht im Allgemeinen und insbesondere im pädagogischen Diskurs tendenziell negativ besetzt ist und weniger bewusst mit positiven und essentiellen Aspekten des Lehrberufs in Verbindung gebracht wird (zur ambivalenten Besetzung des Macht-Begriffs Schwietring 2010; ferner Kuhl, Schwer, Solzbacher 2014) und gerade Studienanfänger:innen die Arbeit mit Kindern oft verklären (Tremp 2000), führt dieser Befund zu den Hypothesen 1 und 2:

1. Das Anschlussmotiv ist auf der bewussten Ebene das stärkste Motiv der Studierenden.
2. Das bewusste Machtmotiv ist bei den Lehramtsstudierenden deutlich geringer ausgeprägt als das unbewusste.

Erziehung, Verantwortungsübernahme, Hilfestellung (45 % bzw. 41 % sowie 19,2 % bzw. 18,9 %) und Wissensweitergabe (15, 9 % bzw. 15,8 %) gehören in der öffentlichen Wahrnehmung zu den zentralen Aufgaben von Lehrkräften (Herzog, Makarova 2014) und werden von den Studierenden häufig genannt. Diese Aspekte werden jedoch fälschlicherweise im ersten Verständnis dem Anschlussmotiv zugerechnet. Dies führt zu Hypothese 3:

3. Das Anschlussmotiv wird auf die Frage, welches Motiv besonders wichtig für eine gute Lehrkraft ist, von den Studierenden am häufigsten genannt.

Die Antworten zum Status des Lehrers/der Lehrerin (40,4% bzw. 36,1%) legen die Vermutung nahe, dass auch die Kategorie "Arbeit mit Kindern und Jugendlichen", neben der „sozial erwünschten" Komponente, im Kern auf ein Machtmotiv abzielt. Dies führt zur Hypothese 4:

4. Das Machtmotiv ist das auf unbewusster Ebene bei weitem am stärksten ausgeprägte Motiv angehender Lehrkräfte.

Als Bestätigung dieser Hypothese lassen sich auch die Überlegungen von Kuhl und Rheinberg lesen, welche die Ausübung des Lehrberufes mit einer sozialisierten Machtorientierung in Verbindung setzen (vgl. Rheinberg 2008, S. 110–114). Kuhls und Rheinbergs Forschungen zufolge äußert sich die Machtmotivation der Lehrkraft in ihrem rollentypischen Verhalten, das sich im schon angeführten Helfen, Erziehen, Unterstützen, Rat Geben und Begeistern anderer ausdrückt (vgl. Kuhl 2013, S. 22) – dieses Verhalten entspricht der Form der verantwortlichen und prosozialen Führung. Daraus ergibt sich Hypothese 5:

5. Die Umsetzungsmodi prosoziale und verantwortliche Führung (1 und 3) sind bei Lehramtsstudierenden besonders stark ausgeprägt.

5.4 Methodisches Vorgehen

Das Untersuchungsdesign der vorliegenden Studie ist recht umfangreich und besteht aus mehreren Teilaspekten. Zum Einsatz kamen hierfür die Testverfahren MUT und OMT. Ein anschließendes leitfadengestütztes Interview diente dazu, den Probanden und Probandinnen ihre Testergebnisse mitzuteilen und anhand ausgewählter Fragen weiteres Material für die Hypothesenüberprüfung zu generieren.

5.4.1 Einsatz der Testverfahren MUT und OMT

Die bewusste Wahrnehmung und Umsetzung der Basismotive Anschluss, Leistung und Macht wurde mithilfe des Motiv-Umsetzungs-Tests (MUT) eruiert. Der MUT arbeitet mit 76 Fragebogen-Items, die mithilfe einer Zustimmungsskala beantwortet werden. Die Teilnehmenden müssen einschätzen, inwiefern diese Items auf sie zutreffen (z. B. „Ich habe die Fähigkeit, andere für eine gute Sache zu gewinnen"; „Das Zusammensein mit anderen Menschen gibt meinem Leben Sinn", „Ein Misserfolg kann mir total den Schwung nehmen"). Anhand vorgegebener Antwortmöglichkeiten, mit denen die bewusste Wahrnehmung und Umsetzung der drei Basismotive ermittelt wird, wird gleichzeitig gemessen, „mit welchen der vier kognitiven Hauptfunktionen (Denken, Fühlen, intuitive Verhaltenssteuerung, elementares Empfinden) jedes der drei Grundbedürfnisse bevorzugt umgesetzt wird." (Kuhl, Alsleben 2012, S. 45). Der MUT zeigt demzufolge die Motivation an, die *bewusst* zugänglich reflektiert werden kann. Die expliziten Motive sind dabei selbstattribuiert und eher kurzfristig, da sie sich auf spezifische Situationen bzw. Reaktionen beziehen und Wahl-Verhalten vorhersagen (vgl. Kuhl 2013, S. 14). Der eingesetzte Fragebogen erfüllt dabei die psychologischen Gütekriterien (Reliabilität α .74–92; Studien zu Validität vgl. Kuhl 2001; Kuhl, Alsleben 2009; Brunstein 2010; Schüler et al. 2015). Es wird jedoch davon ausgegangen, dass Motive nicht immer bewusst repräsentiert und wiedergegeben werden können. Für diese nicht bewusstseinspflichtigen Motive müssen andere Erfassungsmethoden angewandt werden. Die Möglichkeiten des MUT-Fragebogens sind an dieser Stelle begrenzt, weshalb die Befragung um den OMT und die damit verbundene Erfassung unbewusster Motive erweitert werden kann. Die alleinige Verwendung von Fragebogenmethoden zur Ermittlung von Motiven und ihrer Ausprägung ist wenig ratsam; da es sich um ein geschlossenes Antwortformat handelt, kann von den üblichen Verzerrungen (z. B. soziale Erwünschtheit, Tendenz zur Mitte), mit welchen auch die Studien zu den Berufswahlmotiven vor 2004 zu kämpfen hatten, ausgegangen werden.[14]

Die unbewussten Basismotive sowie ihre jeweilige Umsetzung wurden mithilfe des Operanten Motiv-Tests (OMT) erhoben. Beim OMT handelt es sich um ein bildassoziativ-narratives Verfahren in der Tradition von Tests wie dem TAT (Thematischer Apperzeptionstest). Ausgehend von der Annahme, dass „Menschen die Tendenz haben, eine ambige soziale Situation in Übereinstimmung mit früheren Erfahrungen und aktuellen Bedürfnissen zu interpretieren, [wodurch] signifikante Komponenten der Persönlichkeit eines Individuums freigelegt werden" (Murray 1943, S. 1), beantworten die Teilnehmenden zu 15 vorgelegten Bildern stichpunktartig jeweils drei Fragen: „Was ist für die Person in dieser Situation wichtig und was tut sie?"; „Wie fühlt sich die Person?"; „Warum fühlt sich die Person so?" (vgl. Kuhl 2013). Im Unterschied zum MUT bezieht sich der OMT auf implizite, eher unbewusste Motive, die operanter, also spontaner Natur sind und erfasst die Motive auf indirekte Weise.

Solche projektiven Verfahren[15] waren und sind in der Psychologie umstritten. Dieser Kritik lässt sich durch die langjährige Erprobung und Testung des Verfahrens begegnen. Darüber hinaus konnte ihre häufig kritisierte Reliabilität mittlerweile mit Methoden außerhalb der klassischen Testtheorie nachgewiesen werden (für TAT vgl. Lang 2014; für OMT vgl. Runge et al. 2016). Kritische Aspekte lassen sich jedoch nicht völlig ausräumen. So stellt sich weiterführend die Frage, wie langfristig stabil die Motive und ihre Umsetzungsmodi erhoben werden können (einen Überblick über Einflüsse auf Veränderungen und Stabilität bieten Denzinger, Brandstätter 2018).

Der OMT besteht aus einer Serie von 15 assoziativen, skizzenhaften Bildern. Diese bieten dem Probanden oder der Probandin eine Anreizlandschaft, um die mehrdeutig interpretierbaren Bilder vor dem Hintergrund eigener Erfahrungen zu deuten und in eine kleine Erzählung einzubinden. Es ist davon auszugehen, dass er/sie sich mit einer in den Bildern handelnden Person identifiziert. Mittels einer im narrativen Format angelegten Auseinandersetzung kann anhand der Beantwortung bestimmter Fragen (1. „Was ist für die Person in dieser Situation wichtig und was tut sie?"; 2. „Wie fühlt sich die Person?"; 3. „Warum fühlt sich die Person so?" (Kuhl 2013, S. 15)) eine Motivmessung erfolgen. In Kurzform (z. B. Stichworte) sollen freie Assoziationen gefunden

14 Die erste Studie zu Berufswahlmotiven, welche mit offenen Antwortformaten arbeitete, stammt von Ulich 2004.
15 https://dorsch.hogrefe.com/stichwort/projektive-tests-projektive-verfahren [27.4.2022]

werden. Beim Betrachten der Bildvorlage projektiert (geprägt durch McClelland 1975, 1985) der Proband oder die Probandin dabei eine (Fantasie-)Geschichte, die das spontane Verhalten der Person in einer solchen bereits ähnlich erlebten Situation widerspiegelt. Kuhl formuliert zu dieser Art der Motiverfassung, dass auf diese indirekte Weise „implizite oder inhibierte Tendenzen, die die Person nicht zugeben mag oder nicht zugeben kann, weil sie/er sich ihrer nicht bewusst ist" (Kuhl 2013, S. 7), offengelegt werden können. Dadurch wird außerdem vermieden, dass Verzerrungen auftreten, „die die Übersetzung von einem intuitiven, ganzheitlich-parallelen Code in einen sprachlichen, sequenziell-analytischen Code mit sich bringt [...]" (Kuhl, Alsleben 2012, S. 57 f.). Gemeint sind hierbei Verzerrungen, die zu erwarten wären, wenn eine Geschichte zu einem Bild in längerer Textform niedergeschrieben werden müsste.

Die Herangehensweise der Fantasiegeschichten stellt einen besonderen Vorteil gegenüber Fragebögen dar, und zwar die Reflexion des Selbst und Mitteilung über die eigene Person. „Die durch Motive vermittelte Sensibilität für Bedürfnisrelevantes führt dazu, dass auch in den Bildvorlagen Dinge erkannt (oder ‚hineingedeutet') werden, die zu dem aktuell stärksten Motiv der Person passen." (ebd., S. 9) Dies meint die starke Anbindung der Motive an die Wahrnehmungsprozesse.

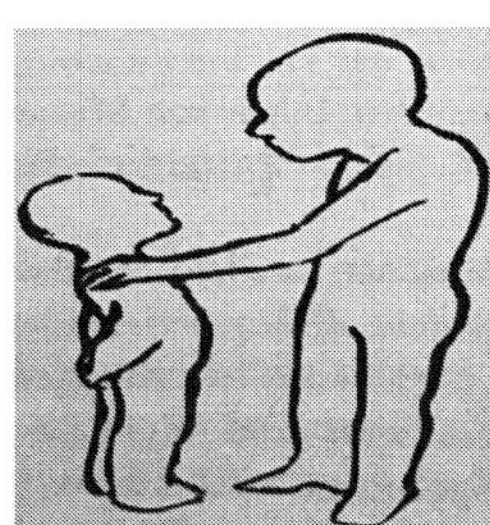

Abbildung 3: Bild zur Erfragung des Umsetzungsmodus 1, Prosoziale Führung (Kuhl 2013, S. 52)

Die Wahl des OMT lässt sich unter anderem anhand seiner Funktionsanalyse und Ökonomie begründen: Im Unterschied zu klassischen Verfahren der Motivmessung (wie TAT), die „lediglich die Stärke der Ausprägung von Motiven messen, nicht aber die Art und Weise, wie Motive umgesetzt werden" (Kuhl 2001, S. 596), erfasst der OMT erweiterte Systemkonfigurationen durch seine Binnendifferenzierung der drei klassischen Motive (5 Motivmodi) (vgl. Kuhl 2013, S. 7). Ergänzend zum OMT, der die unbewussten Motive misst, wird der MUT vorgeschlagen; beide Testungen gehören einer umfänglichen Persönlichkeitsdiagnostik an (TOP – siehe unten). Die Verwendung und Kombination beider Testverfahren ermöglicht die Offenlegung von Diskrepanzen zwischen bewusster Motivation und nicht bewusstseinspflichtigen Motiven und gibt somit „[...] Hinweise über mögliche Ursachen von Minderungen der Leistungsfähigkeit oder des Wohlbefindens [...]" (Kuhl 2013, S. 8). Bezugnehmend zur angesprochenen Ökonomie ist festzuhalten, dass der OMT im Vergleich zu anderen bildassoziativ-narrativen Testverfahren (wie der TAT) nur eine geringe Beantwortungsdauer und Auswertungszeit in Anspruch nimmt.

Beide Instrumente sind Messverfahren der TOP-Diagnostik (Trainingsbegleitende Osnabrücker Persönlichkeitsdiagnostik), die unter Leitung von Kuhl entwickelt wurde. Die TOP-Diagnostik ist eine umfangreiche Testbatterie, die verschiedene Messinstrumente verbindet und somit eine sehr viel höhere Komplexität in der Gesamtdarstellung der Persönlichkeit bietet als klassische Verfahren (vgl. Kuhl, Alsleben 2012, S. 12). Diese Komplexität ermöglicht die zugrundeliegende PSI-Theorie. Der „funktionsanalytische Ansatz, der die Persönlichkeit eines Menschen als komplexes Interaktionsgefüge von psychischen Funktionen betrachtet [...]", bildet in der integrativen Zusammenschau der TOP-Ergebnisse ein Profil ab, das widerspiegelt, „*wie* der Betroffene ‚funktioniert'" (ebd., S. 12). Diese Identifikation von persönlichen Kompetenzen und Funktionen ermöglicht Erkenntnisse über persönliche Potenziale und Entwicklungschancen (vgl. ebd. S. 11 f.).

Die Auswertung der Einzelergebnisse der Testverfahren erfolgte durch das Impart Institut[16], eine weitere eigene Überprüfung der Skalen auf interne Konsistenz erfolgte aufgrund der externen Auswertung der Rohdaten und den vorliegenden Studien zu den Testverfahren nicht. Dabei wurden die Testwerte des MUT in Normwerte umgerechnet (Normierungsstudie n = 9975), die Antworten im OMT wurden von geschulten Ratern anhand von Analyseleitfäden ausgewertet und dann zu Normwerten umgerechnet (Normierungsstudie n = 740; vgl. Kuhl, Alsleben 2009).

Die Auswertung des OMT unterliegt hohen Anforderungen, was in der Natur der Motive und deren Messung liegt. So kann der OMT nicht automatisiert mithilfe von standardisierten Computerprogrammen ausgewertet werden, sondern dies muss über Erfahrung und Expertise geschehen. Hierfür wurden von der IMPART-Testzentrale Diplom-Psychologen geschult und lizensiert. Dank speziell entwickelter Auswertungsschlüssel benötigen versierte Auswerter für die Klassifizierung der Antworten aller Bilder oft nicht länger als 15 Minuten. Damit weist der OMT eine deutlich bessere Ökonomie auf als ältere Verfahren (wie TAT) (vgl. Kuhl 2001, S. 598).

Das Analyseverfahren ähnelt der qualitativen Inhaltsanalyse. Dabei werden die Texte in Bezug auf das thematisierte Basismotiv und seine Umsetzung anhand von Kodier-Regeln und Beispielen eingeordnet. Zur Kontrolle und Klärung unklarer Fälle finden regelmäßige Zweitkontrollen statt (vgl. Darstellung in Baumann, Chatterjee & Hank 2016, S. 60). Anschließend erfolgte eine vergleichende statistische Auswertung der Testergebnisse in der Kohorte.

5.4.2 Stichprobenbeschreibung und Durchführung

Um die Forschungsfragen beantworten zu können, wurden Lehramtsstudierende im ersten Studiensemester befragt. Die Teilnehmenden, die die Forschungsarbeit unterstützen, konnten aus der vorangegangenen Studie „Studienmotivation im Lehramt" gewonnen werden (s. o.).

Die Vertiefungsstudie zu den Basismotiven ergab sich, wie bereits beschrieben, im Wesentlichen aus der qualitativen Inhaltsanalyse der vorherigen Fragebogenstudien. In zwei umfangreichen Onlinebefragungen wurden all jene Studierenden der

16 IMPART- Institut für Motivations- und Persönlichkeitsentwicklung, 1998 von Prof. Kuhl gegründet.

Immatrikulationsjahrgänge WS 14/15 (1175 Studierende) und WS 15/16 (1407 Studierende) der Universität anonymisiert befragt, die zum jeweiligen Zeitpunkt im ersten Fachsemester des Staatsexamens Lehramt immatrikuliert waren. Mit etwa 12–14,6 % bzw. 11,9–15,3 % sind die Rücklaufquoten recht niedrig, jedoch im üblichen Rahmen entsprechender Onlinebefragungen. Auf freiwilliger Basis konnten die Studierenden an der Beantwortung eines Online-Fragebogens teilnehmen, welcher aus geschlossenen und offenen Frageitems bestand. Die Evaluationsstudie wurde zu Semesterbeginn in einer Einführungsveranstaltung der Lehramtserstsemester stellvertretend von Frau Knopf beworben, welche nicht nur um rege Studienteilnahme an der jährlichen Erstsemesterbefragung bat, sondern auch auf die Besonderheit der Vertiefungsstudie (inklusive der Auswertungsgespräche) verwies. In der Fortführung der Evaluationsstudie konnten die Studierenden auf weiterhin freiwilliger Basis am Ende der Online-Befragung via Link an einer zweiten Erhebungsrunde, in der die Testverfahren MUT und OMT von Prof. Kuhl zum Einsatz gebracht wurden, teilnehmen.

Es stellten sich 68 Interessenten und Interessentinnen für die Teilnahme am OMT- und MUT-Verfahren zur Verfügung. Unter Berücksichtigung der Kosten- (Lizenzgebühren für die Testverfahren) und Zeitkapazitäten wurden 43 Studierende zufällig gelost. Diese durchliefen beide Testverfahren. Auswertbare Daten konnten letztlich von nur 32 OMT-/MUT-Umfrageteilnehmenden gewonnen werden, von denen wiederum nur 28 zum geladenen Auswertungsgespräch erschienen. Von diesen Auswertungsgesprächen wurden anschließend Gesprächstranskriptionen angefertigt. An der Durchführung der Vertiefungsstudie beteiligten sich alle Autor:innen der Vorstudie[17].

Ausgehend von den Interviews (n = 28) konnten folgende statistische Daten erfasst werden: Bezüglich der Geschlechterverteilung dominierten die weiblichen Studienteilnehmerinnen mit 78,6 % (Anzahl: 22), während männliche Teilnehmer in der Minderheit waren (21,4 %). Diese Werte entsprechen den prozentualen Verteilungen der Evaluationsstudie, welche eine ebenfalls deutlich höhere Frauenquote aufweist. Die wiederum korreliert mit der allgemeinen Geschlechterverteilung in Lehramtsstudiengängen im WS 15/16 – diese lag bei 66 % weiblichen Studierenden und 34 % männlichen. Das durchschnittliche Alter der Befragten lag bei 21,9 Jahren. Der Großteil (67,9 %) war zwischen 18 und 21 Jahren alt (18 Jahre: 17,9 %; 19 Jahre: 21,4 %; 20 Jahre: 17,9 %; 21 Jahre: 10,7 %). Diese Werte entsprechen in etwa denen der Vorerhebung, hier lag das Durchschnittsalter bei 20 Jahren. Die Abweichung in der hiesigen Erhebung kommt aufgrund Erstsemesterstudierender im Alter von bis zu 38 Jahren zustande. Bei der Verteilung auf die Schulformen steht das Lehramt an Gymnasien mit 14 Nennungen (50 %) an erster Stelle. Im Ranking folgt die Mittelstufe mit 6 Nennungen (21,4 %), auf das Grundschullehramt entfallen drei Nennungen (10,7 %), das Lehramt für Sonderpädagogik wurde von zwei Befragten (7,1 %) vertreten. Von

17 Die Transkriptionsarbeit sowie die Auswertung der Interviewdaten (Erstcodierung) unterlagen im Rahmen ihrer Masterarbeit hauptsächlich Frau Süß. Um die Inhalte und theoretisch fundiertes Wissen zu den Testverfahren zu erlangen, wurden alle Studienleitenden von einem IMPART-Mitarbeitenden (Institut für Motivations- und Persönlichkeitsentwicklung, Assessment, Research und Training, Universität Osnabrück) in einer 10-stündigen Sitzung zum MUT, OMT und zur PSI-Theorie geschult. Die Zweitcodierung der Vertiefungsstudie übernahm Herr Grüneberg.

drei Befragten wurde die studierte Schulform nicht erfasst. Diese Rangfolge ist, bis auf den Tausch der Plätze von Mittelschullehramt und Grundschullehramt, auch in der Evaluationsstudie wiederzufinden. Die Studierenden gaben zu Beginn des Interviews auch ihre gewählten Fächerkombinationen an, von einer Auflistung dieser wurde aufgrund der geringen Stichprobengröße jedoch abgesehen.

5.4.3 Auswertungsgespräche – Konzeption und Durchführung

Zur Auswertung der Testergebnisse von MUT und OMT wurden die Studierenden zu Einzelgesprächen geladen. Die Datengenerierung erfolgte anhand qualitativer leitfadengestützter Interviews. Da die Fragestellung der Forschungsfrage eher auf komplexen Abläufen und Bedeutungskonstruktionen der Teilnehmenden beruhen, ist die Verwendung dieser Forschungsmethode sinnvoll. Mit Hilfe der Leitfadengespräche konnte in Erfahrung gebracht werden, wie die Interviewten bestimmte Themen bewerten und wie sie zu dieser Bewertung kommen, welche Aspekte sie mit dem Gefragten verbinden und wie bedeutsam diese für sie sind (vgl. Dresing, Pehl 2015, S. 7). Hierbei lag der Schwerpunkt auf dem Verständnis von Macht bei den Studierenden. Im Allgemeinen liegen die Ziele und Vorteile von Leitfadengesprächen darin, „[...] dass durch die offene Gesprächsführung und die Erweiterung von Antwortspielräumen der Bezugsrahmen des Befragten bei der Fragenbeantwortung miterfasst werden kann, um somit einen Einblick in die Relevanzstrukturen und die Erfahrungshintergründe des Befragten zu erlangen.“ (Schnell et al. 2005, S. 387)

Die Interviews wurden einzeln von den drei Studienleitenden durchgeführt. Die Auswertungsgespräche wurden gemeinschaftlich von allen drei Studienverantwortlichen konzipiert, als Leitfaden dienten insbesondere die der Vertiefungsstudie zugrundeliegenden Hypothesen. Im Hinblick darauf war der konsequente Einsatz des Leitfadeninterviews wichtig, damit die drei Interviewer:innen inhaltlich eine gemeinsame, der Forschungsfrage und den Hypothesen entsprechende Linie verfolgen, sodass am Ende alle gesammelten Daten verglichen werden konnten.

5.4.3.1 Interviewleitfaden

Der Interviewleitfaden wurde nach Sichtung der Evaluationsergebnisse/-erkenntnisse und den daraus resultierenden noch offenen Fragen erstellt. Dies geschah – neben der Berücksichtigung von Fragestellungen und Hypothesen – unter Einbezug der PSI-Theorie sowie Erfahrungen und Hinweisen aus der OMT-Schulung. Nach den ersten zwei bis drei Gesprächen, die jede/r Studienmitwirkende mit dem „Grundleitfaden“ geführt hatte, trafen sich die Gesprächsführenden noch einmal zum Erfahrungsaustausch. Es wurden Eindrücke und Auffälligkeiten, weiterführende Fragen und andere Besonderheiten besprochen und aus den gesammelten Erfahrungen konnten gegenseitig Hinweise zur Gesprächsführung gegeben werden. Hinsichtlich des Interviewleitfadens fand ein Überarbeitungsprozess statt, wonach die Fragen und Erklärungen den Reaktionsmustern der Probanden und Probandinnen angepasst wurden (u. a. Tiefe der Erläuterung der PSI-Theorie, Verständnis für T-Werte, praktische Konsequenzen etc.).

Im Anschluss an eine kurze Vorstellung bekamen die Befragten Gelegenheit, sich zu der dem Thema einleitenden Frage „Was tun Sie, um sich für das Studium zu motivieren?" zu äußern. Diese Frage wurde in ähnlicher Form bereits in der Evaluationsstudie gestellt, den Studierenden sollte hier noch einmal der Raum gegeben werden, ihre damalige Antwort zu präzisieren. Das Gesagte wurde von den Gesprächsleitenden nicht gewertet oder kommentiert, nur stichpunktartig notiert, um im weiteren Verlauf des Gesprächs eventuell noch einmal darauf zurückkommen zu können.

Um den Probanden und Probandinnen die durchgeführten Testverfahren wieder in die Erinnerung zu rufen, folgte eine kurze Erklärung zu MUT und OMT sowie der PSI-Theorie mit den drei Basismotiven Anschluss, Leistung und Macht. Die daran anschließende Frage „Wie ist Ihre Vorstellung vom idealen Lehrer?" diente zur ersten spontanen Motiverfassung. Die Probanden und Probandinnen sollten hierfür ihre Gedanken zur persönlichen Vorstellung eines für sie idealtypischen Lehrkraftbildes äußern. Viele Teilnehmende berichteten von ihren Erfahrungen mit Lehrkräften aus der eigenen Schulzeit. Einige erzählten von den Ansprüchen, die sie an sich selbst als zukünftige Lehrkraft stellen. Ziel war es, auf diese Weise indirekt zu erfahren, wie die Bedeutung der Motive Anschluss, Leistung und Macht für die spätere Tätigkeit als Lehrkraft von den Studierenden gewichtet wird. Mit den Folgefragen „Welche Motivausprägung weist Ihrer Meinung nach der ideale Lehrer auf? Können Sie die Motive Anschluss, Leistung und Macht in eine Reihenfolge bringen?", sollte das erste Bild vom Lehrkraftideal konkretisiert werden. Diese erklärte Rangfolge der bewussten Motive wurde von den Gesprächsleitenden schriftlich fixiert. Die Aussage konnte so an späterer Stelle vergleichend zu den aus den Tests ermittelten unbewussten Motivausprägungen aufgegriffen werden.

In der Verbindung mit der hier erfolgten Thematisierung des Machtbegriffs und im Hinblick auf die Hypothese, dass Macht von einem Großteil der Befragten in der ersten spontanen Einschätzung negativ gewertet wird, wurden die Studienteilnehmenden im Zuge dessen gefragt, was „Macht" für sie bedeutet, welche Phänomene sie mit „Macht" assoziieren oder wie sie dem Thema Macht selbst schon begegnet sind – sozusagen in welchem Verhältnis (positiv/negativ) sie zum Machtbegriff stehen. Die Äußerungen dazu dienten als Verbindung zu den Testergebnissen.

Als erstes wurde stets das Machtmotiv ausgewertet, da es das für die Studie wichtigste/interessanteste Motiv ist. Aufgrund der hypothetischen Verankerung der Motive wurde der Motivauswertung im Gespräch verhältnismäßig viel Zeit gewidmet. Die Interviewer:innen stellten individuelle Zwischenfragen, um die Ergebnisse dem Gegenüber nicht nur vorzutragen, sondern ihn/sie direkt in die Auswertung mit einzubeziehen. Der Proband oder die Probandin wurde stets nach seiner/ihrer Sicht befragt, beispielsweise wie er/sie das eigene Verhalten in spezifischen Situationen einschätzen würde. Da die Auswertung der Testergebnisse ressourcenorientiert und potenzialermittelnd ist, sollten die Studierenden anhand dieser Selbstreflexion in erster Linie selbst erschließen, welche Auffälligkeiten beim Betrachten der eigenen Testergebnisse – in Verbindung mit dem vermittelten Hintergrundwissen – ins Auge fallen, sodass gemeinsam mit dem/der Gesprächsleiter:in entweder ungenutzte Ressourcen ermittelt wurden oder geschaut wurde, wo eventuell Energien eingespart werden können (z. B. im Hinblick auf geeignete Lernstrategien und Lernumgebungen). Abschließend wurden dem/der Studienteilnehmer:in die bewusst geäußerte Motiv-Rangfolge (Frage zum eigenen Bild von der idealen Lehrkraft vom Gesprächsanfang) und die durch den OMT ermittelten unbewussten Motivausprägungen vergleichend vorgelegt. Hierzu sollten sie folgende Fragen beantworten: „Welche Erkenntnisse, Ideen und Handlungsmöglichkeiten konnten Sie für sich in Bezug auf Ihr Lehramtsstudium und ihren späteren Lehrerberuf aus der Auswertung generieren?" und „Was bedeuten die Ergebnisse (in der Gesamtschau) in Bezug auf ihre Zukunft?"

Die Studierenden erhielten die Möglichkeit, offen gebliebene Fragen zu stellen und sollten die aus den Testergebnissen gewonnen Eindrücke kurz kommentieren. Ergänzend stellten die Interviewenden Fragen wie: „Was meinen Sie, wie stark Sie dem eigenen Bild vom Lehrerideal entsprechen?", „Können Sie auf einer Skala von 1 bis 10 einschätzen, wie nahe Sie ihrem Bild vom Lehrerideal sind? Bitte begründen Sie ihre Aussage.", „Würden Sie die anfangs erstellte Motiv-Rangfolge nochmal revidieren, nachdem Sie Ihre Testergebnisse nun kennen? Bzw. möchten Sie noch etwas ergänzen im Hinblick darauf, wodurch ein Lehrer motiviert sein sollte?", „Wonach suchen Sie noch, um ihrem Bild vom Lehrerideal zu entsprechen?", um die verschiedenen Themengebiete zu rekapitulieren und Redeanreize zu schaffen. Den Gesprächspartnern und Gesprächspartnerinnen wurde so durch den offen gestalteten Antwortraum die Möglichkeit gegeben, sowohl retrospektiv als auch von Vorstellungen und Wünschen zu erzählen.

Veranschlagt wurde pro Gespräch eine Dauer von 30 Minuten. Nach den ersten Interviewrunden stellte sich aber für jede/n einzelne/n der Interviewleitenden heraus, dass dieses Zeitlimit teilweise deutlich überschritten werden würde. Durchschnittlich benötigte man für ein Interview knapp 42 Minuten (41:42), dabei erstreckte sich die Dauer der Interviews von 30 Minuten bis zu einer Stunde. Die Gespräche wurden mithilfe eines Diktiergeräts und eines mit dem Laptop verbundenen externen Mikrofons aufgezeichnet.

5.4.3.2 Transkription

Mit Abschluss der Auswertungsgespräche wurden im nächsten Schritt die Interviews transkribiert. Zunächst wurden je zwei bis drei Interviews der verschiedenen Gesprächsleitenden angehört, um die Vergleichbarkeit zu gewährleisten. Aufgrund der Datenmenge und des Ziels, Verallgemeinerungen herzustellen, erfolgte dies nur auszugsweise. Im Hinblick auf die Forschungsfrage und die Hypothesen wurden nur bedeutungsgenerierende Passagen der Interviews verschriftlicht. Folgende Schwerpunkte wurden zu diesem Zweck festgelegt:

- Äußerungen zur Vorstellung von der idealen Lehrkraft und der Rangfolge der Motive Anschluss, Leistung und Macht bei der idealen Lehrperson; die Antworten zur Einstiegsfrage („Was tun Sie, um sich für das Studium zu motivieren?") wurden berücksichtigt, wenn sich die Probanden und Probandinnen direkt zu einem der Basismotive äußerten.

- die abschließende Einschätzung der Probanden und Probandinnen, wie nahe sie sich ihrem anfänglichen Bild vom Lehrkraftideal fühlen; hierbei wurden auch Äußerungen festgehalten, die den Vergleich der bewussten mit den unbewussten Motiven wiedergeben.
- Antworten, die der/die Proband:in über aus den Testergebnissen gewonnenen Erkenntnisse und eventuellen Handlungsmöglichkeiten als zukünftige/r Lehrer:in äußerte
- Erklärungen, die der/die Interviewte im Gesprächsverlauf speziell zum Machtmotiv gab (z. B.: Machtassoziationen und Machtbewertung, persönliche Erfahrungen und Umgang mit Machtsituationen)

Das Erfassen von Textbausteinen ist nach Mayring eine Grundform der qualitativen Inhaltsanalyse, und zwar die der „Zusammenfassung". Dabei ist es Ziel, „das Material so zu reduzieren, dass die wesentlichen Inhalte erhalten bleiben [...]". Anhand dieser Abstraktion wird ein überschaubares Korpus geschaffen, „das [aber] immer noch ein Abbild des Grundmaterials ist" (Mayring 2010, S. 114 ff).

Die Interviews wurden als „einfache Transkripte" abgetippt. Entsprechend Mayrings Protokolltechnik wird hierbei das Gesprochene in normales Schriftdeutsch übertragen. Dabei steht der Inhalt im Vordergrund, nicht die Form des Gesagten, d. h., dass „der Dialekt [...] bereinigt [wird], Satzbaufehler [...] behoben [werden] [und] der Stil [...] geglättet [wird]." (Mayring 2010, S. 89 ff.) Dies gewährt einen schnellen Zugang zu den Gesprächsinhalten.

Nach Sichtung des Materials, Paraphrasierung und Strukturierung der Antworten wurde ein erstes Kategoriensystem erstellt.

5.4.4 Auswertung - Kategoriensysteme

Das Datenmaterial der Interviews wurde, angelehnt an die Erstsemesterbefragung, mithilfe der qualitativen Inhaltsanalyse nach Mayring (2010) ausgewertet. Ziel ist neben der inhaltlichen Vertiefung u. a. auch die Überprüfung von Theorien und Hypothesen (vgl. ebd., S. 25).

„[D]as Kategoriensystem stellt das zentrale Instrument der Analyse dar" (Mayring 2010, S. 49). Dabei verdichtet und strukturiert das Verfahren der qualitativen Inhaltsanalyse vorhandene Inhalte und „ermöglicht so eine recht umfangreiche Sortierung und Bündelung der Daten" (Dresing, Pehl 2015, S. 35). Die Transkription von Textbausteinen erlaubt die Kategorienbildung aus dem Material heraus. Hierzu wurden die fertigen Transkripte gelesen und ermittelt, welche Textstellen Bezug zur Forschungsfrage und den Hypothesen haben. Diese wurden in Randnotizen festgehalten und kommentiert. Der darauffolgende Schritt widmete sich der Strukturierung der Kommentare und markierten Textstellen, sodass ein Codesystem mit Haupt- und Untercodes erstellt werden konnte. Sinntragende Textabschnitte konnten nun passenden Kategorien zugeordnet werden, die sich auf das gleiche Phänomen beziehen. Aus den Leitfragen wurde ein erstes Codegerüst gebildet, dem Ober- und Unterkategorien zugeordnet wurden. Zum Abschluss der Kategorisierung wurden die Erkenntnisse gebündelt und den Themen entsprechend schriftlich zusammengefasst, sodass Charakteristika und Besonderheiten festgehalten werden konnten (vgl. ebd., S. 36–41).

Die Zweitcodierung erfolgte durch die Mitverantwortlichen der Evaluationsstudie. Nach Probekodierungen, kommunikativer Überprüfung und Abgleichung ergaben sich zum Teil geringfügige Änderungen und Nacharbeitungen. Mit den Anpassungen wurde ein zweites abschließendes Kategoriensystem erstellt, in das alle Antworten eingeordnet werden konnten. Abschließend wurden die Kategorien anhand der Fragestellung sowie der Theorie interpretiert und analysiert (vgl. ebd., S. 68 ff, 84, 92 ff).

In den folgenden Abschnitten werden die vier themen- und hypothesenbezogenen Kategoriensysteme beschrieben, die in der Forschungsarbeit zum Einsatz kamen:

5.5 Ergebnisse der Vertiefungsstudie

5.5.1 Statistische Auswertung – Vergleich der MUT- und OMT-Ergebnisse

Die quantitativen Testdaten wurden deskriptiv-statistisch ausgewertet (n = 32). Dabei wurden jeweils die Mittelwerte der T-Werte in den beiden Tests MUT und OMT sowie die Mittelwerte der Rangplätze der jeweiligen individuellen Rangfolge verglichen.

Tabelle 26: Auswertung MUT/OMT – Gesamt

	MUT-Anschluss	**MUT-Leistung**	**MUT-Macht**
Mittelwert	53.0	48.5	47.1
Std.-Abweichung	7.2	7.9	11.4
Rangplatz	1.69	1.97	2.16
	OMT-Anschluss	**OMT-Leistung**	**OMT-Macht**
Mittelwert	47.4	46.8	51.8
Std.-Abweichung	8.9	6.9	10.0
Rangplatz	2.09	2.06	1.75

Bei einer Auswertung, in welchem Verfahren der jeweils höhere Wert zu verzeichnen ist, ergibt sich ein klares Bild. Das Anschlussmotiv ist auf der bewussten Ebene am stärksten ausgeprägt, wohingegen das Machtmotiv bewusst am schwächsten ausgeprägt ist – es nimmt mit erheblichem Abstand zum Anschluss- und Leistungsmotiv den letzten Platz ein (34,4 %). Die Studierenden äußern also (bewusst), dass das Machtmotiv sie für die Umsetzung ihrer Handlungen am geringsten motiviert. Hier findet Hypothese 1 eine Bestätigung in ihrer Tendenz. Auf der unbewussten Ebene ist das Machtmotiv hingegen das am stärksten ausgeprägte Motiv (siehe Hypothese 4). Dies zeigt sich sowohl an den durchschnittlichen T-Werten als auch am Durchschnitt der jeweiligen individuellen Rangplätze der Motive. Beim Machtmotiv ist das unbewusste Motiv weit häufiger erkennbar stärker ausgeprägt als das bewusste (vgl. Hypothese 2). Bei den Motiven Anschluss und Leistung ist dies eher umgekehrt. Auf bewusster Ebene (MUT) gaben die meisten Befragten an (65.5 %), am stärksten durch das Anschlussmotiv motiviert zu sein. Dagegen weisen im Unbewussten (OMT) 62.5 % der Befragten vermehrte Bezüge zum Machtmotiv auf. Die Bereiche Leistung und Anschluss hingegen motivieren unbewusst mit 34,4% und 31,25 % weniger stark. Aufgrund der geringen Fallzahl können die Hypothesen zwar nicht abschließend bestätigt werden, jedoch verstärkt der direkte Vergleich den Eindruck der Grundtendenz.

Tabelle 27: Vergleich der bewussten und unbewussten Motivstärken der drei Basismotive

(n = 32)	Anschluss	Leistung	Macht
MUT	21 (65,6 %)	20 (62,5 %)	11 (34,4 %)
OMT	11 (34,4 %)	10 (31,22 5 %)	20 (62,5 %)
Übereinstimmung MUT und OMT	0	2 (6,25 %)	1 (3,1 %)

Die Zahlenwerte geben wieder, ob die Motivausprägungen jedes einzelnen Befragten im OMT oder MUT höher waren. Dementsprechend wurde dem jeweiligen Testverfahren ein Punkt gegeben. Die in Klammern aufgeführten Prozentwerte stehen für die gültigen Prozente.

Anzumerken ist, dass die Werte aus MUT und OMT bei zwei Befragten für das Leistungsmotiv deckungsgleich sind, ebenso findet sich ein kongruenter Wert für das Machtmotiv. Diese identischen Zahlenwerte können im Sinn bester Energieeffizienz und Ressourcennutzung interpretiert werden. Damit ist gemeint, dass diejenigen Befragten über eine sehr gute Selbstreflexion bezüglich dieser Motivnutzung und -umsetzung verfügen. Gehen die Werte der bewussten (MUT) und unbewussten (OMT) Ebene stark auseinander, weist dies entweder auf freie Ressourcen hin (OMT-Werte liegen über MUT-Werten) oder aber auf einen zu großen Energieeinsatz, wobei das auf der bewussten Ebene vermeintlich motivierende Motiv die Person jedoch unbewusst nicht im angenommen Maß animiert (MUT-Werte liegen über OMT-Werten). Die diesbezügliche weitere Analyse zeigt, dass vor allem Anschluss unbewusst oftmals nicht so stark gestützt ist, wohingegen in Bezug auf Macht noch deutliche „Motivationsreserven“ vorhanden sind. Dies lässt sich am einfachsten verdeutlichen, indem man die jeweiligen T-Werte des Motivs im MUT vom jeweiligen Wert im OMT subtrahiert und anschließend die Summe aus allen Einzelberechnungen bildet.

Tabelle 28: Diskrepanz Basismotive

	Anschluss	Leistung	Macht
MUT-OMT	179	54	-150

Die Besonderheit beim MUT ist, dass sich nicht nur der Motivwert abbilden lässt, sondern auch die entsprechenden Umsetzungsmodi anhand der vier Systeme der PSI-Theorie. Hier zeigen sich vergleichsweise hohe Werte bei der Umsetzung des Machtmotivs mit dem Objekterkennungssystem (M 49.2 SD 12), was auf Diskrepanzen, Mangel und Angst schließen lässt (Konflikte und Ohnmacht). Dies gilt ebenfalls für das Anschlussmotiv (M 49.6 SD 10.9), welches wiederum als Verlustangst gedeutet werden kann. Auffällig ist auch ein hoher Wert bei der Umsetzung des Anschlussmotivs mit dem Intentionsgedächtnis (M 51.0 SD 8.7), was auf einen höheren Grad an strategischen Überlegungen im sozialen Kontakt hindeutet und nicht als optimale Umsetzung des Anschlussmotivs gilt (vgl. Kuhl, Alsleben 2009, S. 47). Hingegen erscheint der Leistungsbereich unauffällig, d. h. im Sinne der PSI-Theorie gut angepasst. Die Motivumsetzung anhand der MUT-Items findet eine Entsprechung in der Feinanalyse der OMT-Daten. Hier zeigt sich deutlich, dass eher negativ fokussierte Modi (Modus 4 und 5) die positiven Motivumsetzungen (Modus 1–3) klar dominieren (vgl. Abbildung 2).

Tabelle 29: Umsetzungsmodi OMT

A1: **Begegnung**	**A2:** **Spaß mit anderen**	**A3:** **Beziehung wiederherstellen**	**A4:** **Vertrautheit/Nähe**	**A5:** **Alleinsein**
0.4	0.4	0.2	0.6	1.2
L1: **Flow**	**L2:** **etwas gut machen**	**L3:** **Bewältigung von Misserfolg**	**L4:** **Leistungsdruck**	**L5:** **Misserfolgsfurcht**
0.2	0.6	0.6	0.6	0.4
M1: **prosoziale Führung**	**M2:** **andere begeistern**	**M3:** **verantwortliche Führung**	**M4:** **Dominanz/konflikthafte Macht**	**M5:** **Ohnmacht**
0.5	0.3	0.9	2.5	1.8
F1: **Selbstvertrauen**	**F2:** **Status**	**F3:** **Selbstwachstum**	**F4:** **Selbstschutz**	**F5:** **Selbstentwertung**
0.1	0.6	0.5	0.9	1.1

So sind überdurchschnittlich viele Beschreibungen der konflikthaften Macht bzw. der Ohnmacht zuzuordnen. Damit kann die Hypothese 5 (hohe Werte bei prosozialer und verantwortlicher Führung) nicht bestätigt werden, es ist sogar eine gegenteilige Tendenz zu erkennen. Auffällig ist eine generelle Dominanz des Unstimmigkeitssystems (OES). So sind auch hohe Werte beim Alleinsein und bei der Selbstentwertung zu verzeichnen. Das Leistungsmotiv bleibt hingegen auch im OMT eher unauffällig.

5.5.2 Überblick über die von den Interviewten beschriebenen Motivaspekte

Auf der hier erfassten bewussten Motivebene ist für die Befragten ein hoch ausgeprägtes Anschlussmotiv das wichtigste Motiv, das die ideale Lehrkraft ihrer Vorstellung nach vorweisen sollte. Dabei sehen sie im Anschlussmotiv die *Interaktion* und *Kommunikation*, wodurch sie über die *soziale Vermittlung* den der Lehrkrafttätigkeit zugrundeliegenden *Erziehungsauftrag* ausführen können. Ebenso spiegeln sich für die Lehramtsstudierenden darin die persönlichen Werte *Mitgefühl*, *Zuwendung* und *Aufmerksamkeit* wider. Diesbezüglich sehen sie die *Schule als Schutzraum* – einen Ort, an dem man sich abseits des Elternhauses öffnen kann und Vertrauen zu den Lehrkräften fasst. Aus diesem Grund ist für die Befragten, die das Anschlussmotiv im Interview als Primat nannten, das *partnerschaftliche Verhältnis zwischen Lehrer:in und Schüler:in* von hoher Bedeutung. Mittels eines hochsensiblen und feinfühlig ausgeprägten Anschlussmotivs kann die lehrberufliche „Voraussetzung erfüllt werden, Schüler richtig einzuschätzen" (Interview 25). Über den *Anschluss* (den „richtigen" Umgang mit dem Anschlussmotiv) *eröffnet* sich für sie der *Zugang zur leistungs- und machtbezogenen Motivumsetzung*. Es werden aber auch gegenteilige Ansichten laut, die den *Anschluss eher im Privaten* sehen und den Lehrberuf als *Einzelkämpfer:innentätigkeit* beschreiben.

Bezüglich des Leistungsmotivs gibt es ebenfalls kontrastierende Aussagen: Einerseits ist Leistung für die Befragten nicht von großer Wichtigkeit, da der *Mensch im Mittelpunkt* (Anschluss) stehen sollte, andererseits ist das Erbringen *guter Leistung wichtig in der heutigen Leistungsgesellschaft*. Das Leistungsmotiv assoziieren die Befragten zunächst neutral mit der *Vermittlung des Unterrichtsstoffs*. Leistung beschreibt das *Fachwissen*, das man als Lehrer:in hat; dahinter steckt für sie ebenso der *Bildungsauftrag*. Weiterhin sei das, was man als Leistung bezeichnet (die Definition von Leistung), *individuell und subjektiv*. Hinter dem Leistungs-Aspekt verbirgt sich des Weiteren die *Begeisterung für das Fach*, wonach eine Lehrkraft so gut wie möglich ihrer *Vorbildfunktion* nachkommen und der Schülerschaft „gute" Leistung vorleben sollte. Ebenso impliziert es die *Umsetzung eigener Ziele*, den *eigenen Ehrgeiz* und die *eigene Weiterbildung*, um die leistungsbezogene *intellektuelle Hierarchie* zwischen Lehrer:in und Schüler:in aufrechterhalten zu können. Umgekehrt sollte die Lehrperson auch die *Schüler:innen zu Leistung motivieren* und ihren *Ehrgeiz wecken* sowie *fordernde Ansprüche an die Klasse* stellen. Weiterhin reflektieren die Befragten aus ihrer schulischen Erfahrung, dass die Anerkennung und Wertschätzung der Leistung beiderseits nicht außer Acht zu lassen ist, wobei die Studierenden davon ausgehen, dass sie als zukünftige Lehrer:innen nur geringe Aufstiegschancen in ihrem Beruf haben, weswegen es besonders wichtig sei, dass ihre Arbeit *Anerkennung und Wertschätzung* erhält.

Auch die Auslegungen zum Machtmotiv sind gegensätzlich: Auf der einen Seite wird das Machtmotiv als „am unbedeutsamsten" (Interview 3) gedeutet, andere Befragte sehen das Machtmotiv als Grundlage („Voraussetzung") für die beiden anderen Motive Leistung und Anschluss. Wie später (siehe Machtkategorisierungen) noch einmal ausführlicher beschrieben, assoziieren die Befragten mit dem Machtmotiv *Strenge, Disziplin, Unterdrückung* und *Machtmissbrauch*; diese Aspekte werden eher im negativen Zusammenhang geäußert. Weiterhin äußern sie Assoziationen wie *Richtlinien, Grenzen, Konsequenzen, Durchsetzungsvermögen, Respekt* und *Hierarchien*, die in zwei Richtungen gedeutet werden können. Sie können einerseits als problembehaftet und gefährlich betrachtet werden, andererseits als positive machtveräußernde Aspekte aufgefasst werden. Dahingehend beschreiben die Studierenden auch den *selbstkritischen Umgang mit den Meinungen der Schüler:innen*, wobei im Machtverhältnis zwischen Lehrkräften und Schülern und Schülerinnen beiderseits die Meinung des jeweils anderen akzeptiert werden und Kompromissbereitschaft vorherrschen sollte. Im Machtkontext werden die Formulierungen von *Selbstbewusstsein, Führung, Anleitung, Belehrung, Verantwortung, Hilfe, Unterstützung* und *Motivation* im positiven Bezug geäußert. In den Interviews finden sich zudem Aussagen, in denen die Befragten reflektieren, dass man als Lehrer:in „Macht abgeben [muss], um Schüler zum selbstständigen Lernen zu motivieren" (Interview 13). Außerdem „darf [die Macht der Lehrperson] nicht zu hoch sein, da es [...] nicht förderlich ist für das Heranwachsen der gewünschten autonomen Schüler" (Interview 22) – Macht sollte also dazu genutzt werden, „die unfertigen Menschen zu formen, also deren Charakter" (Interview 12). Der Vorstellung einer interviewten Person zufolge gelingt dies am besten, wenn man als Lehrer:in „die Kunst [...] [beherrscht] seine Macht in einem Plüschhasen zu verpacken" (Interview 12). Einige der Befragten betonten die Differenzierung der Begriffe Macht und Autorität; darauf wird detailliert im folgenden Abschnitt eingegangen, der der Machtkategorisierung gewidmet ist.

Darüber hinaus trafen die Befragten auch (allgemeine) Aussagen, die nicht (eindeutig) kategorisiert werden konnten (d. h. nicht konkret auf ein Motiv, wie das Machtmotiv, bezogen werden können), aber deren Inhalt eine bereits tiefgründige Auseinandersetzung mit dem Thema widerspiegelt oder zur vertiefenden Reflexion (außerhalb des Interviewrahmens) über das Lehrkraftideal anregte. In diesem Zusammenhang waren sich die Befragten einig, dass der Lehrberuf eine (persönlich) große *Herausforderung* darstellt, der sie sich gern stellen, da sie beispielsweise eigenen Lehrkraftvorbildern (aus der Schulzeit oder dem Familienkreis) nacheifern. Entsprechend dem Wortlaut der Befragten ist noch anzufügen, dass es „verschiedene Lehrkrafttypen gibt, die alle auf ihre Art und Weise in der individuellen Form zu unterrichten und im persönlichen Umgang mit der Schülerschaft gut sind, aber nicht den/die eine/n ideale/n Lehrer:in verkörpern. Dennoch sollte ein/e Lehrer:in in seiner/ihrer *aufklärenden Funktion* eine „gewisse Gelassenheit und Souveränität mitbringen" (Interview 1) und über „ein relativ starkes Nervengerüst" (Interview 1) verfügen, da den Befragten bewusst ist, dass im Lehrberuf *Geduld* eine Tugend ist. Weiterhin äußern sie während ihrer Vorstellung zu den Idealen einer Lehrkraft die *Offenheit für Neues*. Dazu zählt auch, dass sich der/die Lehrer:in öfter einem *Perspektivwechsel* unterziehen sollte, was seine/ihre Aufgabe – stets den *Überblick* zu haben – laut Aussagen der Befragten bestärkt. Davon ausgehend erwarten sie von einer „guten" Lehrkraft hinsichtlich *fachlicher und sozialer Kompetenz hohe Motivation, die sie an sich selbst stellt.*

Bei den Befragten, die keine Motivrangfolge festlegen konnten oder wollten, bestand das Bild vom Lehrkraftideal in einem ausgewogenen Verhältnis aller Motive. Ihrer Ansicht nach sind alle Motive gleichermaßen positiv als auch negativ zu werten und die ideale Zusammenstellung der Motive ist situationsabhängig. Das Nichtfestlegen auf eine Rangfolge wurde von den Befragten unter anderem damit begründet, dass alle Motive in Wechselwirkung stünden.

5.5.3 Kategoriensystem Studienmotivation

Die Thematisierung der Motivation für die Studienwahl wurde in Anlehnung an die vorangegangene Evaluationsstudie „Studienmotivation im Lehramt" als Einstiegsfrage des Interviews aufgenommen („Wie motivieren Sie sich für das Studium?"). Die Frage diente als Hinführung zum Thema. Die Studierenden sollten die Möglichkeit bekommen, ihre in der Online-Evaluation vielleicht kurz gehaltenen Antworten (aufgrund des Schreibaufwands und eventueller Ausdrucksschwierigkeiten in Schriftform) ausführlicher wiederzugeben. Allgemein wurden die ersten Minuten des Interviews für die Rekapitulation der zurückliegenden Befragungsteilnahmen (Online-Evaluation inkl. Testverfahren OMT und MUT) genutzt.

Entsprechend der Vorerhebung (Evaluation im WS 15/16) wurde zur Erfassung der motivierenden Faktoren ein offenes Antwortformat gewählt, auch um möglichst freie Erinnerungen und eine geringe soziale Erwünschtheit zu generieren. Die Antworten der Einstiegsfrage wurden gesichtet, paraphrasiert und anschließend den Kategorien zugeordnet. Hierfür konnte das bereits vorhandene Kategoriensystem der Evaluationsstudie („Aktuelle Studienmotivation") genutzt werden. Nach der Erstcodierung wurden mittels kommunikativer Überprüfung und Abgleichung geringfügige Änderungen des Systems vorgenommen.

Auf die Frage nach den für die Studienwahl entscheidenden Gründen wurden von den Befragten folgende Antworten (n = 22) gegeben (vgl. Tabelle 25):

Berufsstatus „Lehrer:in" (59,1 %)

Die Studierenden geben das Ziel des Studienabschlusses („Also ist es jetzt meine Motivation, dass ich auch den akademischen Abschluss machen möchte und als Grundschullehrerin arbeiten möchte.") und die Vorfreude auf den Beruf („Und weil ich auch irgendwann mal einen Beruf ausüben möchte, habe ich mich dazu entschlossen, das zu meinem Beruf zu machen.") sowie auf die mit dem Berufsstatus verbundenen Annehmlichkeiten als Motivation zum Studium an („Dadurch dass ich mein Ziel vor Augen habe, anschließend den Beruf des Lehrers ausführen zu können, und vor allem, was der Lehrerberuf für Möglichkeiten bietet, das motiviert mich.").

Fachliches Interesse, Studieninhalte und inhaltlicher Austausch (54,5 %)

Die Studierenden benennen Interesse (und Spaß) am Studium („Und ansonsten ist es auch wirklich das Interesse am Fach."), den gewählten Fächern („Einmal mag ich diese Fächer sehr gern. Ich liebe die deutsche Literatur und auch die alten lateinischen Texte."), spezifischen Inhalten und Vorlesungen oder dem Wissenserwerb generell („Generell bin ich auch so gestrickt, immer mehr und Neues zu erfahren, tiefer in die Materie einzusteigen.") sowie den Austausch über die Studieninhalte als Studienmotivation („Wir sprechen uns einfach ein bisschen ab. Machen viel Partnerarbeit, was in den Pädagogikfächern echt cool ist.").

Berufsideal Lehrer:in (36,4 %)
Die Studierenden benennen die Sinnhaftigkeit des Studiums und der damit verbundenen späteren Tätigkeit für ihr eigenes Leben („Ja und ich es einfach irgendwie gut finde, dass man auf der einen Seite so pädagogisch arbeitet und auf der anderen Seite so Wissen hat und vermittelt.", „Wenn man *z. B.* auch Zeitschriften über Schule liest, steht 100-prozentig drin, dass Mathe das schlechteste Fach ist und alle es hassen. Meine Motivation daraus ist, dass ich bei mindestens einer Person das umgekehrt haben möchte."), für ihre zukünftigen Schüler:innen und für die Gesellschaft („Auch, dass der Beruf kein marktwirtschaftliches Wachstum als Ziel hat, sondern die Ausbildung/Weiterbildung von jungen Menschen, die Persönlichkeitsentwicklung.") sowie die Ausführung ihres Traumberufs („Also eigentlich wollte ich schon immer Lehrerin werden.") als motivierende Faktoren. Auch auf den Spuren eines persönlichen Vorbildes zu wandeln, wird als motivierend erlebt („Also, z. B. wenn ich die Schüler sehe, oder wenn man ihre Gespräche an Haltestellen mitbekommt und hört, wie sie sich über Lehrer oder Schule unterhalten, dann fällt mir ein, wie man es so oder so doch besser machen könnte." (hier bezogen auf das „Besser-Machen"), „Also eigentlich wollte ich schon immer Lehrerin werden. Ich glaube das liegt schon daran, dass viele aus meiner Familie Lehrer sind.").

Im Gegensatz zum Berufsstatus (siehe oben) zielt das Berufsideal stärker auf die intrinsische Motivation.

Unterrichtspraktische Bezüge während des Studiums (22,7 %)
Unmittelbar unterrichtsrelevante Aspekte des Lehramtsstudiums („Einerseits ist es also schon das Fach Musik an sich, was ich gerne studieren möchte, aber nicht auf künstlerischer Ebene, da ich irgendwann einfach gemerkt habe, dass mir das Vermitteln sehr liegt.") sowie (vergangene) schulpraktische Erfahrungen („Ich mache sehr gern Sport, habe auch schon Praktika als Sportlehrer gemacht und in der Schule schon viel Mathenachhilfe gegeben, um den Schülern aus meiner Klasse zu helfen.") geben die Studierenden als zum Studium motivierend an.

Studierendenleben/sozialer Austausch und Unterstützung (22,7 %)
Die Studierenden beschreiben Aspekte des Studierendenlebens, des Studienortes Leipzig sowie soziale Kontakte als Motivation zum Studieren („Also, ich treffe mich viel mit den Leuten, mit denen ich Seminare und Vorlesungen zusammen habe.", „Mit anderen Studierenden reden.", „Und ich motiviere mich auch beispielsweise durch kleine Belohnungen, z. B. mit Freunden treffen.").

Herausforderung und Leistungsvergleich (18,2 %)
Als motivierend werden von den Studierenden insbesondere die persönlichen Herausforderungen beschrieben („Ja, dass der Beruf gut zu mir passt, Herausforderungen bereithält.", „Ich denke mir, dass es dafür wichtig ist, dass ich das Studium gut bestehe, gut absolviere und dafür auch möglichst viel lerne und möglichst viel mitnehme, nicht nur für Prüfungen.", „Und ein gewisser Ehrgeiz ist natürlich auch vorhanden.").

Künftige Lehrtätigkeit (9,1 %)
Die Vorfreude auf das künftige Unterrichten als Lehrkraft („Da ich irgendwann einfach gemerkt habe, dass mir das Vermitteln sehr liegt. Das würde mir auch immer wieder rückgemeldet. Und ich denke auch selbst, dass es eine gute Fähigkeit ist, die ich habe.“, „die Ausbildung/Weiterbildung von jungen Menschen“) wird von den Studierenden als motivierend beschrieben.

Sonstiges (13,6 %)
Hierunter finden sich unklare oder nicht zu einer Kategorie zuweisbare Äußerungen sowie Einzelnennungen („Mein Alter.“, „Ganz banal – mir meine derzeitige Situation anschauen. Das meint es aber generell, da geht es nicht darum, mich für irgendeine Prüfung zu motivieren, sondern allgemein.“).

„Während sich einige Antworten auf die aktuelle Situation im und neben dem Studium beziehen (Fachliches Interesse, Studieninhalte und inhaltlicher Austausch/Studierendenleben, sozialer Austausch und Unterstützung/Herausforderung und Leistungsvergleich/Unterrichtspraktische Bezüge während des Studiums), beschreiben andere Antworten die vorgestellte Zukunft als motivierend (Berufsstatus „Lehrer:in“/Künftige Lehrtätigkeit/Berufsideal Lehrer:in)“ (vgl. Grüneberg et al 2017, S. 44). Die Mehrzahl (59,1 %) der im Interview befragten Lehramtsstudierenden beschreiben diesbezüglich als primäres Ziel den zukünftigen Studienabschluss, um den damit verbundenen Berufsstatus „Lehrer:in“ zu erlangen. Mit 54,5 % folgt dicht darauf die Motivation durch das Studium und die Studieninhalte („Fachliches Interesse, Studieninhalte und inhaltlicher Austausch“). Bereits bei der Evaluationsstudie ließen sich die studiumsbezogenen motivierenden Aspekte klar in Gegenwart und Zukunft unterteilen – so auch die kategorisierten Antworten der Auswertungsgespräche. Die Aussagen der Interviewten verdeutlichen die Annahme aus der Vorerhebung, dass „[d]ie in der Gegenwart verhafteten Anreize zum Studieren und die Vorstellung ferner Ziele [...] demnach gleich wichtig für die Studierenden zu sein [scheinen]“ (Grüneberg et al. 2017, S. 44). Dabei konzentrieren sich die Studierenden zum Studienbeginn tendenziell am stärksten auf die zentralen Studieninhalte. Der ebenso verstärkte Zukunftsfokus („Abschluss machen“) verdrängt dabei häufig die persönlichen zwischenmenschlichen Belange (vgl. Grüneberg et al. 2017, S. 45). Im Gespräch wird aber auch deutlich, wie wichtig ihnen gegenwärtiger sozialer Kontakt und Austausch sind – vergleicht man die kategoriale Rangfolge, so ist festzustellen, dass dieser Aspekt („Studierendenleben/sozialer Austausch und Unterstützung“) in den Gesprächsergebnissen um einen Rang aufsteigt. In der Evaluationsstudie geht diesem Aspekt die Motivation durch die Suche nach persönlicher Herausforderung und dem Leistungsvergleich mit anderen voran. Inhaltlich ähneln sich die Antworten. In der Online-Evaluation (WS 15/16) beziehen sich die Studierenden dabei beispielsweise auf das Absolvieren des Studiums in kürzester Zeit (ebd., S. 43). Dies impliziert das Bestehen des Studiums mit einem guten Abschluss, wie es im Interview von den Gesprächspartnern und Gesprächspartnerinnen häufig formuliert wird. Noch zukunftsorientierter berichten sie von der (Vor-)Freude auf die beruflichen Herausforderungen und dass der momentane Lernaufwand für sie das sprichwörtliche „Lernen für das Leben" darstellt. Gemein haben beide Erhebungen, dass die Studierenden einen grundlegenden Ehrgeiz besitzen, der sie für und durch das Studium hinweg motiviert. Anzuführen ist weiterhin, dass der Leistungsvergleich von keinem der Interviewpartner:innen thematisiert wurde. Bereits in der Ergebnisauswertung der Evaluation wurde vermerkt, dass der kompetitive Gedanke eher hintergründig ist (vgl. Grüneberg et al 2017, S. 45). Ebenso gab keiner der Interviewten die Antwort „Keine Motivation nötig", wie sie als Aspekt des Kategoriensystems in der Evaluationsstudie noch vorzufinden ist. Dort wird diese Antwort als bereits vorhandene hohe intrinsische Motivation interpretiert, das heißt, dass die Studierenden keine zusätzlichen äußeren Anreize benötigen, um sich zum Studium zu motivieren. Die Gesprächspartner berichten von einer hohen intrinsischen Motivation, erwähnen aber stets auch, dass extrinsische studiumsbezogene motivierende Aspekte eine Rolle spielen.

5.5.4 Kategoriensysteme zum Lehrkraftideal

Im Anschluss an die Kurzfassung der theoretischen Hintergründe, durch welche die Studierenden eine erste Vorstellung von den drei Motiven Anschluss, Leistung und Macht besaßen, wurden sie im Interview nach dem Bild des/der von ihnen imaginierten idealtypischen Lehrers/Lehrerin befragt (Interviewfrage: „Wie ist Ihre Vorstellung vom idealen Lehrer? Welche Motivausprägung weist Ihrer Meinung nach der ideale Lehrer auf? Bringen Sie hierfür bitte die Motive Anschluss, Leistung und Macht in eine Rangfolge."). Die auf bewusster Ebene getätigten Äußerungen zu den Motivausprägungen wurden von dem oder der Interviewleitenden festgehalten und an späterer Stelle, als der Vergleich der bewussten und unbewussten Motivausprägungen thematisiert wurde, wieder in das Gespräch einbezogen.

Kategoriensystem Primat (Rangfolge)

Kategorisiert werden konnte als sogenanntes „Primat" das vom Befragten bewusst als wichtigstes geäußerte Motiv, welches man als Lehrperson ausgeprägt haben sollte. Wenn die Studierenden keine Motivreihenfolge festlegen konnten oder der Ansicht waren, dass alle Motive in einem Gleichgewicht sein sollten, wurde die Kategorisierung mit „alle gleich" festgehalten (siehe Tabelle 30). Weiterhin wurden Aspekte notiert, die die Befragten zur Ausgestaltung ihrer Beschreibung der einzelnen Motive wählten.

Vorwegzunehmen ist, dass einige Gesprächspartner wahrscheinlich keine eigene Rangfolge geäußert haben, sondern ihre Äußerungen zu den Motiven in der Reihenfolge getätigt haben, in der sie von dem oder der Interviewleitenden in der Fragestellung genannt und somit implizit vorgegeben wurden. Dementsprechend sind leichte Ergebnisverzerrungen einzukalkulieren. Ist dieser Fall dem/der Interviewer:in während des Gesprächs aufgefallen, versuchte dieser oder diese regulierend einzugreifen, indem er/sie die Frage noch einmal konkreter formulierte oder nachfragte, ob das erstgenannte Motiv auch an vorderster Stelle der Motivrangfolge für die ideale Lehrkraft steht. In einem solchen Fall konnte der Motiv-Primat nicht verdeckt ermittelt werden, sondern wurde nach bewusster Reflexion vom Befragten geäußert. Die Antworten wurden dennoch alle gleichwertig behandelt.

Tabelle 30: (bewusste) Motivrangfolge des/der idealen Lehrers/Lehrerin

n = 28	Anschluss	Leistung	Macht	Alle gleich
Häufigkeit (gültige Prozent)	12 (42,9 %)	4 (14,3 %)	8 (28,6 %)	4 (14,3 %)

Nach der Erläuterung der Motive wurden die Probanden und Probandinnen gebeten, zu überlegen, welche Rangfolge der Motive sie als ideal für den Lehrberuf halten würden. Die offenen Antworten (n = 28) wurden deduktiv inhaltsanalytisch (mit Inter-Coder-Übereinstimmung von 100 %) in Bezug auf das als am wichtigsten genannte Motiv ausgewertet (Primat). Daraus ergab sich folgendes Bild: „Anschluss" 12 Nennungen, „Macht" 8 Nennungen, „Leistung" 4 Nennungen, „alle gleich" 4 Nennungen. Hypothese 3 findet damit Bestätigung. Der positive Bezug auf die Arbeit mit Menschen, welcher sich auch schon in den Berufswahlmotiven zeigt, findet eine Entsprechung im Antwortverhalten zum eigenen Lehrkraftideal und wird (zunächst) dem Anschlussmotiv zugeordnet. Macht spielt weniger eine Rolle, wird jedoch noch deutlich häufiger als Leistung genannt.

5.5.5 Kategorisierungen zur Macht

Hauptaugenmerk wurde in den Gesprächen auf die Auswertung der Testergebnisse des MUT und OMT gelegt. Die Ausprägungen der drei Motive Anschluss, Leistung und Macht lagen für den MUT in Diagrammform vor, die Ergebnisse des OMT konnten aus einer Tabelle abgelesen werden. Bevor diese gemeinsam mit den Studierenden interpretiert und erörtert wurden, stellten die Gesprächsleitenden eine allgemeine Frage, die den Fokus auf das jeweils aktuell zu besprechende Motiv legte. Um den Machtbereich zu thematisieren, wurden teilweise Fragenbündel gestellt: „Wie definieren Sie Macht?", „Was bedeutet es für Sie persönlich, selbst Macht zu haben bzw. ihr ausgesetzt zu sein?", „Wie würden Sie Ihre Einstellung zur Macht ganz allgemein beschreiben?", „Macht in sozialen Beziehungen – wie würden Sie sich dahingehend beschreiben?", „Wie stellen Sie es sich vor, (später) als Lehrperson mit Ihrer Machtposition umzugehen?". Die Antworten wurden entsprechend dem oben beschriebenen Vorgehen kategorisiert. Das Kategoriensystem zur Machtthematik teilt sich in verschiedene Bereiche: Zunächst widmet sich die Arbeit den Antworten, die einen allgemeinen Bezug zum Machtbegriff aufweisen (siehe Oberkategorie Machtbegriff), während andere Systeme die individuellen Aussagen zur Machtdefinition und -deutung erfassen.

Kategorisierung des Machtbegriffs nach Oberkategorien

„Wie definieren Sie Macht?": Entsprechend der Aussagen zur Machtdefinition, -erfahrung und -deutung wird festgehalten, wie der Befragte den Begriff Macht ganz allgemein bewertet. Dazu dient die Einteilung in die drei Oberkategorien: positiv, negativ und ambivalent.

Tabelle 31: Oberkategorien Macht

n = 26	positiv	negativ	ambivalent	0-Kategorisierung	nicht kategorisierbar
Häufigkeit (gültige Prozent)	5 (19,2 %)	8 (30,8 %)	7 (26,9 %)	4	2

Im Überblick der machtbezogenen Oberkategorien ist zu erkennen, dass der Begriff „Macht" von mehr Befragten eindeutig negativ (30,8 %) als positiv (19,2 %) gewertet wird. Die eingangs erwähnte Annahme der Negativ-Assoziation des Machtbegriffs kann somit bestätigt werden. Aus den Antworten geht hervor, dass die Befragten damit beispielsweise den *Machtmissbrauch* in Verbindung bringen oder auch Aspekte wie *Dominanz*, Diktatur und *Unterlegenheit*. Oftmals sind die Standpunkte der Studierenden hinsichtlich ihrer persönlichen Machtdefinition aber auch ambivalent (26,9 %): „Ich würde sagen, dass es positiv und negativ auszulegen ist. Macht in sozialen Beziehungen könnte auf der einen Seite sein, dass der eine den anderen unterdrückt, mehr Macht hat. Oder andererseits einen Freund zu haben, der diese Struktur braucht, der ihm die Hand hinhält und ihn führt, Ziele setzt, sagt, wo es langgeht; eher in einer positiven Richtung." (Interview 28) oder „Der Begriff Macht ist für mich negativ besetzt, aber es bedeutet auch, Verantwortung zu haben, und diesen Begriff wiederum sehe ich sehr positiv. Das ist also ein Widerspruch." (Interview 2). Nur ein geringer Teil von 19,2 % der Befragten definierte den Machtbegriff im Interview positiv, wobei sie ihn oftmals mit *Verantwortung* assoziierten. Überwiegend berichten die Befragten in den positiv kategorisierten Antworten von ihren persönlichen Machterfahrungen. Dabei beschreiben sie die Situation entsprechend der Rolle, in der sie Machttragende waren und wie sie mit dieser Macht umgegangen sind. Teilweise benennen die Interviewten ihre Einstellung zur Macht nicht konkret, sodass nur im Zusammenhang ihrer kompletten Aussage diese als positiv (bzw. negativ oder ambivalent) interpretiert werden kann:

> „Wenn du mir das über meine Werte zur Macht und deren Interpretationen erzählst, finde ich mich total in meinem Sport wieder. Ich spiele Handball. Beim Handball gibt es unterschiedliche Positionen, Spielleiter, Spielmacher und Individualisten, ich bin ein Mittelspieler, der der Mannschaft sagt, wo es langgeht, also wie gespielt wird. Ich will mich nicht selbst loben, aber auch mein Trainer sagt, dass ich das sehr gut mache. Und die Mannschaft hört auch auf mich, und es klappt dann auch meistens, sonst wären wir auch nicht so erfolgreich. Es ist nicht so, dass ich sage, dass derjenige jetzt dies und jenes machen muss, nur damit ich hinterher gut dastehe, ich will, dass wir als Mannschaft das Spiel gewinnen. Es geht nicht darum, dass ich in unserem Team die meisten Tore geworfen habe, dennoch haben wir verloren. Von mir aus kann auch ein anderer zehn Tore schießen und ich kein einziges, mögen die anderen denken, dass ich gar nicht gespielt habe, das ist mir egal. Hauptsache ist, dass wir als Mannschaft gewinnen, dann weiß ich, was ich gebracht habe, sowie der Trainer und Leute, die sich mit Handball auskennen. Mir ist des Weiteren auch wichtig, wie die Mannschaft mich einschätzt, damit ich das in den nächsten Spielen und Kommandos umsetzen kann, damit wir als Team funktionieren. Konkurrenz gibt es also mehr nur mit anderen Teams. [...]" (Beispielzitat aus Interview 11)

Machtkategorien – Aspekte der Macht (n = 26)

Da die Antworten zum Machtbegriff oftmals sehr ausführlich waren, musste hinsichtlich der Machtdeutungen ein weiteres Kategoriensystem eröffnet werden, in dem nochmals auf die von den Befragten thematisierten Aspekte zur Macht eingegangen wird. Untergliedern lassen sich diese von sehr positiv (++) über positiv (+) und negativ (–) bis sehr negativ (––).

Wurde die Aussage der Kategorie **„++/Macht als natürliche Führungsqualität"** zugeordnet, so ist der Machtbegriff für die Befragten sehr positiv besetzt. Sie verstehen die Ausübung von Macht im Sinne einer Vorbildfunktion, welche sie als machttragende Person innehaben, wobei sie sich auf das partnerschaftliche Wahrnehmen beziehen. Beispiel hierfür ist folgende Aussage: *„Autoritativ meint das partnerschaftliche Wahrnehmen, auf einer Ebene sein, aber auch nicht einfach machen lassen, sondern schon Richtlinien und logische Konsequenzen aufzeigen, also als Erwachsender einem Kind gegenüber anleitend wirken."*

Die positive Assoziation von Macht, kategorisiert als **„+/Macht als Verantwortung"**, beinhaltet ebenfalls einen affirmativen Machtbezug, jedoch in leicht abgeschwächter Form. Die machthabende Position kann und will die Person austragen, weil die Macht als positive Aufgabe gesehen wird, welche auch mit dem wohlgemeinten Helfen oder Lehren in Verbindung gebracht werden kann. Die Befragten sind von der Ausübung von Macht motiviert. Beispielaussagen sind: *„Aber es ist auch meine Aufgabe, deren Weg zu weisen, aber das auch kooperativ, also nicht gegen sie, sondern ich stelle mich mit ihnen auf eine Seite und begleite sie da."; „Ja, wo ich so eine Art Anleitung oder Impuls geben kann."*

„–/Macht als Pflicht" wird von den Befragten mit eher negativen Aspekten verbunden. Die auferlegte Macht wird als eine hierarchische Position verstanden, in der man zeitweise die machttragende Rolle übernimmt (oder übernehmen muss), was bei den Befragten jedoch mit einem unwohlen Gefühl einhergeht. Diese Kategorie beschreibt das „Müssen" oder den Machtauftrag (bspw. die Machtausübung in der Rolle des Lehrers/der Lehrerin) und ist daher eher konflikthaft besetzt. Dementsprechend motiviert die Ausübung von Macht die Befragten nicht. Antwortbeispiel: *„Dass man sich dessen bewusst wird, welche Position man gerade einnimmt, also welche Rolle. Als Therapeutin hat man ja auch gegenüber den Eltern, wenn man mit ihnen reden muss bezüglich der Zusammenarbeit, eine gewisse Position, wo man seine Meinung vertreten muss und auch professionell sein muss."*

Die pejorativste Kategorisierung erfolgt mit dem doppelten Minuszeichen und beschreibt die **„––/Macht als negative Führungsqualität"**. Der Machtbegriff wird von den Befragten demnach negativ assoziiert. Sie beschreiben Aspekte wie Machtmissbrauch, Dominanz und Diktatur: *„Das hat in meinem Sinn etwas mit Ausnutzung zu tun. Macht ist eben auch etwas, das Leute gern missbrauchen [...]"; „Na eigentlich, dass man über dem anderen steht und den dominiert und seinen Willen dem anderen aufzwingt."*

Die Aussagen der Befragten konnten anhand dieses Kategoriensystems nicht immer eindeutig einer Kategorie zugeordnet werden. Einerseits bestanden interpretative Unstimmigkeiten bei den Auswertenden, was zu 0-Kategorisierungen führte, andererseits formulierten die Studierenden in ihren machtbezogenen Aussagen oft widerstreitende Aspekte, die eine konkrete Zuordnung unmöglich machten. Die erschwerte Zuordnung findet Begründungen in den Vermutungen darin, dass die Antworten der Studierenden zunächst nur spontane Reaktionen auf die zuvor stark reduziert wiedergegebene PSI-Theorie und die darin inbegriffenen Auslegungen zu den Basismotiven sind (ein nicht zu unterschätzender Verzerrungsfaktor) oder sie sich mit dem Thema Macht noch nicht explizit beschäftigt haben. Die Studienteilnehmer:innen denken also im Gespräch und haben noch keinen ausgeprägten Standpunkt zu den gestellten Fragen. Auch könnte das limitierte Zeitpensum der Gespräche und der vorgegebene Leitfaden den Interviewten nicht den Freiraum gewähren, den sie wohlmöglich benötigt hätten, um ihr Verhältnis zur Macht facettenreicher zu erörtern und einen konkreten Standpunkt zu formulieren. Andererseits ist zu vermuten, dass die Ambivalenz in den Antworten gerade aufgrund des theoretischen Wissenszuwachses bzw. des Bewusstseins über die grundlegende Ambivalenz von Wertungen zustande kommt. Diese Konfrontation von neuer Theorie und vormaligem Machtverständnis schlägt sich in der Mehrdeutigkeit der Aussagen nieder. So musste ausgehend von den Erstreaktionen hinsichtlich der Machtkategorisierung zu den Aspekten die starre qualitative Inhaltsanalyse zum Teil gelockert werden. Zum Zweck der Auswertung der Machtaspekte kann lediglich eine grobe Untergliederung in das positive oder negative Verhältnis zur Macht vorgenommen werden. So stehen bei der Auszählung der 26 Antworten sieben Befragte in einem tendenziell positiven Verhältnis zur Macht (die Antworten konnten den Kategorien „++/Macht als natürliche Führungsqualität" und „+/Macht als Verantwortung"), zehn äußern sich negativ (diese Antworten konnten folglich den Kategorien „–/Macht als Pflicht" oder „––/Macht als negative Führungsqualität") und neun Antworten konnten nicht eindeutig kategorisiert werden. Trotz dieser vergleichsweise simplen Kategorisierung werden in den Antworten der Studierenden, anhand der umschriebenen machtbezogenen Aspekte, (Macht-)Muster erkennbar: Zunächst ist zwischen allgemeingültigen Antworten, die bezogen sind auf Alltagssituationen, und Antworten, die speziell auf die (Vorstellung der) Machtposition als (künftige) Lehrperson bezogen sind, zu unterscheiden. In den Aussagen zur alltagsbezogenen Machtkonfrontation wird zum einen die dem Begriff anhängende Negativität deutlich: Die Studierenden nennen assoziative Worte wie *Dominanz, Diktatur, Ignoranz* und *Egoismus*, um ihre Vorstellung von Macht zu umschreiben. Auch ein selbstgesteckter hoher Leistungsanspruch „verleitet" den einen oder anderen oder die eine oder andere zur Machtausübung, beispielsweise in Form eines ständigen Konkurrenzdenkens.

Dann wiederum relativieren sie ihre ablehnende Haltung, indem sie erklären, wie Macht „besser" eingesetzt werden sollte, sodass schließlich sogar sehr viele machtbejahende Aspekte beschrieben wurden. Unter allen Aussagen ist hierbei hervorzuheben, dass in einigen der Autoritätsbegriff von dem der Macht differenziert wurde: Die Studienteilnehmenden verwenden lieber das Wort „Autorität", weil dieses in Bezug auf ihre Vorbildfunktion ihrer Vorstellung von Macht am ehesten entspricht. Zudem sei Autorität etwas, „das man sich nicht selbst geben kann, das wird einem gegeben"

(Interview 22) (von Schülern und Schülerinnen), wenn man sich (als Lehrer:in) nachahmenswert verhält. Dahinter verbirgt sich demnach die Machtausübung als verantwortliche und prosoziale Führung. Auf dieser ersten Machtebene (siehe OMT) ist den Befragten bewusst, dass die machtbezogene Verantwortung auch negativen Anklang finden kann, wie es beispielhaft ein Gesprächspartner umschreibt: „Ich übernehme da also ganz gern Verantwortung. Und ich bin auch der Typ, wenn gefragt wird, wer am Ende dann das Plakat vorstellt, dass ich das übernehme, und genauso halte ich dann auch meinen Kopf hin, wenn etwas schiefgeht, es ist schließlich auch auf meinen Mist gewachsen." (Interview 27). Eine befragte Person gab an, dass sie als künftige Lehrperson „autoritativ" auftreten will: „Ich habe einmal das Wort ‚autoritativ' gehört. Es gibt also den Laissez-faire-Stil, den autoritären Stil und den autoritativen Stil. Autoritativ meint das partnerschaftliche Wahrnehmen, auf einer Ebene sein, aber auch nicht einfach machen lassen, sondern schon Richtlinien und logische Konsequenzen aufzeigen, also als Erwachsener einem Kind gegenüber anleitend wirken." (Interview 26). In Bezug auf die eigene spätere Wirkungsweise als Lehrer:in beschreiben die Befragten weiterhin, dass sie allein schon durch ihre *Professionalität* in ihrer Lehrkraftrolle Macht haben und diese somit aufgrund ihrer hierarchischen Position ausüben. Dabei spielt auch die Überzeugung eine Rolle, dass der *Erfahrungs- und Wissensvorsprung* aufgrund des Altersunterschieds Grundlage für ihre Machtausübung sei.

Gewiss sehen die Studierenden auch weiterhin Schwierigkeiten im Machtverhältnis zwischen Lehrer:in und Schüler:in, was als *konflikthafte Macht* bezeichnet wird. Prägnant ist hierbei die „Diskrepanz zwischen Zielverfolgung und die Verfolgung des kindlichen Interesses" (Interview 10). Auch *Ohnmachtsgefühle* werden den Lehrkraftalltag begleiten, so berichten es die Studierenden von ihren bisherigen Erfahrungen unter anderem aus Praktika oder Nachhilfe, jedoch sei dies eher zweitrangig. Es sei ohnehin schwierig, sich darauf vorzubereiten, anhand solcher Situationen könne nur dazugelernt werden.

Im Zuge der Äußerungen zur Machtthematik fällt auf, dass die Befragten einige Male Themen aus den Freiheitsmodi mit der Machtthematik kombinieren. Vor allem *Selbstbestimmung* und das authentische Selbstsein (vgl. Kuhl 2013, S. 24) bringen sie damit zum Ausdruck.

Alles in allem sei der Wirkungsgrad ihrer Machtausübung jedoch von der jeweiligen Situation und dem verfolgten Ziel abhängig. Die Befragten räumen zwar ein, dass als Lehrperson gewisse (unbewusste) Strategien angewandt werden (müssen) und somit stets Fremdeinwirkung auf die Schüler:innen herrscht. Wichtig dabei sei ihnen jedoch, dass man als Lehrer:in eine „feste Konstante sein [muss] für Schüler [...], [was] nur mit Macht zu erreichen" (Interview 12) ist.

Konflikthafte Macht und prosoziale Führung

Anhand des OMT-Gitters, welches statistisch wiedergibt, wie oft der/die Befragte in die Bilder das Leistungs-, Anschluss- oder Machtmotiv und die entsprechenden Umsetzungsmodi assoziiert, lassen sich die motivbezogenen Nennungen auszählen (vgl. Tabelle 29).

Tabelle 32: Auszählungen zum unbewussten Machtmotiv (OMT)

n = 31	M1 prosoziale Führung	M2 andere begeistern	M3 verantwortliche Führung	M4 Dominanz/ konflikthafte Macht	M5 Ohnmacht
Häufigkeit	14	7	29	77	56

*Die Abkürzung M steht für das Machtmotiv, die Nummerierungen 1–5 geben die Umsetzungseben an. Die Bezeichnungen der Modi wurden dem OMT-Auswertungsmanual (Kuhl 2013) entnommen.

Hypothese 5 kann, wie oben ausgeführt, nicht bestätigt werden: Die konflikthafte Machtumsetzung (M4) zeichnet sich in Antworten ab, in denen die Befragten ihre Machtausübung als Pflicht rechtfertigen – sich (als Lehrperson) also in einer Rolle sehen, aufgrund der sie („unfreiwillig") streng führen und befehlen müssen. In der Ausübung dieser Machtform dominiert aber vor allem negative Emotionalität, das heißt in solchen Situationen handeln die Befragten machtthematisch, ohne dass sie es wirklich wollen. Modus *M1*, der für das Helfen und Führen steht, wird vermutlich weniger genannt, weil er die intrinsische Machtkomponente widerspiegelt. Schwierigkeiten oder gespannte Gefühle werden bei diesem Modus nicht assoziiert und im Vordergrund steht die selbstverständliche Freude an positiver Beeinflussung. Der handelnden Person stellen sich in ihrem Bedürfnis nach Macht praktisch keine Barrieren entgegen. Es kann die Vermutung angestellt werden, dass dies den Befragten verhältnismäßig weniger widerfahren ist als vielleicht Modus *M3* (vgl. Kuhl 2013, S. 50 ff.). Denn *M3* steht im „Zusammenhang mit *aggressivem* Verhalten im positiven Sinne" (ebd., S. 54, Hervorh. im Original) und meint die selbstgesteuerte Bewältigung einer Bedrohung der eigenen Wirksamkeit oder des eigenen Einflusses (vgl. ebd., S. 54). In Verbindung mit dem Lehrberuf meint das eine handlungsorientierte Machtkomponente – „die Durchsetzung eigener Vorstellungen gegenüber nicht unerheblicher Barrieren und Hindernisse" (ebd., S. 54). Diese Durchsetzung beinhaltet also eine nachhaltig wirksame Standhaftigkeit, wobei die von Kuhl angesprochene (gesunde) „Aggression" als ein etwas arbeitsintensives Entgegenhalten interpretiert werden sollte, aber auf keinen Fall als kontextblind und rücksichtlos. Es geht also bei machtthematischen Herausforderungen beim Modus 3 um das verantwortliche Einsetzen von moderater und angemessener (Gegen-)Kraft bei der Einflussnahme. Im Zusammenhang mit den bisherigen Erfahrungen der Befragten wird die Motivumsetzung *M3* diejenige sein, die sie selbst am ehesten nachvollziehen können bzw. selbst schon erlebt haben, und aufgrund dessen sie die Bildvorlagen des OMT tendenziell eher mit *M3* belegen als mit *M1*.

Zusammenfassend ist festzuhalten, dass die Aussagen und Einstellungen zum Machtmotiv deutlich durchwachsen sind. Insbesondere in Bezug auf das Machtmotiv ist davon auszugehen, dass bereits das Durchlaufen der Testverfahren Indikatoren gegeben hat, die die Befragten dazu angehalten haben, ihre (motivbezogenen) Haltungen z. T. unbewusst zu reflektieren. Das abschließende Auswertungsgespräch war dann eindeutig reflektierend aufgebaut; einige der Befragten zeigten während dieser

Phase ein Umdenken und brachten eine positivere Einstellung gegenüber der Machtthematik (auch in Bezug auf den Beruf Lehrer:in) zum Ausdruck als zu Beginn des Gesprächs.

Die angewandten Testverfahren triggern die Auseinandersetzung mit der Machtthematik also an, aber vor allem stellen die Gespräche den Auslöser zu einer tiefgründigeren Untersuchung des Machtbegriffs, des Umgangs mit und dem Erleben von Macht dar. In der Beurteilung muss also bedacht werden, dass beide Messmethoden (Testungen sowie Gespräch) ausschlaggebend waren die Gespräche aber als gehaltvoller einzustufen sind, da anhand dieser die groben Raster, die die Ergebnisse der Testverfahren wiedergeben, noch detaillierter (Reaktionen wie Widerspruch oder Differenzierung einer Aussage) ausgewertet werden können. Das spricht letztlich dafür, die Tests mit in die Beratung einzubeziehen.

5.5.6 Kategoriensystem Gesprächsfazit

Am Ende jedes Gesprächs wurden alle Teilnehmenden (n = 28) gebeten, das Gespräch noch einmal zu resümieren und ein persönliches Fazit zu ziehen. Davon waren 25 Antworten verwertbar, da aufgrund erheblicher Überschreitung der anberaumten Gesprächsdauer bei drei Interviews auf die Fazitbefragung verzichtet werden musste.

Zusammenfassend kann gesagt werden, dass 96 % der Befragten (24 von 25 Antworten) Nutzen aus der Teilnahme an der Testung und dem Auswertungsgespräch ziehen konnten. Im folgenden Kategoriensystem werden die praktischen Schlüsse und Erkenntnisse dargestellt:

Ressourcenbewusstsein (64 %)

Die Interviewpartner durchlaufen eine Art Selbstreflexion: Sie erwähnen, in welchen Motiven sie sich insbesondere wiederfinden und wie sich das in konkreten Situationen auswirkt. Dabei berichten sie von Erfahrungen, thematisieren aber auch zukünftige Vorhaben im situationsabhängigen Umgang und in der Umsetzung (*„Ich habe mich hinsichtlich meiner Motivation nochmal kennengelernt.“; „Bei der Leistung will ich mich gar nicht so sehr verändern. Natürlich könnte ich energiesparender arbeiten, aber das ist nicht mein Anspruch. Ich finde es eben schade, wenn man nur die Hälfte weiß.“; „Also, vor allem mein Verhältnis zur Macht ist mir jetzt bewusst, da habe ich jetzt einen anderen Blick drauf. Das ist das, was ich am meisten mitnehmen werde und was mich jetzt auch am meisten überrascht hat.“; „Bezüglich der Eigenmotivation habe ich jetzt auch noch mal gute Denkanstöße bekommen.“; „Diesbezüglich würde ich an mir arbeiten, also das bewusstere Vorgehen, Handeln und Führen.“*). Hierbei beschreiben sie vor allem das Bewusstwerden einer effizienteren motivbedingten Ressourcennutzung und Energieeinsparung, die im Gespräch vielfach angesprochen wurde (*„Es ist auch schön zu wissen, dass es auch noch Ressourcen gibt.“; „Und ja, genau das mit der Leistung vielleicht auszunutzen.“; „Mein Interesse ist auf jeden Fall gegeben, es kann ja nur gut sein, seine Ressourcen gut zu kalkulieren, auch weil ich selbst merke, dass ich mir da teilweise selbst im Weg stehe, was einfach Energie zieht.“; „Das hat mir auf jeden Fall gezeigt, wo ich noch ein bisschen mehr an mir machen kann.“*).

Bestätigung (48 %)

Die befragten Studierenden geben an, dass sie sich in den Ergebnissen der Testverfahren MUT und OMT wiederfinden (*„Es ist eher eine Bestätigung.“; „Komplett neu ist es nicht, nur in Teilen. Es ist sehr aufschlussreich.“; „Es spiegelt auch Teile von mir sehr gut wider“; „Für mich ist es gerade eigentlich eine Art Bestätigung.“; „Die Ergebnisse überraschen mich eigentlich wenig.“*). Sie können auch die Interpretationen der unbewussten OMT-Ergebnisse nachvollziehen und auf diverse Situationen projizieren (*„Die Tests spiegeln schon gut wider, wie man reagiert. Es gibt viele Gemeinsamkeiten, die ich gefunden habe.“*).

Positiverer Umgang mit Machtbegriff (32 %)

Die Studierenden berichten davon, dass sie im Verlauf des Gesprächs einen neuen (positiveren) Blick auf den Machtbegriff und Denkanstöße zur persönlichen Auseinandersetzung mit dem Machtbegriff bekommen haben (*„Genau, dass man das so ein bisschen positiver betrachtet.“*). Sie wollen im Studium, im Privaten und in der späteren Ausübung des Lehrberufs versuchen, den neu entdeckten Umgang mit der Machtthematik umzusetzen (*„Ich denke, dass ich im Hinblick auf den Lehrerberuf den Machtbegriff positiver sehen sollte.“; „Mit der Macht, dass ich einfach eine gute Mitte finde.“; „Da werde ich auch noch ein bisschen stärker drauf achten, Machtakzente zu setzen. [...] Einfach, dass ich eine bessere Relation finde zwischen den Extremen.“*).

(Thematisierung) Lehrkraftideal (24 %)

In dieser Kategorie beschreiben die Befragten mit Blick auf ihre Auswertungsergebnisse ihr jetziges Verhältnis (d. h. gegen Ende des Gesprächs) zum Bild von der idealen Lehrkraft und inwieweit sie sich darin wiederfinden. Dies geschah bezugnehmend zur Einstiegsfrage. (*„Und ich denke schon, dass ich ein angemessen guter Lehrer für meine Klassen mal werden kann.“; „Na, dann stimmt es mit dem Unbewussten überein. Also, es verunsichert mich nicht, eher bestärkt es mich, dass die unbewussten genau auf mein Idealbild zutreffen.“; „Also, wenn man jetzt so meine Auswertung anguckt, würde ich sagen, ist das nicht so das, was ich als ideal beschrieben habe.“*). Teilweise thematisierten sie ihren Bezug zum Lehrkraftideal auch eigeninitiativ (*„Es freut mich, dass mein Ergebnis beim Anschluss so gut ist. Ich denke es ist wichtig, dass man ebenso kontaktfreudig ist, wenn man als Lehrer arbeitet.“; „Also, ich würde nicht behaupten, dass ich später mal ein idealer Lehrer werde.“*).

(Noch) keine Beurteilung möglich (4 %)

Die Studierenden konnten aufgrund der Menge an Informationen noch kein abschließendes Fazit ziehen, gehen aber mit positivem Input an Ideen und Denkanstößen aus dem Gespräch.

Tabelle 33: Kategorien Gesprächsfazit

Kategorienbeschreibung	Häufigkeit (gültige Prozent) (n = 25)
Ressourcenbewusstsein	16 (64 %)
Bestätigung	12 (48 %)
positiverer Umgang mit Machtbegriff	8 (32 %)
(Thematisierung) Lehrkraftideal	6 (24 %)
(noch) keine Beurteilung möglich	1 (4 %)
nicht kategorisierbar	2 (8 %)

Alle interviewten Testteilnehmer:innen konnten aus dem Gespräch selbstreflektierende Schlüsse ziehen bzw. zunächst Denkanstöße zur Eigenmotivation und zum Umgang mit ihren motivbezogenen Ressourcen mitnehmen. Insbesondere das Ressourcenbewusstsein nahm die Mehrheit (64 %) als positives Fazit mit aus dem Interview. Hierbei nahmen die Befragten oftmals Bezug zu einem der drei Basismotive. Dahingehend formulierten sie schließlich umfängliche Aussagen, die sowohl retrospektive Zusammenhänge widerspiegelten als auch zukünftige Vorhaben hinsichtlich der Motivumsetzung beschreiben. Zum Ressourcenbewusstsein zählen dabei der effektive Umgang mit den motivationalen Ressourcen: Im Gespräch wurde zum einen auf die Offenlegung noch vorhandener Ressourcen der Teilnehmenden hingearbeitet, zum anderen wurde erörtert, wo Energien eingespart werden können, vor allem dann, wenn die bewussten und unbewussten Motivlagen erheblich differierten. Knapp die Hälfte der Befragten (48 %) traf die eindeutige Aussage, dass sie sich durch die Testergebnisse in ihrer Berufswahl bestätigt fühlen oder sich in den Ergebnissen wiederfinden können. Indirekte Antworten wurden der Kategorie nicht zugeordnet, waren jedoch zahlreich vorhanden und spiegeln sich als indirekte Bestätigung in den anderen Kategorien wider. Auffällig ist weiterhin, dass ebenfalls fast die Hälfte der Befragten unaufgefordert noch einmal das Machtmotiv oder das Verständnis von Macht im Allgemeinen thematisierte. Ein Drittel aller Interviewten beschrieben eine neue, nun positivere Sicht auf den Machtbegriff und den Umgang damit („Ich denke, dass ich im Hinblick auf den Lehrerberuf den Machtbegriff positiver sehen sollte. Ein Lehrer hat nun mal eine große Macht inne, davor sollte ich keine Angst haben, sondern mir das zutrauen." (Interview 2); „Diesbezüglich würde ich an mir arbeiten, also das bewusstere Vorgehen, Handeln und Führen." (Interview 19); „Da werde ich auch noch ein bisschen stärker drauf achten Machtakzente zu setzen." (Interview 15)). Durch das Explizit-Werden ihrer persönlichen Machtmotivation schöpften sie zumeist neue Energien aus dem Gespräch, die vermittelten Theorie(n) und ressourcenbezogenen Ideen gaben zusätzliche Motivation und neues Selbstbewusstsein. Das assoziative Verknüpfen von Selbstbewusstsein und Macht spiegelt sich in Formulierungen wie „auf eigene Fähigkeiten bauen" (Interview 21) oder „Um später auch beruflichen Erfolg zu erlangen, muss ich lernen oder mich mehr trauen, meine Meinung durchzusetzen“ (Interview 21) wider. Es wird aber auch deutlich, dass weiterhin kleinere Unsicherheiten bestehen. Einige Befragte thematisieren dies konkret und wünschen sich, im Studienverlauf den Machtumgang im Schulalltag theoretisch und praktisch zu erlernen („Und als Lehrer ist mir diese Machtposition nun mal gegeben, damit umzugehen, hoffe ich, im Studium auch ausgiebig zu lernen.“ (Interview 3)). In diesem Zusammenhang und auch mit Blick auf die spätere Berufsausübung erfolgt zudem eine persönliche Neudefinition des Begriffs „Autorität“ sowie eine Neubewertung der Wahrnehmung als Autoritätsperson. („Ja, und für mich selbst habe ich auch nicht so ganz klar definiert, wie ich mit Autoritäten umgehe und wie ich es selbst in der Position handhaben werde. Und auch wie ich Autoritäten gegenübertrete, die über mir stehen.“ (Interview 19)). 24 % der Interviewten äußern sich abschließend noch mal zum bereits eingangs erfragten Lehrkraftideal. Hier sind positive Aussagen, die in Verbindung mit der Überzeugung stehen, später dem eigenen Lehrkraftideal zu entsprechen, eher seltener („Und ich denke schon, dass ich ein angemessen guter Lehrer für meine Klassen mal werden kann.“ (Interview 24)). Tendenziell sind die Befragten in Bezug zur Entsprechung des eigenen Lehrkraftideals eher selbstkritisch und negativ eingestellt („Also, wenn man jetzt so meine Auswertung anguckt, würde ich sagen, ist das nicht so das, was ich als ideal beschrieben habe.“ (Interview 4); „Also, ich würde nicht behaupten, dass ich später mal ein idealer Lehrer werde.“ (Interview 6)).

> „Zum Idealbild des Lehrers: Ich finde, das hat wenig mit der Persönlichkeit an sich zu tun, weil Schüler so unterschiedlich sind und auch Lehrer. Es gibt einfach jede Art von Persönlichkeit an der Schule. Da finde ich nicht, dass man das in Schubladen stecken kann und sagt, die und die Persönlichkeit musst du als Lehrer haben. Jeder hat seine Stärken und Schwächen. Ich glaube nicht, dass es den idealen Lehrer gibt aus der Kombination dieser Sachen.“ (Interview 16).

Anhand dieses Zitats wird deutlich, dass die Offenlegung und Gegenüberstellung der bewussten und unbewussten Motivausprägungen viele zum Nachdenken angeregt hat. Neben aktivierter Selbstreflexion und neuem Ressourcenbewusstsein („Also, was ich jetzt aus dem Test rausnehme, ist, dass ich immer hinterfrage bei dem, was ich mache, ob das zu mir passt; das will ich auch so beibehalten, das war schon mal gut.“ (Interview 14)) ziehen die Studierenden weitere praktische Schlüsse, die sie zukünftig versuchen wollen umzusetzen:

„Ich sehe es als Aufforderung bei Sachen mitzumachen, wo ich vielleicht vorher denke, ob es wirklich sein muss oder ob ich dann noch meine anderen Dinge schaffe. Also bezogen auf zusätzliche Sachen. [...] Vielleicht sollte ich das also einfach machen und nach Dingen suchen, die mich fördern.“ (Interview 22); „Ja, also, ich denke, im nächsten Semester erfolgt dann die Umsetzung“ (Interview 6).

5.6 Zusammenfassung und Zwischenfazit

Lehramtsstudierende geben an, dass für sie der/die ideale Lehrer:in primär durch das Bedürfnis, Anschluss zu anderen Personen zu haben oder zu finden, motiviert wird. Diese Annahme zeichnete sich bereits in der Vorstudie ab. Dort und auch in der Vertiefungsstudie bringen die Befragten dies insbesondere mit dem Aspekt der Zusammenarbeit mit Menschen, im Speziellen mit Kindern und Jugendlichen, in Zusammenhang. Diese Motivation spiegelt die bewusste Wahrnehmungsebene ihres Verhaltens wider. Dahingegen dominiert auf unbewusster Ebene, wie angenommen, das Machtmotiv. Das von den Studierenden angegebene Helfen und Unterstützen der Schüler:innen – was zu den Hauptaufgaben des Lehrers/der Lehrerin gehört – wird von ihnen zunächst als anschlussmotiviert beschrieben. Im Verlauf der Auswertungsgespräche wurden die Begriffs- und Selbstreflexion angeregt, indem von den Interviewleitenden die Machtthematik, entsprechend der theoretischen Grundlagen der Forschungsarbeit, differenziert dargestellt wurde. Für die Studierenden war dieses Positiveren der Macht nachvollziehbar und bewegte sie zum Teil zum Umdenken. Allein dieses Bewusstmachen (impliziter Bedürfnisse, hier insbesondere des unbewussten Machtbedürfnisses) ist ein Schritt zur Veränderung. Es macht neue Energiequellen zugänglich und stärkt bereits vorhandene Kompetenzen. Dies dient wiederum der Harmonisierung und Gleichgewichtsherstellung der psychischen Kräfte und wirkt sich positiv auf weitere Umsetzungen eigener Motive ins Handeln aus (vgl. Kuhl, Alsleben 2012, S. 16).

Für die befragten Studierenden ergibt sich folgende Motivstruktur: Anhand der Auszählungen der MUT- und OMT-Ergebnisse zeichnet sich ab, dass für die Befragten auf bewusster Ebene die Motive Anschluss und Leistung leitend sind; unbewusst überwiegt das Machtmotiv bei der Handlungsumsetzung. Hinsichtlich der Angaben zu den bewussten Bedürfnissen ist zu vermuten, dass die Studierenden, die sich gerade am Beginn ihres Studiums befinden, in ihren Antworten zunächst Kernpunkte ihres Studiums fokussieren. Diese beziehen sie der Tendenz nach am ehesten auf konkrete Studieninhalte und -abläufe (Praktika), die Lehre und Kompetenzen der Lehrkräfte an sich und das spätere Bestehen sowie den „guten" Abschluss. Dies zeigt, dass der Leistungsaspekt (vermutlich angetrieben von den Vorstellungen unserer heutigen Leistungsgesellschaft) im Bewussten ebenso vordergründiger ist wie motivierende soziale Komponenten (Anschlussmotiv). In den Gesprächssituationen erschien es jedoch oft so, dass das mit dem Leistungsmotiv in Verbindung stehende Konkurrenzdenken den Befragten eher unangenehm ist und sozial unerwünschtes Verhalten widerspiegelt, obwohl dieses ebenso wichtig ist für persönliches Weiterkommen.

Weiterhin ist darauf hinzuweisen, dass die Studierenden im direkten Gespräch ihre Studienwahl häufiger mit intrinsischen Motiven begründen als mit extrinsischen. Es ist zu vermuten, dass dies im Zusammenhang mit sozialer Erwünschtheit steht, welche in einem sozialen Handlungs- und Interaktionsraum, wie dem Interview, wichtiger ist als bei einer Befragung mittels Fragebogen. Die für die vorliegende

Untersuchung gewählte Kombination aus den „stillen“ Testverfahren mit den Fragebogen-Settings und dem anschließenden Interview können als gewinnbringend erachtet werden, da aufgrund ihrer Unterschiedlichkeit, vor allem in den Auswirkungen auf die Probanden und Probandinnen, viele Störfaktoren und verzerrende Reize kontrolliert werden können.

Obwohl die Untersuchung an der Kohorte Lehramtsstudierende stattfand, kann nicht eindeutig belegt werden, dass diese spezifische Motivausprägung ausschließlich (angehenden) Lehrkräften zuzuschreiben ist. Die in den verwendeten Testverfahren gestellten Fragen und vorgegebenen Antwortmöglichkeiten (MUT) bzw. die schemenhaften Bilder des OMT sind nicht explizit mit Lehrsituationen in Verbindung zu bringen, sondern so ausgelegt, dass sie von den Testpersonen mit jeglichen Alltagssituationen assoziiert werden können. Die Motivtests gehen jedoch davon aus, dass Motive und Motivprofile eine gewisse Stabilität aufweisen und so wie Persönlichkeitsmerkmale konstant und situationsübergreifend wirken: Das meint, dass das Handeln in Alltagssituationen sich folglich auch in konkreten Lehrsituationen zeigen wird. Bislang können die Befragten nur von ihren Erfahrungen aus lehrberufsähnlichen Situationen (z. B. Nachhilfe, Teamleader bei Mannschaftssportarten, Museumsführer, u. a.) berichten. Dabei gehen sie davon aus, dass sie diese Handlungs-, Verhaltens- und Umsetzungsstrategien in ihrer späteren Tätigkeit als Lehrer:in reproduzieren werden. Die Situations- und Zeitstabilität der Motivumsetzungen kann in der vorliegenden Arbeit ob des Forschungsdesigns noch nicht nachgewiesen werden.

Ratsam ist es, die Diskrepanz zwischen der bewussten Motivation und den unbewussten Motiven einer Person aufzudecken, da diese das Stresserleben beeinflusst (vgl. Kuhl, Alsleben 2012, S. 15). Abgeleitet von den impliziten Motiven können entwicklungs- und ressourcenorientierte Veränderungen angestrebt werden. Dieses Bewusstmachen sollte bereits zu (oder besser noch vor) Studienbeginn geschehen, da so das Abbruchrisiko minimiert werden kann. Auch in der zielgruppengerechten Ansprache und Beratung sollte auf die Auslegung aller Basismotive geachtet werden, sodass sich potentielle Lehramtsanwärter:innen mit diesen entscheidungsrelevanten Faktoren identifizieren können. Insbesondere in der Evaluationsstudie äußerten die Lehramtsstudierenden oftmals, dass sie sich wünschen, im Studium, den „richtigen“ Umgang mit den Schülern und Schülerinnen zu erlernen („Rezeptwissen“). Die Umsetzung dessen gestaltet sich im universitären Kontext als schwierig, da es diesbezüglich der praktischen und situativen Erfahrung bedarf. Vor allem auch da es fraglich ist, ob es Rezeptwissen überhaupt geben kann. Dennoch bilden hierfür die verwendeten Testverfahren eine zumindest reflexive und theoretisch geeignete Auseinandersetzung mit dem individuellen motivbasierten Handeln. Dies kann auch mit der vor allem zu Studienbeginn in den Seminaren oft thematisierten Frage nach dem Bild vom idealen Lehrer/von der idealen Lehrerin in Zusammenhang gebracht werden und erlaubt den Studierenden, das Bild der persönlichen Eignung (für den Lehrberuf) zu konkretisieren.

Zwar kann nicht nur eine ganz bestimmte Motivkonstellation (etwa hohe Ausprägungen in allen drei Bereichen) als für den Lehrberuf ideal und damit langfristig erfolgreich angesehen werden; allerdings neigen die Studierenden dazu, auf die Frage nach dem idealerweise am stärksten ausgeprägten Motiv relativierend zu antworten: „Es gibt einfach jede Art von Persönlichkeit an der Schule. Da finde ich nicht, dass man das in Schubladen stecken kann und sagt die und die Persönlichkeit musst du als Lehrer haben. Jeder hat seine Stärken und Schwächen. Ich glaube nicht, dass es den idealen Lehrer gibt.“ (Interview 16). „Den idealen Lehrer gibt es nicht, nur verschiedene Typen, die auf ihre eigene Art und Weise sehr gut sind.“ (Interview 1). Die Aussagen der Befragten zielen darauf ab, dass nicht festgelegt werden kann, welches Motiv ein/e (angehende/r) Lehrer:in als Leitmotiv vorweisen sollte. Alle angeführten (Basis-)Motive bedingen sich gegenseitig und wirken situationsabhängig, entweder durch extrinsische Anreize oder von innen heraus auf das Individuum. Dennoch lässt sich bereits aus der Theorie Kuhls ableiten, dass der Lehrberuf für Personen mit einem sehr gering ausgeprägten Machtmotiv und damit einhergehend wenig Energetisierung durch Tätigkeiten des Helfens, Anleitens und Beratens keine gute Wahl ist; die empirische Studie von Wagner, Baumann, Hank (2016) legt ebenfalls nahe, „that the power motive is indeed the most influential in the teaching profession“ (S. 9) und zeigt, dass diejenigen Lehrkräfte das höchste Wohlbefinden aufweisen, bei welchen explizites und implizites Machtmotiv gleichermaßen hoch ausgeprägt sind (vgl. ebd., S. 9). Deshalb ist es ratsam, darauf zu achten, dass die impliziten und expliziten Motivausprägungen möglichst deckungsgleich sind, um die persönlichen Ressourcen und Energien nicht zu erschöpfen und langfristige Zufriedenheit zu gewährleisten. Weisen die bewussten und unbewussten Motivausprägungen größere Diskrepanzen auf, sollten Handlungsstrategien überdacht oder eingeübt werden, um die persönlichen Bedürfnisse befriedigen zu können.

Hinzuzufügen ist auch, dass in den vorliegenden Auswertungen das Freiheitsmotiv, als viertes Basismotiv, nur marginal berücksichtigt wurde. Einige Gesprächspartner:innen erwähnten dieses in Verbindung mit dem Machtmotiv, da das Freiheitsmotiv im OMT, nicht aber im MUT erhoben wurde. Während der Interviews konnte aufgrund diesbezüglich fehlender Daten jedoch nicht ausreichend darauf Bezug genommen werden. In möglichen weiterführenden Testungen muss die aktuelle Version des MUT verwendet werden, in der auch die bewussten Ausprägungen des Freiheitsmotivs abgebildet werden können.

Als Alleinstellungsmerkmal dieser Studie kann gelten, die sehr weit gefassten Kategorien der Berufswahlmotive Lehramtsstudierender in Hinblick auf ihre Deutung präzisiert zu haben. Durch die implizit hohe Ausprägung des Machtmotivs kann angenommen werden, dass sich hinter vermeintlich sozial- und anschlussorientierten Berufswahlmotiven wie der Arbeit mit Kindern und Jugendlichen auch unbewusst ein starkes Machtmotiv zeigt.

Die Studierenden zogen ein sehr positives Fazit bezüglich des persönlichen Nutzens des Tests und seiner Auswertung. Es erscheint dennoch, u. a. aus Gründen der Kosten und des Aufwands, wenig sinnvoll, eine solche psychologische Diagnostik flächendeckend für alle Lehramtsstudierenden zur Verfügung zu stellen; es sei denn, es bestünde die Möglichkeit, dieses in Self-Assessments für cct-Germany oder den Lehramtskompass einzubinden. Jedoch zeigen vor allem die produktive Auseinandersetzung mit der Theorie der Basismotive und insbesondere die Reflexion des Macht-Motivs, dass hier ein erhebliches Potenzial für professionstheoretische Reflexion besteht. Es erscheint denkbar und wünschenswert, die PSI-Theorie als Analyserahmen in selbstreflexionsorientierten Seminaren bzw. Praktika zu Beginn des Lehramtsstudiums ebenso wie in Lehrkraftweiterbildungen einzubinden. Folgeprojekte zu dieser Erhebung zielen auf ebendiese Integration ab. Insbesondere zum Umgang mit Macht im Beruf und möglichen inneren Konflikten diesbezüglich erscheint ein Angebot in der Beratung von Lehrerinnen und Lehrern im Berufsleben als gewinnbringend. Die Testverfahren könnten bei der Beratung von Studienzweiflern und Studienzweiflerinnen oder bei psychosozialen Problemen, insbesondere bei Auswirkungen auf die Motivation, ein gutes Hilfsmittel und Ankerpunkt für Gespräche sein.

Ausgangspunkt der Studie war die Idee, dass Diskrepanzen zwischen bewussten und unbewussten Motiven sowie bestimmte Motivkonstellationen wertvolle Hinweise in Bezug auf die Studienzufriedenheit sowie einen eventuellen Abbruch des Studiums liefern könnten. In der Studie ließen sich vor allem Diskrepanzen in Bezug auf das Anschlussmotiv und das Machtmotiv aufzeigen. Die fehlende „Mächtigkeit" im Studium könnte dabei als ein Grund für den Wunsch nach Praxis gedeutet werden. Thematisierte Ängste vor Entwertung und Alleinsein sollten ernst genommen und insbesondere durch beratende Angebote aufgefangen werden. Die Reflexion des Helfens und Vermitteln-Wollens als Ausdruck eines Machtmotivs sollte wichtiger Bestand der professionellen Reflexion sein, ebenso wie die kritische Auseinandersetzung mit Machtkonflikten und Ohnmachtserfahrungen. Der Einsatz von Motiv-Testverfahren in der Beratung kann wertvolle Reflexionshilfe sein und das Bewusstsein für „Motivations-"Ressourcen erhöhen.

6 Vertiefender Exkurs: Die PSI-Theorie als Basis für Hypothesen in der Beratung (von Heiko Frankenberg)

Für die praktische Anwendung der PSI-Theorie und ihrem Verständnis der Basismotive in Beratung und Lehre ist ein tieferes Verständnis der PSI-Theorie vonnöten als bislang für das Verständnis des Forschungsprojekts gegeben wurde. Die folgenden beiden Exkurse sollen dem/der interessierten Leser:in helfen, die praktischen Ideen besser einordnen zu können. Bei noch tiefergehendem Interesse ist die Auseinandersetzung mit der oftmals zitierten Primärliteratur Kuhls (z. B. dem Lehrbuch der Persönlichkeitspsychologie) sowie eine einschlägige Weiterbildung zur PSI-Theorie, wie sie vom Impart-Institut angeboten wird, zu empfehlen.

6.1 Die sieben Ebenen der Persönlichkeit am Beispiel Studienwahl und -bewältigung

Theorie (Beispiele) Schule (Systemebene mit Nr.)	Was speist die Emotionen?	Was speist die Motivation?	Was wird unter Persönlichkeit verstanden?
Skinner, Mischel Behaviorismus (1: Gewohnheiten)	Angeborene und konditionierte Affekte auf spezifische Auslösereize	Gewohnheitslernen: Auslösereize geübter Verhaltensroutinen	Die Hierarchie von erlernten Gewohnheiten
Pawlow, Eysenck Aktivationstheorien (2: Erregung, Aktivierung)	Das Erregungsniveau: Intensivierung situativ ausgelöster Affekte	Das Bestreben, das optimale Erregungsniveau konstant zu halten	Das angeborene und durch Erfahrung beeinflusste typische Erregungsniveau
Freud, Lewin, Gray „Hedonismus" (3: Anreizmotivation)	Bedürfnisrelevante Episoden: Anreizbildung („Objektbesetzung"), „Valenz", „Belohnungswert"	Belohnung und Bestrafung: Positive und negative Anreize	Die angeborene und erlernte Sensibilität für Belohnung und Bestrafung
Freud (Psychoanalyse) dynamische Theorien (4: Pro- und Regression)	Das Kräfteverhältnis zwischen Ich und Es: Realitätsangepasste vs. -blinde Gefühle	Das Kräfteverhältnis zwischen Ich und Es: realistische vs. triebgesteuerte Ziele	Die vorherrschende Form der Regression (oral, anal, phallisch-ödipal, genital)
McClelland, Atkinson Motivation (5: affektzentrierte Motive)	Anregungsgehalt von Situationen für Basismotive (Anschluss, Leistung, Macht)	Handlungsleitende Wiederwirksamkeit früher erlebter Affektveränderungen	Die lebenslange Gestaltungsdynamik sozialer Basismotive
Jung, Kelly Kognitionstheorien (6: kognitive „Motive")	Das Erreichen und Verfehlen von Zielen bzw. der Verarbeitungsstil (Denken/Fühlen)	Kognitive Konstrukte, Ziele bzw. dominanter Verarbeitungsstil (z. B. Denken vs. Fühlen)	Die kognitiven Konstrukte bzw. die das Verhalten bestimmenden Stile
Rogers, Deci/Ryan Humanismus (7: ins Selbst integrierte „Motive")	Selbstkongruenz: Ausmaß, in dem Erleben und Handeln persönlichen Sinn ergeben	Die zur Verwirklichung von Selbstbestimmung wichtigen Bedürfnisse	Selbstwerdung: Integration aller Lebenserfahrungen in ein kohärentes Selbst

Abbildung 4: 7 Ebenen der Persönlichkeit (Nachbau der Darstellung von Kuhl 2010b, S. 431)

In Kap. 5.2 wurde kurz auf die sieben Systemebenen eingegangen. Der folgende Text von Heiko Frankenberg versucht noch einmal ein praktischeres Verständnis zu schaffen:

Auch wenn die sieben Systemebenen auf den ersten Blick zunächst sehr theoretisch oder abstrakt wirken mögen, so bietet jedoch die Aufteilung der Persönlichkeit in diese sieben Ebenen bei der Betrachtung der Gründe, die bei der Wahl eines Studienfachs eine Rolle gespielt haben, oder auch, warum eine Studentin bzw. ein Student bei dem Umgang mit den Anforderungen eines Studiums unterschiedlich gut zurechtkommt, eine schnelle und alltagstaugliche, aber gleichzeitig differenzierte Betrachtungsmöglichkeit der einzelnen Faktoren.

In Anlehnung an die Schüler-Beispiele von Julius Kuhl (vgl. Kuhl, 2010b, S. 27–30) schauen wir uns einmal auf den unterschiedlichen Ebenen an, welche Quellen die Gefühle und die Motivation einer sehr engagierten Studentin speisen. Und vergleichen wir dabei auch die Faktoren, die zu Schwierigkeiten bei einem ihrer Kommilitonen geführt haben, der sich immer wieder entschieden dagegen wehrt, von seinem Umfeld oft vorschnell als „faul“ abgestempelt zu werden.

Die Studentin hat gelernt stets gewissenhaft ihre Pflicht zu tun. Aus der allgemeinen Gewohnheitsbildung (1) heraus geht sie die anstehenden Aufgaben zügig nach der Uni an, da sie schon seit ihrer Schulzeit die Angewohnheit entwickelt hatte, gleich sofort an den Schreibtisch zu gehen und unmittelbar anzufangen. Sie muss eigentlich gar nicht mehr großartig darüber nachdenken, ihr ist das einfach in Fleisch und Blut übergegangen, zumindest braucht sie somit nicht erst auf den richtigen Kick zu warten, der sie endlich antreibt. Dagegen hat ihr Kommilitone schon damals nur wenige Gewohnheiten ausgebildet, die das Lernen und die dafür nötige Selbstorganisation unterstützen. Meist verzettelt er sich im Kleinkram oder wenn die Lust zum Anfangen fehlt, dann lässt er sich hin und wieder doch schon recht gern ein bisschen ablenken. Vielleicht bekommt er etwas später noch mal den richtigen Dreh.

Die Studentin war schon als Baby ein Energiebündel und auch später im Kindergarten sagte man ihr nach, sie habe ein recht lebhaftes Temperament (2). Allerdings äußerte sich ihr Temperament nicht in Form einer ständigen Ungeduld oder gar Überdrehtheit, sondern sie war schon als kleines Mädchen stets mit wachem Interesse und viel Neugier dabei, wenn es etwas zu entdecken gab. Angst kannte sie kaum und wurde auch nicht so schnell müde, wenn sie sich mit etwas auseinandersetze. Im Grunde hat sich daran bis heute, wo sie nun inzwischen studiert, fast nichts geändert. Ihrem Kommilitonen fehlt es jedoch irgendwie an Handlungsenergie. Er weiß selbst eigentlich auch gar nicht so genau, warum das so ist. Was er aber weiß bzw. woran er sich schmerzlich erinnern kann, das ist, dass damals schon beim Sportunterricht der Lehrer ihm nicht nur einmal ziemlich lauthals hinterhergerufen hatte, dass man ihm doch glatt die Schuhe beim Laufen besohlen könne, wenn er sich nicht mal bald etwas mehr anstrengen würde und langsam in die Hufe käme.

Dieses Erlebnis tat weh. Daher kann man sich bei dem Studenten gut vorstellen, dass die Anreizbedingungen, was einzelne Lehrer oder Fächer angeht, eher negativ oder zumindest nicht hinreichend positiv besetzt sind. Affektive Bindungen zu Objekten, Personen, Situationen etc. leiten uns zum großen Teil unbewusst an, etwas eher aufzusuchen oder es zu vermeiden. Dies hängt natürlich von Erfahrungen ab, die wir jeweils damit gemacht haben, also welche Affekte (3) dies bei uns ausgelöst hat. Leider war neben Sport auch die Mathematik ein Schulfach, was unseren Studenten in seiner Schulzeit regelmäßig überforderte. Da in seinem Studiengang nun Statistik ein Pflichtkurs ist, ruft das selbstverständlich keine übermäßige Begeisterung hervor. Außerdem kommen auch ein wenig alte Ängste hoch, genau hier auch wieder kaum folgen zu können. Unsere Studentin hatte sich bereits vor der Aufnahme des Studiums sehr intensiv über die zu belegenden Kurse informiert und hatte bei den meisten Kursen ein gutes Gefühl, diese inhaltlich später wohl gut bewältigen zu können. Jedenfalls lösten bei ihr bestimmte Inhalte nicht gleich Aversionen aus, sondern eher Vorfreude auf das, was im Studium wohl Spannendes kommen mag.

Bewältigt hatte damals unsere Studentin auch den allgemeinen Schulstress häufig recht gut. Aufgrund des erfolgreichen Durchstehens der herausfordernden Phasen, vor allem in der Zeit der Abiturprüfungen, hatte sie für sich im Rückblick eine eher stärkende statt schwächende Stressreaktion (4) erlebt. Unser Student war und ist dagegen chronisch gestresst. Leider erfuhr er eine frühkindliche Traumatisierung, die mit schweren, familiären Konflikten in Verbindung steht. Er wuchs in den ersten Jahren in schwierigen Verhältnissen auf. So sehr er selbst in vielen Fällen durchaus eine Anfangsmotivation verspürt und für einige Dinge sogar Talent besitzt, so wenig hilft es ihm leider in dem Moment, wo Durchhalten und eine gewisse Portion an Stressresistenz von ihm abverlangt werden. Er fühlt, dass er da einfach eine ganz andere Basis besitzt, die vielleicht weit weniger belastbar ist, als bei anderen Mitstudierenden.

Es klang zum Teil schon bei den Affekten (Ebene 3) der positive Anreiz an, den die Studentin mit dem Studium verbindet. Wenn man sie ein wenig über sich reflektieren und in sich hineinfühlen lässt, so fällt ihr selbst auf, dass sie häufig stark auf Situationen anspricht, in denen sie die eigenen Fähigkeiten verbessern kann, vor allem dann, wenn sie sich spontan dazu entscheiden kann. Ebenso schöpft sie meist während des Zusammenseins mit anderen Menschen viel Kraft, sei es in geselligen Situationen oder auch im sehr persönlichen Austausch. Allgemein fällt es ihr sowieso recht leicht, Kontakte aufzubauen. Es handelt sich hierbei sowohl um das emotional verankerte Leistungsmotiv wie auch um das Anschlussmotiv (5). Unser Student dagegen hat zwar vielleicht wenige, aber durchaus klare Leistungsziele, allerdings sind diese oft nicht hinreichend emotional unterfüttert, das bedeutet, sein unbewusstes Leistungsmotiv ist sehr wahrscheinlich schwach entwickelt, weil er in der frühen Kindheit wenig positive Erfahrungen mit dem selbstständigen Meistern von Schwierigkeiten gemacht hat. Wir wissen ja bereits, dass er keine einfache Kindheit hatte und ihm später die Schulzeit ebenfalls nicht immer die Erfolgserlebnisse bescherte, die ihm vielleicht zeitweise gutgetan hätten.

Wie gesagt, an klaren Leistungszielen mangelt es nicht bei unserem Studenten. Doch er hat dabei für sich selbst nicht so gut gelernt, Ziele zu wählen und festzusetzen, mit denen er sich genügend identifizieren kann. Dazu kommt manchmal noch, dass ihm einige seiner Überzeugungen (gerade im Leistungsbereich) das Leben zusätzlich schwer machen. Er glaubt fest daran, wenn Leistung ernsthaft von ihm gefordert wird, dass er dann nichts zustande bringen könne. Es müsse schon Spaß machen und irgendwie sich mehr spontan ergeben, dann sei das alles kein Problem. Unsere Studentin hat hingegen viele Ziele und sieht für deren Lösung ebenfalls viele adäquate Handlungsmöglichkeiten bei der Umsetzung. Für sie muss nicht unbedingt die Situation erst günstig sein, damit sie ihre Leistung zeigen kann. Sie hält ihren Leistungswillen zwar nicht gänzlich für unersättlich, doch sie sucht sich schon recht gerne die ziemlich schweren Aufgaben heraus, wenn sie ganz bewusst wählen darf bzw.

soll. Hierbei handelt es sich bei unseren beiden Studierenden neben den bewussten Zielen auch um das kognitiv elaborierte Leistungsmotiv (6).

Wie wir bisher bei unserer Studentin gesehen haben, waren die vorherigen sechs Systemebenen bezogen auf die Anforderungen, die ein Studium mit sich bringt, schon jeweils recht gut aufgestellt. Zudem kann sie auf der siebten Ebene darüber hinaus eine gute Selbststeuerungskompetenz vorweisen, mit der sie alle ihre kognitiven, emotionalen und motivationalen Ressourcen recht gut steuert und damit je nach situativen Erfordernissen flexibel nutzbar macht, sodass man bei ihr auch übergreifend von einem selbstgesteuerten Leistungsmotiv (7) sprechen kann. Dagegen fehlen unserem Studenten auch auf dieser Ebene ausgleichende Selbststeuerungskompetenzen, die es ihm unter Umständen sogar ermöglichen könnten, beispielsweise Misserfolge auch einmal als Lernhilfe zu nutzen, statt sich von ihnen wie schon so oft lähmen zu lassen und sich mal wieder in den bisherigen negativen Erfahrungen bestätigt zu sehen.

Zu unseren beiden Studierenden sei abschließend an dieser Stelle gesagt, dass die Darstellung der Persönlichkeitseigenschafen und Fähigkeiten der Studentin hier natürlich sehr einseitig positiv und beim Studenten durchgängig negativ war, doch selbstverständlich würden wir normalerweise wohl in den aller seltensten Momenten auf solche Fälle in dieser Reinform treffen. Vielmehr soll die Beschreibung der beiden Studierenden eine Idee davon vermitteln, welche förderlichen oder weniger förderlichen Faktoren jeweils auf jeder der sieben Systemebenen in unterschiedlicher Form vorzufinden sein könnten. Es soll ebenso aufgezeigt werden, dass es durch diese Herangehensweise recht schnell und einfach möglich wird, wesentlich gezielter potenzielle Problembereiche zunächst einmal zu erkennen und einzukreisen. Durch die Identifikation von besonderen Konstellationen, die z. B. vielleicht nur eine bestimmte Systemebene betreffen, können in Bezug auf diese Erkenntnisgrundlage anschließend weit fokussierter und somit oft auch viel ökonomischer zielführende Hilfemaßnahmen angeboten werden, statt mit dem Gießkannenprinzip arbeiten zu müssen.

Wie die exemplarische Darstellung zeigt, bieten die sieben Ebenen der Persönlichkeit ein Raster, in welchem sich Verhalten auf sehr unterschiedlichen Grundlagen interpretieren lässt (siehe dazu auch Abb. 5). Hier eröffnet sich ein Raum zur Generierung von Hypothesen in einem Beratungsgespräch. So können einseitige oder zu vorschnelle Begründungszusammenhänge vermieden werden und mit der systematischen Betrachtung aller Persönlichkeitsebenen eine Suche nach maßgeblichen Einflussfaktoren auf das Verhalten begonnen werden. Hier zeigt sich ein praktischer Mehrwert für die Beratung (vgl. Kapitel 7). Gleiches gilt für das nachfolgende Symptomentstehungsmodell.

6.2 Das Symptomentstehungsmodell

In Rückbezug auf die grafische Veranschaulichung und die Beschreibungen, die bereits von Kuhl (2001, S. 988–992) und später noch einmal von Kuhl und Alsleben (2009, S. 21–23) dargelegt wurden, sollen im Folgenden die systemischen Zusammenhänge der Symptomentstehung mithilfe einer Schilderung von Heiko Frankenberg erläutert werden. Dieses Modell liefert ebenso wie das Ebenen-Modell eine wertvolle Verständnisgrundlage für das Auftreten von Stress und Symptomen. Dies wiederum kann Fragen in Beratungssettings einen hypothesengeleiteten Rahmen liefern.

Beginnend bei den Symptomen (siehe Kasten 1 in der Abb. 5) möchten wir – mithilfe des Symptomentstehungsmodells nach Kuhl – einen Blick auf die immer tiefer liegenden Ursachen werfen, die jeweils auch durch unterschiedliche Einzeltests der TOP-Diagnostik erfasst werden können.

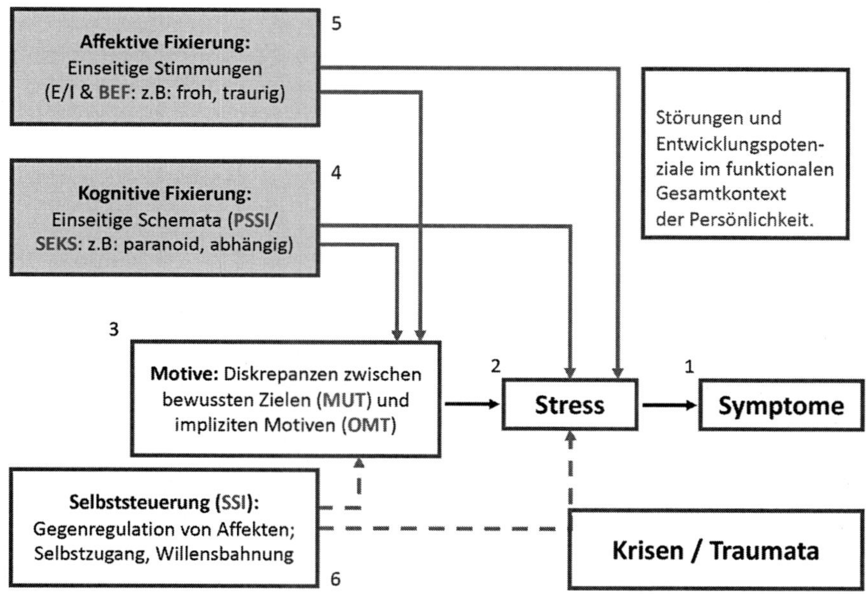

Abbildung 5: Symptomentstehungsmodell (Quelle Kuhl, Alsleben 2009, S. 22; Nummern eigene Bearbeitung)

Selbstverständlich können Symptome verschiedene Ursachen haben, dennoch dürfte es heutzutage als unstrittig gelten, dass Stress (siehe Kasten 2 in Abb. 5) das Risiko erhöhen kann, im äußersten Fall eine psychische Erkrankung zu entwickeln oder zumindest wie hier das Studium abzubrechen bzw. nicht zu bestehen. Dabei ist zu beachten, dass es sich durchaus um Faktoren handelt, die eher als verborgene Stressoren angesehen werden können, die meist von Außenstehenden sowie auch von Betroffenen selbst zum Teil gar nicht bewusst wahrgenommen werden (vgl. Kuhl 2001, S. 989).

Gehen wir weiter in der Verursachungskette (siehe Kasten 3 in Abb. 5), so ist zu erkennen, dass die Diskrepanz bzw. die Übereinstimmung von bewussten und unbewussten Motiven eine zentrale Rolle einnimmt. Motive helfen uns dabei, grundlegende Bedürfnisse zu befriedigen, und durch Motivdiskrepanzen kann es zur Frustration eben dieser Bedürfnisse kommen. Diese Diskrepanzen entstehen wiederum, wenn wir zum Beispiel gar nicht richtig bei uns selbst spüren, was wir (eigentlich) unbewusst brauchen und im Sinne der Bedürfnisbefriedigung anstreben, sondern ständig Ziele formulieren und verfolgen, weil wir deren Erreichen auf der bewussten Ebene für ein wichtiges Bedürfnis halten.

Der erwähnte Zielfokus hängt seinerseits von der Ausprägung von Denkmustern und kognitiven Stilen ab (siehe Kasten 4 in Abb. 5), die sich im Rahmen der persönlichen Entwicklung einer Person etabliert haben. Dieser Umstand hat vor allem dann einen besonderen Einfluss auf den Grad der Übereinstimmung bei den Motiven, wenn diese Muster und Stile sehr einseitig und wenig flexibel sind. Kuhl beschreibt dies im Manual zur TOP-Diagnostik (Kuhl, Alsleben 2009, S. 21): „Wenn jemand z. B. zu einseitig auf analytisches Denken festgelegt ist, kann er mit der Zeit den Zugang zu seinen Gefühlen und Bedürfnissen verlieren, weil die linke Hemisphäre des Gehirns, die das analytische Denken unterstützt, viel weniger als die rechte Hemisphäre mit Gefühlen und dem autonomen Nervensystem vernetzt ist (Kuhl 2001).“ Auch jemand, der durch seinen Persönlichkeitsstil eher auf Offenheit, Herzlichkeit und vielleicht auch auf ein eher spontan-impressionistisches Verhalten festgelegt ist, mag eventuell frustriert werden, wenn eine Situation zum Beispiel im Leistungsbereich (inkl. Bedürfnisse, Motive, Ziele) verstärkt Planung und Verbindlichkeit erfordert (vgl. Kuhl 2001, S. 990).

Der weiteren Sequenz in der Verursachungskette ist zu entnehmen (siehe Kasten 5 in Abb. 5), dass wiederum die kognitiven Einseitigkeiten durch affektive Einseitigkeiten beeinflusst werden, die oft sogar bereits in der frühen Kindheit entstehen (Beispiel: Mutter-Kind-Interaktion; vgl. Keller 1997; Papoušek & Papoušek 1987). Die unterschiedlichen Konstellationen von affektiven Ausprägungen, wie sie durch die Modulationsannahmen in der PSI-Theorie beschrieben werden, prägen die jeweiligen Aktivierungszustände der vier Makrosysteme und somit einerseits entsprechend die Art der Informationsverarbeitung wie auch andererseits die Form der Handlungsweisen. Eine ausführliche Darstellung der einzelnen Persönlichkeitsstile, die sich auf dieser Basis beschreiben lassen, würde den Rahmen dieses Exkurses deutlich sprengen. Daher sei an dieser Stelle auf die weiterführende Literatur zur Vertiefung verwiesen (z. B. Kuhl 2001).

Gehen wir noch einmal einen Schritt weiter beim Nachvollzug der Verursachungskette, stoßen wir nun auf das Thema der Selbststeuerung (siehe Kasten 6 in Abb. 5). Es kommt jetzt darauf an, ob wir hier eher eine Kompetenz oder eher ein Defizit auffinden. Durch eine gut ausgeprägte Selbststeuerungskompetenz können mögliche Folgen von affektiven und kognitiven Einseitigkeiten aufgefangen werden, da die einseitigen Neigungen letztlich nur die sogenannte Erstreaktion einer Person auf neue Situationen bestimmen. Haben wir allerdings ein Selbststeuerungsdefizit vorliegen, so ist die Wahrscheinlichkeit erhöht, dass der emotional-kognitive Umgang mit der neuen Situation eventuell einen für die betreffende Person ungünstigeren Verlauf nimmt und spürbar bestehen bleibt; z. B. verlängertes, belastendes Grübeln, obwohl man lieber aus dem „Gedankenkarussell“ aussteigen möchte.

Im Rahmen der TOP-Diagnostik lassen sich, wie bereits dargestellt, grundsätzliche bewusste und unbewusste Motiv-Übereinstimmungen oder -Diskrepanzen wie auch die von den kognitiven und affektiven Einseitigkeiten mit beeinflussten Umsetzungsformen der Motive über den MUT (Motivumsetzungstest; bewusst) und über den OMT (Operanter Motivtest; unbewusst) erfassen. Die Ausprägungen der Persönlichkeitsstile lassen sich den Ergebnissen des PSSI (Persönlichkeitsstil- und Störungsinventar) und des SEKS (Skalen emotionaler und kognitiver Stile) entnehmen. Die Betrachtung von eventuell vorhandenen affektiven Fixierungen wird durch den BEF (Befindlichkeitsfragebogen; bewusst) und durch den IMPAF (ein Test für die unbewussten Affekte bzw. Befindlichkeiten) ermöglicht. Die Erfassung der Selbststeuerungsfähigkeit geschieht über das SSI (Selbststeuerungsinventar). Stressfaktoren und Symptome können bei Bedarf auch noch durch die BES (Beschwerdeskalen) und zusätzlich durch die SCL (Symptomcheckliste) näher analysiert werden, wobei die SCL nicht im engeren Sinne zur eigentlichen TOP-Diagnostik gehört, das heißt, nicht von Prof. Kuhl selbst entwickelt wurde.

7 Praktische Anwendungsmöglichkeiten

Im zweiten Zwischenfazit wurden mögliche Anwendungsgebiete und Anwendungsfälle angesprochen. Diese werden im Folgenden noch näher ausgeführt. Sie stellen eine weiterführende Sammlung von Ideen auf Basis der vorliegenden Studie und den dazugehörigen theoretischen Überlegungen dar. Neben der praktischen Erprobung bieten die genannten Anwendungsgebiete insbesondere auch Möglichkeiten der weiterführenden empirischen Erforschung.

7.1 Anwendung in der Beratung Studieninteressierter

Die Studienwahl stellt für viele Abiturienten und Abiturientinnen eine Herausforderung dar. Das Bewusstsein eigener Stärken und Schwächen und damit auch Wissen über eigene Motivlagen kann dabei hilfreich sein. Praktische Anwendungsmöglichkeiten der Motivtheorie und der Motivtests ergeben sich dabei in Fragebogen- oder Testtools in Online-Self-Assessments (OSA), als genuines Selbstreflexionsinstrument und natürlich als Hintergrundtheorie in der Studienberatung selbst.

7.1.1 Anwendung in Fragebögen und Tests

Wie schon erwähnt, gibt es zwei in Deutschland weiterverbreitete Selfassessments für Lehramtsinteressierte: *CCT* und *FIT*.

Beim Career Counseling for Teachers (CCT) handelt es um ein gefördertes EU-Projekt von Wissenschaftlern und Wissenschaftlerinnen aus Deutschland (Nieskens), Österreich (Mayr, Müller) und der Schweiz (Gutzwiller-Helfenfinger, Zopfi). Diese entwickelten Fragebögen zur Selbstreflexion für Interessierte am Lehramtsstudium. Ein Verfahren zielt auf die Lehrkraftpersönlichkeit ab. Anhand von Adjektiveinschätzungen werden drei für das Lehramt als relevant beschriebene Persönlichkeitseigenschaften abgebildet. Diese sind Kontaktbereitschaft, Stabilität und Selbstkontrolle (vgl. Brandstätter, Mayr 1994: Lehrer-Persönlichkeits-Adjektivskalen (LPA)). Hierbei weist das Kontaktstreben durchaus Parallelen zum Anschlussmotiv auf. In einem weiteren Verfahren, dem Interessenfragenbogen (vgl. Mayr 1998a), werden verschiedene Interessendimensionen abgebildet, welche den Lehrberuf prägen. Diese lauten: Unterricht gestalten, soziale Beziehungen fördern, auf spezifische Bedürfnisse eingehen, Verhalten kontrollieren und beurteilen, mit Eltern und Kollegen und Kolleginnen zusammenarbeiten und sich fortbilden. Auch hier finden sich Parallelen zu Basismotiven: Anschluss (Soziale Beziehungen fördern, auf spezifische Bedürfnisse eingehen, mit Eltern und Kollegen und Kolleginnen zusammenarbeiten), Leistung (sich fortbilden), Macht (Unterricht gestalten, auf spezifische Bedürfnisse eingehen, Verhalten kontrollieren und beurteilen), Freiheit (Unterricht gestalten, sich fortbilden). Wie an der Zuordnung zu erkennen ist, sind manche dieser Dimensionen nicht trennscharf zuzuordnen, hier könnte ein Motivtest darüber hinausgehendes Reflexionspotenzial haben. Auch bilden die Dimensionen nicht alle Motivaspekte (Motivumsetzungen) ab. In Anbetracht der ergiebigen Diskussion der idealen Motivkonstellation für Lehrer:innen im Allgemeinen und der Rolle des Machtmotivs im Besonderen erscheint es lohnenswert, die Selbstreflexionstools des CCT um Basismotive zu erweitern.

Der Fragebogen „Fit für den Lehrerberuf?!" (FIT-L) (Herlt, Schaarschmidt 2007) fand weite Onlineverbreitung und wurde von vielen Lehramtsstudienberatungen neben dem CCT empfohlen (revidierte und aktualisierte Version des Fragebogens vorhanden: FIT-L (R)). Auch hier handelt es sich um ein Selbstreflexionsinstrument; dabei werden in einem Fragebogen Einschätzungen zu 11 relevanten Anforderungsmerkmalen des Lehrberufs erhoben. Diese Merkmale gliedern sich in drei Bereiche:

1. Widerstandskraft und Bewältigungsverhalten (Emotionale Stabilität, Stressresistenz und Flexibilität, Fähigkeit zum rationellen Arbeiten, Erholungs- und Entspannungsfähigkeit, Anstrengungs- und Entbehrungsbereitschaft)
2. Sozial-emotionales Engagement (Wahrnehmung sozialer Verantwortung, Freude an der Arbeit mit jungen Menschen, Warmherzigkeit und soziale Aufgeschlossenheit)
3. Grundlegende Fähigkeiten (Motivierungsfähigkeit, didaktisches Geschick und sprachlicher Ausdruck, Sicherheit im Auftreten).

Neben anderen Persönlichkeitseigenschaften (bzw. Interessen und sozialen Kompetenzen) lassen sich hier ebenso Parallelen zu Motiven herstellen: Leistung (Anstrengungsbereitschaft), Macht (Wahrnehmung sozialer Verantwortung, Freude an der Arbeit mit jungen Menschen) und Anschluss (Freude an der Arbeit mit jungen Menschen, Warmherzigkeit und soziale Aufgeschlossenheit). Auch hier sind die Motive nicht direkt und vor allem nicht vollständig abgebildet. So ist es eine weite Interpretation, Anstrengungsbereitschaft in Richtung einer Leistungsverbesserung zu interpretieren (auch andere Motive setzen Anstrengungsbereitschaft voraus) oder so zeigt sich auch hier, dass die Freude an der Arbeit mit jungen Menschen eben nicht eindeutig und einfach zugeordnet werden kann. Ein ergänzendes Motivtestverfahren bzw. eine Motivreflexion könnten auch hier helfen, den Kern der Merkmalsdimensionen zu deuten bzw. vertieft zu reflektieren.

Diesen Ansätzen (insbesondere dem CCT) folgt das Projekt Lehramtskompass in Sachsen. Neben der Überprüfung der Passung von Interessen und Fähigkeiten zum Lehrberuf wird das Ziel verfolgt, die Entwicklung überfachlicher Studien- und Berufsvoraussetzungen kontinuierlich zu reflektieren. So kann das Instrument auch studienbegleitend für die selbstgesteuerte Kompetenzentwicklung genutzt werden. Die Beachtung von Motiven und deren Passung zur aktuellen Studien- bzw. Berufssituation könnte eine wertvolle Ergänzung eines solches Tools darstellen.

Neben den genannten lehramtsspezifischen Tests und Fragebögen finden sich auch allgemeine Studienwahltests. Eines der umfassendsten Instrumente stellt dabei das Selbsterkundungstool der Bundesagentur für Arbeit („Check-U") dar, welches auf dem Studifinder NRW basiert. Neben Testverfahren zu Fähigkeitsbereichen und Interessentests beinhaltet das Selbsterkundungstool auch Verfahren zu sozialen Kompetenzen. Dabei werden verschiedene Persönlichkeitseigenschaften durch verschiedene Ratingskalen selbst eingeschätzt, u. a. werden dabei auch Aussagen zu Bildimpulsen abgefragt. Insbesondere letzteres Verfahren zielt dabei auf Motivstrukturen ab und ähnelt dem MMG (Multi-Motiv-Grid). Am Ende des Testverfahrens erhält der/die Teilnehmer:in seine Einschätzung im Normvergleich auf einer Skala von 1–100. Einige der aufgeführten Persönlichkeitsmerkmale bzw. sozialen Kompetenzen lassen sich direkt bzw. indirekt auf Basismotive beziehen:

- direkt (Führungsmotivation – Macht, Kontaktstreben – Anschluss, Leistungsmotivation – Leistung)
- indirekt (Durchsetzungsfähigkeit – Macht, Einfühlungsvermögen – Anschluss/Macht, Hilfsbereitschaft – Anschluss/Macht, Streben nach sozialer Akzeptanz – Anschluss, Teamorientierung – Anschluss, Überzeugungsfähigkeit – Macht, Verantwortungsbereitschaft – Macht)
- weitere (Emotionale Stabilität, Konfliktbereitschaft, Selbstsicheres Auftreten, Sorgfältiges Arbeiten, Spontane Handlungsbereitschaft, Stressresistenz)

Da es sich im Gegensatz zu MUT/OMT um ein kostenloses Verfahren handelt, könnte das Selbsterkundungstool diesbezüglich Anwendung in preissensiblen Beratungen bzw. in Hochschulseminaren finden. Im Gegensatz zu MUT/OMT lässt sich anhand der direkten Skalenwerte jedoch zunächst nur eine bewusste Motivstärke festmachen, gerade die entscheidende Diskrepanz zwischen bewussten und unbewussten Motivstärken fehlt dabei. Auch das Freiheitsmotiv ist nicht zu finden. Für die tiefergehende Analyse sind die Umsetzungsmodi entscheidend, diese sind nur in den PSI-basierten Tests enthalten. Dennoch zeigt der Bezug zu Motiven in einem so umfassenden Verfahren wie dem Selbsterkundungstool der Bundesagentur für Arbeit, dass Motive in der Studienwahl immer mehr Beachtung finden. Über die Idee der Messung bzw. Reflexion von Motiven in Tests hinaus bieten Sie daher, auch ohne Testung, einen guten theoretischen Rahmen für Beratungsgespräche.

7.1.2 Motive in der Studienberatung

Die sieben Ebenen der Persönlichkeit nach Kuhl, vor allem die vier Persönlichkeitssysteme und die Motive, bieten ein spannendes Gedankengerüst für die Generierung von Fragen in der Studienberatung (vgl. Exkurs: Die PSI-Theorie als Basis für Hypothesen in der Beratung). Auch lassen sie sich, dem Ansatz der systemischen Beratung folgend, für die Bildung von Hypothesen heranziehen und können damit den eigenen Fragen eine Struktur geben. Die Antworten auf Fragen zu guten und motivierenden biografischen Erfahrungen lassen sich mit dem Hintergrundwissen über Basismotive einordnen. Dabei ergibt sich die Möglichkeit, die Motivtheorie im Beratungssetting zu erklären und gemeinsam mit den Klienten und Klientinnen in eine vertiefe Analyse einzusteigen. Insbesondere bei der Wahl des Lehramtsstudiums kann man so über allgemeine und sozial anerkannte Berufswahlmotive (Arbeit mit Kindern und Jugendlichen, finde das Fach spannend etc.) hinausgehen. Dabei kann, wie in der Studie gezeigt, vor allem ein differenzierter Blick auf das Machtmotiv von Gewinn sein.

Was bedeutet das konkret? Welche Fragen könnten in Bezug auf Motive gestellt werden und wie lassen sich Antworten einordnen? Hierzu ein paar Beispiele:

Eine übliche Frage könnte sein: Haben Sie schon einmal Erfahrungen mit dem Unterrichten sammeln können? Mögliche Antworten oder Antwortszenarien darauf könnten sein: Nachhilfe geben, Trainertätigkeiten im Sportverein, ein Praktikum etc. Im Anschluss ist es angebracht, sich die Tätigkeit genauer erklären zu lassen, um dann die Frage zu stellen: Wie sehr hat Sie dies in dieser Situation motiviert (i. s. v. befriedigt)? Was genau hat Sie daran motiviert? Hier kann man, auch gemeinsam mit den Klienten und Klientinnen, die Antworten einordnen, z. B. wenn vor allem Aktivitäten in der Arbeit mit Kindern und Jugendlichen betont werden (reden, was unternehmen, spielen, etc.), dann könnte dies für ein hohes Anschlussmotiv sprechen. Wenn eher von der positiven Erfahrung gesprochen wird, eine gute Erklärung zu finden oder das eigene Wissen/die eigenen Fähigkeiten zu zeigen, spricht dies eher für ein Leistungsmotiv. Vor allem, wenn das Erklären mit dem Ziel verbunden wird, die eigenen Fähigkeiten, das eigene Wissen zu steigern bzw. die didaktischen Kompetenzen zu steigern. Liegt der Schwerpunkt eher auf dem „etwas beibringen" und „bei Problemen zu helfen", vielleicht sogar auf erzieherischen Themen, spricht dies für ein Machtmotiv. Sprechen die Klienten und Klientinnen eher über die Freude an der kreativen Planung und Entwicklung von neuen Aufgaben und der selbstbestimmten Arbeit, kann ein Freiheitsmotiv angezeigt sein. Wichtig dabei ist nicht primär die Idee, dass es möglich sei, Berufswahlmotive eins zu eins zu Motiven zuzuordnen, sondern über den Kern der Berufswahlmotive nachzudenken, zu abstrahieren und zu fragen, welche tieferliegenden Aspekte zu finden sind. Fragen Sie, inwieweit Ihre Deutung mit den Erfahrungen der Klienten und Klientinnen übereinstimmt und ob dies auch für andere Bereiche gilt. Anschließend können Sie die Frage stellen, inwieweit die Klienten und Klientinnen glauben, dass die Situation des Lehramtsstudium und die des Lehrberufs Situationen bereithalten, die genau für diese motivierenden Punkte sprechen. Dies kann, insbesondere auch zur Wahl der Schulform und Fächer, wertvolle Erkenntnisse hervorbringen. Neben der offensichtlichen Frage nach Erfahrungen im Unterrichten können Sie auf diese Weise auch allgemeiner fragen: Warum sind Sie in der Kinder- und Jugendarbeit (Sportverein, Vereine, Kirche etc.) aktiv? Was motiviert Sie daran? Wann haben Sie mit Kindern und Jugendlichen zu tun? Was machen/unternehmen Sie mit Ihnen? Was macht Ihnen dabei Spaß/motiviert Sie? Wichtig ist dabei auch die Differenzierung von Settings: Arbeiten/Unterrichten Sie lieber mit einzelnen Kindern/Jugendlichen oder lieber mit Gruppen? Was bereitet Ihnen jeweils Freude? Fällt es Ihnen oder ihren Klienten und Klientinnen schwer, auf diese Form der Selbstreflexion einzusteigen, oder bereitet die Einordnung der Antworten Unsicherheit, könnte dies der Anlass sein, eine vertiefende Testdiagnostik in Betracht zu ziehen. Es ist aber zu vermuten, dass allein die etwas andere Art des Fragens bzw. Nachfragens schon neue Selbstreflexionsprozesse auslöst, welche das genuine Ziel einer gesprächspsychologischen oder systemisch orientierten Studienberatung darstellen. Solche Frageimpulse lassen sich auch in Form von Selbstcoachingaufgaben mitgeben (für Klienten und Klientinnen, die im Gesprächssetting gehemmt sind oder mehr Zeit brauchen, bzw. allgemein zunächst keine Beratung aufsuchen, bzw. als Vorbereitung auf eine Beratung).

7.1.3 Als Übung im Rahmen des ZRM

Beim Züricher-Ressourcenmodell (ZRM)[18] handelt es sich um ein Trainingsprogramm zur Entwicklung von Selbst- und Sozialkompetenz (Storch, Krause 2014). Die ursprüngliche Zielgruppe des Programms waren angehende Lehrkräfte, weshalb es für den hier ausgeführten Kontext genuin anwendbar ist. Grundlagen des ZRM sind die Erkenntnisse aus neurowissenschaftlicher Forschung (u.a. somatische Marker nach Damasio), Beratungsansätze aus verschiedenen psychotherapeutischen Schulen (hier wird der integrative Ansatz von Grawe weiterverfolgt) und die integrative Persönlichkeitstheorie von Kuhl. Kernidee innerhalb von Theorie und Praxis stellt der Rubikon-Prozess dar, in dessen Ablauf die Ressourcen des Klienten oder der Klientin mit positiven somatischen Markern verbunden werden sollen. Dabei werden fünf Schritte vollzogen. Als erstes werden über Bilder (Assoziationen) bedeutsame Themen getriggert und durch die Gruppe gesammelt, anschließend wird eine eigene Auswahl aus diesen getroffen. Als zweites werden innerhalb des Themas handlungswirksame Ziele definiert. Diese sollen positiv formuliert und allein kontrollierbar sein sowie positive Gefühle (somatische Marker) hervorrufen können. Im dritten Schritt wird dieses Ziel an eine Körperwahrnehmung gebunden (Embodiment), um es immer wieder einfach reaktivieren zu können und so in Handlung umsetzen zu können. Im vierten Schritt geht es darum, das Ziel in konkrete Teilziele zu zerlegen sowie daran anknüpfende Handlungen und nötige Ressourcen zu identifizieren. Der fünfte und letzte Schritt bezieht sich auf eine Übertragung ins alltägliche Handeln – hier hilft die soziale Reaktivierung durch eine Gruppe, Tandems, privates Umfeld oder Einzelcoachings.

Das ZRM bietet ein erprobtes Handlungsprogramm, welches in Workshops mit Studierenden gelehrt und eingeübt werden kann. Auch in Einzelberatungen oder Kleingruppenworkshops kann es helfen, an Motivationsproblemen im Studium zu arbeiten. Wesentliche Methoden des ZRM basieren auf der PSI-Theorie. Ein Werk, das zur individuellen Vertiefung der Grundlagen geeignet ist, stellt das Buch „Die Kraft aus dem Selbst“ von Storch und Kuhl dar (Storch, Kuhl 2013). Eine Übertragung auf den Schulkontext in der Arbeit mit Kindern und Jugendlichen ist das Programm „Ich pack's“ (Nussbaum, Storch 2018).

7.1.4 Als Selbstreflexionsübung

Wie angedeutet, lassen sich die Ideen der Basismotive auch in Form von Selbstreflexionsübungen gestalten. Ein diesbezügliches Beispiel bietet das Arbeitsbuch „Mit den richtigen Fragen zum richtigen Studium“, welches ein weiteres Werk des an diesem Buch beteiligten Autors Grüneberg (2019) ist. Darin werden den Oberstufenschülern und -schülerinnen zunächst auf vereinfachte Weise die Grundzüge der Motivtheorie

18 vgl. auch https://zrm.ch/ [16.02.2022]

und ihre Beziehung zur Motivation verdeutlicht (ähnliche Erklärungen bieten sich für Studienberatungsgespräche und Auswertungsgespräche an):

> „Für deinen beruflichen Weg und das Studium brauchst du auch eine gehörige Portion Motivation. Worauf basiert diese eigentlich? Was sind eigentlich Motive und was haben Sie mit Motivation zu tun? Julius Kuhl beschreibt Motive als „intelligente Bedürfnisse" (vgl. Kuhl 2001). Diese Bedürfnisse sind sowohl unbewusst als auch bewusst tief in uns verankert. Sie basieren auf unseren individuellen Erfahrungen und bilden so ein individuelles Profil. Motive bestimmen, wie befriedigend bestimmte Handlungen und Handlungsoptionen für uns sind, man könnte sagen, wie die Energiebilanz aussieht, wenn wir etwas tun. Immer wenn wir etwas tun (auf eine Party gehen, für die Schule/Uni lernen, anderen etwas erklären), brauchen wir Energie. Wenn diese Handlung oder ihre Folgen unseren Motiven entsprechen, dann ist die Bilanz positiv. Wir haben hinterher gleich viel oder sogar mehr Energie als vorher. Wenn wir also einen Studien- oder Berufsweg einschlagen, sollten wir schauen, dass er zu unseren Motiven passt. Auch geben uns unsere Motive Auskunft darüber, woher wir, wenn wir mehr Motivation, mehr Energie brauchen, neue bekommen. Das hilft uns dann konkret uns z. B. zum Lernen fürs Abi oder Studium zu motivieren" (Grüneberg 2019, S. 48).

Anschließend wird ein allgemeiner Reflexionsimpuls gegeben: „Lehn dich zurück. Schließ die Augen und entspann dich. Geh durch den heutigen Tag, die letzten Tage zurück, denke an das Wochenende und die letzte Woche. Stell dir deine Energiekurve vor. Wann warst du voller Energie und motiviert? In welchen Aufgaben, Momenten und Themen konntest du voll aufgehen?" (Grüneberg 2019, S. 49).

Daraufhin sollen die Schüler:innen selbstständig abstrahieren: „Vergleiche diese Momente. Was waren Kennzeichen und Gemeinsamkeiten? Versuch Begriffe/Schlagwörter/kurze Stichpunkte für das, was diesen Momenten gemeinsam war, zu finden. Wie könnte man diese als Motive nennen?" (Grüneberg 2019, S. 49). Erst nach dem Aufschreiben der eigenen Begriffe folgen allgemeine Definitionen der vier Basismotive:

> „<u>Anschluss:</u> Ich bin dadurch motiviert, dass ich mit anderen Menschen in Beziehung trete, anderen sozial zu begegnen und Beziehungen zu führen, sozial eingebunden zu sein.
>
> <u>Leistung:</u> Ich bin dadurch motiviert, dass ich mich einem inneren (meinem eigenen) oder einem äußeren (Wettbewerb, Schule, Uni) Gütemaßstab stelle und meinen Rangplatz im Vergleich zu anderen erkenne oder meinen Aufgabenerfolg messe und mich als kompetent erlebe.
>
> <u>Macht:</u> Ich bin dadurch motiviert, dass ich Einfluss auf andere habe. Das meint sowohl die positive Komponente des Helfens, Beratens und Lehrens als auch die negative Komponente des Abhängigmachens, Manipulierens und Belehrens (Ratschläge erteilen). Machtmotivation zeigt sich auch darin, dass ich Spaß daran habe, eine verantwortungsvolle Position in einer Gruppe zu bekleiden und Dinge zu gestalten. Versuche sie also erst mal positiv zu sehen.

Es wird diskutiert, ob es noch ein viertes Basismotiv gibt.

> Das <u>Freiheits</u>motiv, welches die Motivation ausdrückt, frei von anderen und völlig für sich selbst zu sein, autonom zu sein" (Grüneberg 2019, S. 49 f.)

Nun folgt die schwierige Aufgabe der Selbsteinschätzung. Dabei ist, wie im Beratungssetting auch, die Konkretisierung der Situation, der Bezug auf das konkret Motivierende eines Handlungsbereiches wichtig: „Nun überlege doch einmal, wie stark du diese Motive bei dir einschätzt, wie dein Profil aussieht (1 = wenig, 10 = stark). Das geht besonders gut, wenn du für jedes Motiv konkrete Beispiele in deinem Leben findest. Vielleicht kannst du die Ideen des Gedankenexperiments nutzen und diese zuordnen. Also, was motiviert dich?" (Grüneberg 2019, S. 50). Um dies zu erleichtern werden für die vier Basismotive jeweils Beispiele gegeben:

> *Anschlussmotiv* „Zum Beispiel: Ich spiele im Fußballverein, weil ich die Kameradschaft im Team so großartig finde."
>
> *Leistungsmotiv* „Zum Beispiel: Ich freue mich über den positiven Kommentar meiner Lehrerin unter der Klassenarbeit. Ich hatte mich wirklich angestrengt." – .
>
> *Machtmotiv* „Zum Beispiel: Ich fand es klasse, dass ich letzte Woche die meisten in meinem Freundeskreis von meiner Idee, ins Schwimmbad zu fahren, überzeugen konnte." – .
>
> *Freiheitsmotiv* „Zum Beispiel: Ich habe am Wochenende eine lange Fahrradtour alleine gemacht. Das hat gutgetan." (vgl. Grüneberg 2019, S. 50 ff.).

Auch im Selbstcoachingbuch wird dann im späteren Teil in Bezug auf die Studienentscheidung die Frage gestellt, wie gut das Studium und mögliche berufliche Felder zur selbsteingeschätzten Motivrangfolge passen. Dies könnte in einem Selbstreflexion-Onlinetool (wie CCT oder Lehramtskompass) noch einmal speziell im Hinblick auf verschiedene Aspekte des Lehramtsstudium und des Lehrberufs geschehen. Was an dieser Stelle jedoch fehlt, ist die Einschätzung (Erfassung) der impliziten Motive. Darin besteht der große Mehrwert des kombinierten Einsatzes von MUT/OMT. Löst die Übung ein verstärktes Interesse an dem Thema aus, so ist über den Einsatz der Testverfahren zur Vertiefung nachzudenken. Auch zeigt sich daran, wie sehr die Übung in dem Ratgeber eine vielleicht unzulässige Vereinfachung darstellt. So konnte in der hier ausgeführten Studie gezeigt werden, dass die Zuordnung von Handlungssituationen und Beschreibungen zu den Motiven nicht trivial ist. So könnte ein/e Schüler:in zum Beispiel nennen: „Mit den Pfadfindern unterwegs sein". Dahinter könnte sich sowohl die Geborgenheit in einer Gemeinschaft (Anschluss) verbergen als auch das Lernen in der Natur und Wettkampfspiele (Leistung). Es könnte aber auch das Gefühl sein, gebraucht zu werden, Jüngeren zu helfen und Verantwortung zu übernehmen (Macht), oder ganz einfach die Freude, dem Alltag zu entfliehen und Natur zu erleben (Freiheit). Und selbst diese Begründungen könnten in ihrer Eindeutigkeit hinterfragt werden. Hinzu kommt, dass es sich sehr wahrscheinlich um eine Mischung von all diesen Begründungen handelt und es schwerfällt, eine Hierarchie zu benennen. Aus diesem Grund werden die Rater:innen für den OMT sehr genau geschult, um abstrakte Äußerungen einzuordnen. Die intuitive Alltageinordnung kann daher nur ein erster Ansatzpunkt sein.

7.2 Beratung von Studienzweiflern und Studienzweiflerinnen und Abbrechern und Abbrecherinnen

Ein besonderes Beratungsthema und wesentlicher Anlass für die Studie waren die Studienzweifel und Studienabbrüche. In einer vorherigen Studie wurden Gedanken und Emotionserleben beim Studienabbruch erforscht (vgl. Herfter et al. 2015). Als Abbruchgründe wurden u. a. benannt: fehlende Schulpraxis, organisationale Probleme, Prüfungsprobleme, zu wenig Hilfe und Beratung bei Problemen und Zweifel an der Berufswahl. Oftmals führt ein Konglomerat von Gründen zum Abbruch. Fehlende Schulpraxis kann z. B. bei ausgeprägtem Macht- und Anschlussmotiv und geringem Leistungsmotiv dazu führen, dass das Studium als wenig motivierend erlebt wird. Dies wiederum wirkt sich negativ auf das Lernen aus, was dann wieder zu Prüfungsproblemen führt. Gibt es in dieser Situation wenig Hilfe und Beratung, so entsteht ein hohes Abbruchrisiko. Umgekehrt könnte das Studium bei hohem Leistungs- und Freiheitsmotiv als sehr motivierend erlebt werden, hingegen die engen Strukturen der Schule (wenig Freiheitsgrade) und der Umgang mit leistungsunmotivierten Schülern und Schülerinnen im Schulpraktikum als wenig motivierend erlebt werden und daher zu einem Zweifel an der Berufswahl und damit auch am Studium führen. Motivationale Probleme können damit Ausdruck verschiedener Ursachen sein. Im Sinne der Basismotive lassen Sie sich oft auf Passungsprobleme der eigenen Motivlage mit Studium oder Beruf zurückführen. Hier bietet sich ein Ansatzpunkt für Beratungsgespräche mit Studienzweifelnden.

In den Auswertungsgesprächen im Rahmen der Studie wurden immer wieder Probleme zu Studienbeginn, insbesondere Motivationsprobleme, thematisiert. Auch hier wurden schon vereinzelt Zweifel am Studium geäußert. Da die Testverfahren von uns bislang nicht explizit in der Abbrechendenberatung eingesetzt werden konnten, haben wir aus den Auswertungsgesprächen sowie aus Gesprächen im Rahmen der Beratungsstelle „Zentrum für Potentialanalyse und Begabtenförderung“ an der Universität Leipzig einen Beispielfall konstruiert. An diesem Fallbeispiel lässt sich Einsatz und möglicher Nutzen einer Motiv-Diagnostik darlegen:

> Maria S. studiert im ersten Semester Lehramt (Grundschullehramt) in Leipzig. Sie sucht die Beratung aufgrund massiver Studienzweifel auf. Sie ist aus einer sächsischen Kleinstadt nach Leipzig gezogen. Ihr Abitur war im oberen Bereich, sie war immer eine gute Schülerin. Sie hat regelmäßig Nachhilfe gegeben. In der Freizeit hat sie eine Jugendgruppe in ihrem Sportverein geleitet und sonntags den Kindergottesdienst übernommen. In Leipzig hat sie bis auf eine Lerngruppe bislang wenig neue Freundschaften geschlossen, ihre Jugendliebe hat sich vor kurzem von ihr getrennt. Inhaltlich gefällt ihr das Studium, doch findet sie, dass die ganze Theorie wenig mit der Praxis zu tun hat. Es fällt ihr schwer, sich sowohl für die schwierigen Fachklausuren (Mathe) als auch für die BiWi-Klausur zu motivieren. Sie hat Angst, durchzufallen und denkt nach, das Studium zu Gunsten einer Ergotherapieausbildung in der Heimat abzubrechen. Da sie eine disziplinierte Person ist, schafft sie es dennoch, viele Stunden in ihrem Wohnheimzimmer bzw. in der Bibliothek zu lernen, jedoch besteht dies auch viel aus Prokrastination. Die Lerngruppe zieht sie eher runter, obwohl sie am Anfang manchmal sogar den anderen etwas erklären konnte.

Zunächst lassen sich mit Rückgriff auf die Theorie der Basismotive eigene Vermutungen zu dem Fall anstellen: So spricht das gute Abitur für ein vorhandenes Leistungsmotiv, ihre Freizeitaktivitäten sprechen jedoch vor allem für ein vorrangiges Macht- und Anschlussmotiv. Dieses Anschlussmotiv wird scheinbar zu Studienbeginn wenig bedient, so fehlen ihr ein Freundeskreis und ihre Paarbeziehung. Das Machtmotiv hat noch weniger Raum, sie sehnt sich nach der Praxis (den Aktivitäten, die sie zu Schulzeiten hatte). Daher ist der Motivationsverlust nicht verwunderlich. Ihre Energie wird durch die selbstauferlegte Disziplin verbraucht, da das Allein-Lernen jedoch nur durch das Leistungsmotiv und nicht durch Anschluss und Macht gestützt wird, ist es wenig erfolgreich. Eine bessere Möglichkeit wären da schon die versuchten Lerngruppen. Dort zieht sie der soziale Vergleich herunter, jedoch könnte gerade im Erklären (Machtmotiv) eine Möglichkeit zur Motivation und Stärkung des Selbstvertrauens liegen. Ihre eigenen Handlungsspielräume sieht sie nur in der Sehnsucht nach der vergangenen Heimatsituation (daher die Sicherheitslösung, Ausbildung in der Heimat). Dass ihre Studienwahl nicht völlig gegen ihre Interessen spricht, lässt sich auch an der sehr nahen Alternative Ergotherapie festmachen. Diese wiederum bedient auch Anschluss- und Machtmotive, zeigt jedoch auch eine neue Richtung auf im Hinblick auf die freieren und kreativeren Gestaltungsmöglichkeiten im Einzelsetting der Therapie.

So oder so ähnlich könnte eine erste Deutung des Falles durch den/die Berater:in aussehen. Jedoch ist damit keine feste Diagnose gestellt oder gar eine Lösung vorgegeben. Im Sinne eines lösungsorientierten Coachingansatzes geht man davon aus, dass die Lösung im Klienten/in der Klientin schon selbst angelegt ist und es möglich ist, diese im Dialog zum Vorschein zu bringen. So könnte man zunächst nach den konkreten Unterschieden der schulischen Situation zur aktuellen Studiensituation fragen und so den Klienten oder die Klientin selbst auf mögliche Ursachen des Motivationsdefizits kommen lassen (vielleicht lassen sich gemeinsam noch mehr entdecken). Darüber hinaus kann man nach den versuchten eigenen Lösungen fragen und reflektieren lassen, was daran (allein lernen, Lerngruppe) jeweils hilfreich und nicht hilfreich war. Weiterhin kann man in was-wäre-wenn-Überlegungen den Weg des Abbruchs und der anschließend neuen Ausbildung durchspielen und fragen, was genau dann anders und was genau dann gleich wäre. Dabei kann es zu einer Neudeutung der aktuellen Situation und ersten Lösungsideen kommen. Zum Beispiel kann das Fehlen von Praxis durch ein Hobby (Jugendgruppe leiten) oder einen Nebenjob (Schulassistenz, Nachhilfe, Flüchtlingshilfe) ausgeglichen werden. Darüber hinaus kann nach der Art und Hilfe gefragt werden, welche der/die Klient:in braucht; vielleicht bedarf es Hinweisen zur Strukturierung des eigenen Lernens, insbesondere dann, wenn es beispielsweise aufgrund einer vorherigen problemfreien Schullaufbahn noch nicht vonnöten war, zu lernen, wie man richtig lernt. Dabei ist es wichtig, immer mehr in der Position des Fragens statt in der Position des Wissens zu bleiben. So sind auch die Deutungen/Interpretationen zu den Motiven nicht als festes Wissen zu präsentieren (sie wurden auch nicht gemessen, und selbst in dem Fall einer vorangegangenen Testung bleibt ein Interpretationsspielraum), sondern gezielt Fragen zu stellen. So könnten die Motive ganz allgemein erklärt werden und nach dem eigenen spontanen Ranking gefragt werden. Anschließend könnten die motivierenden Faktoren zu Schulzeiten mit der aktuellen Situation verglichen werden (s. o.). Wird eine Fehlanpassung festgestellt, kann die Frage „Wie könntest du dem Motiv X (z. B. Macht) mehr Raum geben?" eben zu den genannten Ideen im Freizeitbereich führen, wenn sich diese nicht im Studium umsetzen lassen. Wie gezeigt, greifen dadurch bekannte Coachingtechniken einfach auf den theoretischen Rahmen zurück und ermöglichen so, andere und vielleicht ungewöhnliche Fragen in der Beratung zu stellen und helfen dabei, Wahrnehmungen und Ideen anders einzuordnen (im Sinne eines Grundprinzips systemischen Coachings, der Irritation). So könnten sich vielleicht einige im Motivationstief entstandene Studienabbrüche verhindern lassen. Finden sich keine Lösungsideen im Studium, so ergeben sich aus der Thematisierung von Motiven vielleicht auch konkretere Ideen zu möglichen anderen Zielen (und Berufen).

7.3 Direkte Verwendung von MUT/OMT in der Beratung

Wie gezeigt werden konnte, kann für Coaching und Selbstcoaching die Betrachtung durch die Motivbrille (theoretischer Rahmen) allein schon gewinnbringend und vielleicht ausreichend sein. Soll tiefer in die Thematik eingestiegen werden, könnte wie argumentiert jedoch der direkte Einsatz der vorgestellten Testverfahren (MUT/OMT) geboten sein. Ausgangspunkt ist dabei die Überlegung, dass Persönlichkeitsmerkmale neben Intelligenz und Fachkompetenzen wichtig für Studien- und Berufserfolg sowie die Lebenszufriedenheit sind. Aus diesen Gründen empfiehlt sich ein Einsatz von Persönlichkeitstestverfahren wie der TOP-Diagnostik (Trainingsbegleitende Osnabrücker Persönlichkeitsdiagnostik), welche auf der PSI-Theorie Kuhls basiert. Die Messung der Motivstärke und des Motivumsetzungsstils mithilfe von MUT/OMT stellt einen Baustein dieser TOP-Diagnostik dar. Motive geben, wie in Kapitel 5 ausgeführt, unserem Handeln Kraft und Energie in Form von Zielen. Sie dienen der Befriedigung von Bedürfnissen und der Umsetzung von Zielen. Sie sind intelligente Bedürfnisse, da sie eine kontextsensible Bedürfnisbefriedigung ermöglichen. Eine solche adäquate Motivumsetzung ist für Studien- und Berufserfolg entscheidend. Eine Über- bzw. Unterschätzung von Motiven oder eine falsche Bewertung der Handlungsräume im Studium und Beruf kann zu einer schlechten Motivpassung und damit zu fehlender Handlungsenergie, d. h. zu Demotivation führen. Dies wurde im vorherigen Beispiel ausgeführt. In der Motivtestung lassen sich über die Einschätzung der explizit-bewussten Motivlage auch implizit-unbewusste Motive messen. Damit lassen sich Kraftreserven (Potenziale/Ressourcen) entdecken sowie fehlende Unterfütterung aufdecken. Ein solches Abweichen bewusster und unbewusster Motivstrukturen voneinander kann jedoch auch auf wichtige Entwicklungsthemen hindeuten. In der Feinanalyse der Umsetzungsstile können solche Entwicklungsthemen genauer exploriert werden. Auch kann Beratung helfen, ungünstige Umsetzungsstile zu verändern. Im Sinne der PSI-Theorie lassen sich die Selbstkompetenzen, das heißt, die Zweitreaktion trainieren, hier kann gute Beratung wertvolle Impulse liefern (z. B. Arbeit an Selbstwahrnehmung durch Körper- und Gedankenübungen, Projektmanagement-Training fürs Selbstmanagement usw.). Diese Fähigkeit zur Emotionsregulation wächst in guten Beziehungen, hier kann Beratung zur Trainingssituation (Sparringsituation) für Selbstwachstum werden. Diese Form der produktiven Ermutigung und die vertiefte Selbstreflexion erscheinen insbesondere für angehende Lehrkräfte wichtig. Denn wer ermutigt wurde, kann später selbst ermutigen.

7.4 Thematisierung und Nutzung der Motivtheorie im Studium

Neben der Anwendung für Beratung bieten das Verständnis von Motiven und ihr Zusammenhang mit Motivation ein praxisrelevantes Theoriekonstrukt für das Lehramt. Zum einen hilft es in Bezug auf die Reflexion der eigenen Profession und Professionalität (Kuhl, Schwer, Solzbacher 2014) und zum anderen bietet es Rüstzeug in der pädagogischen Praxis.

Wie in der Analyse der Auswertungsgespräche in der Vertiefungsstudie deutlich wurde, erlebten die Studierenden die Reflexion über die ideale Motivkonstellation eines Lehrers/einer Lehrerin als fruchtbar. Darüber hinaus war vor allem das Hinterfragen des Machtmotivs und des Machtbegriffs ein guter Ansatzpunkt zur Klärung des eigenen pädagogischen Selbstverständnisses. Dies zeigt, dass sich Basismotive und damit verbundene Handlungssituationen gut in Seminaren nutzen ließen, welche auf die Reflexion der eigenen Lehrkraftrolle abzielen. Statt auf der sozial-anerkannten Ebene der Beschreibung von Freude in der Arbeit mit Kindern und Jugendlichen stehen zu bleiben, ließe sich das Machtmotiv als genuine pädagogische Grundmotivation reflektieren. Zu verstehen, dass hinter dem Helfen und Lehren auch eine Machtmotivation steht, ist wichtig für das Erkennen eigener Handlungsgrenzen. So stehen Helfen und Lehren für eine positive Beziehung zu einem anderen Menschen. Der bekannte Ausspruch: "Ratschläge sind auch nur Schläge" verdeutlicht, dass Hilfsangebote und gut gemeinte Ratschläge vom Gegenüber jedoch auch negativ aufgenommen werden können. Darüber hinaus ist es wichtig, dass sich angehende Lehrerinnen und Lehrer ihrer Machtposition bewusst werden, vor allem auch dahingehend, dass ihre Machtmotivation durchaus auch negative Aspekte der Lust am Ausüben von Kontrolle und am Manipulieren beinhalten kann. Davor die Augen nicht zu verschließen, sondern auch diese Aspekte an sich und anderen zu erkennen, hilft dabei, Machtmissbrauch vorzubeugen. Dazu gehört, auch, die Grenzen der eigenen Kompetenz zu kennen: Wo bin ich Experte oder Expertin und wo muss ich an andere Experten und Expertinnen delegieren? Auch die anderen Motive weisen solche Ambivalenzen auf. So gilt es, das Anschlussmotiv in Bezug auf das Lehrkraftdasein dahingehend zu prüfen, ob nicht über die Beziehung zu den Schülern und Schülerinnen ein Ausgleich fehlenden Anschlusses in anderen Lebensbereichen hergestellt werden soll. Wenn das Leistungsmotiv überwiegt, ergibt sich das

Risiko einer zu großen Übertragung eigener Standards auf Schüler:innen bzw. eine zu starke Karrierefixierung im schulischen Bereich, der nicht immer Rechnung getragen werden kann. Hier könnten schon früh Ideen bzgl. einer fachlichen Karriere entwickelt werden. Ein starkes Freiheitsmotiv stellt Selbstwachstum und Gestaltungsmöglichkeiten über alles. Werden diese durch das Schulsystem behindert, kann dies schnell zu Frustration führen. Dies gilt es, frühzeitig zu erkennen und den Blick auf die vorhandenen Gestaltungsräume im System zu lenken. An diesen skizzierten Einordnungen wird deutlich, welche Möglichkeiten die vier Basismotive in der Diskussion bieten (ein Anspruch auf Vollständigkeit wird nicht erhoben). Sie schaffen einen Rahmen und einen Impuls, darüber zu diskutieren, welche Personen Lehrer:innen sein wollen, welche berufliche Situation sie vorfinden, welche Vor- und Nachteile verschiedene Motivkonstellationen haben und welche Reaktionsmöglichkeiten im schulischen Setting vorhanden sind. Dabei könnte es eine Chance sein, genau diese Motive als theoretischen Rahmen in Bezug auf die eigene Entwicklung im Studium beizubehalten. Die Motive (und ggf. auch noch weitere Persönlichkeitsaspekte) könnten zu Beginn und während des Studiums kontinuierlich in den Blick genommen werden. Sie ließen sich schon bei der Studienwahl, spätestens jedoch in den ersten Semestern in Seminaren zum Lehrkraftbild, behandeln. Anschließend könnten sie für die Reflexion erster Praktikumserfahrungen genutzt werden.

Die ersten Schulpraktika werden zumeist durch Seminare begleitet und müssen in Praktikumsberichten reflektiert werden. Eine Bezugnahme auf Motive bietet sich sowohl in der Selbstreflexion der eigenen Entwicklung und Erfahrungen als auch für die Reflexion der Gestaltung von Unterrichtsstunden an. In Bezug auf die Selbstreflexion kann der/die Studierende hinterfragen, welche Praktikumseindrücke und Tätigkeiten als passend und motivierend erlebt wurden und welche nicht. Hier kann noch einmal die Studienentscheidung kritisch geprüft werden. Darüber hinaus lassen sich daran anknüpfend eigene Entwicklungsaufgaben formulieren. Ein zweiter Schritt kann in der konkreten Einordnung der pädagogischen Gestaltung von Unterrichtsstunden liegen. So kann sich der/die Studierende fragen, welche Motive er/sie durch die Gestaltung und durch sein/ihr Handeln angesprochen hat. In der Betrachtung einzelner Schüler:innen bzw. Schüler:innengruppen lassen sich über die Motive ggf. auch Hinweise finden, warum diese mehr oder weniger motiviert an die Aufgaben herangegangen sind. Über diese Reflexion ließe sich auch der größte praktische Nutzen trainieren, nämlich die Motive als Analysewerkzeug eigenen motivierenden Handelns zu nutzen.

Eine der größten Herausforderungen, die angehende (und gestandene) Lehrer:innen immer wieder formulieren, ist das Ziel der Motivation von Schülern und Schülerinnen. Da es nur begrenzt möglich ist, eigene Motivation und Energie auf die Schüler:innen zu übertragen (ein positives und motiviertes Auftreten kann ein Motivationsimpuls sein, kostet jedoch auf Dauer die gesamte eigene Energie, wenn es ohne Resonanz bleibt), gilt es, Bedingungen für Motivation zu schaffen. Das heißt konkret: Jemanden zu motivieren bedeutet, Bedingungen zu schaffen, die seinem/ihren individuellen Motivationsprofil entsprechen. Wenn die Motivation von selbst aus den

Schülern und Schülerinnen kommen soll, dann müssen Aufgaben und Unterrichtsgestaltung zu ihren jeweiligen Profilen passen. So freut sich ein/e anschlussmotivierte/r Schüler:in über Gruppenarbeit als Teamerlebnis. Der/die machtmotivierte Schüler:in übernimmt gerne verantwortungsvolle Aufgaben (Klassensprecher:in) und hilft schwächeren Schülern und Schülerinnen. Das erlebt der/die leistungsmotivierte Schüler:in eher als Strafe, wohingegen ihn oder sie herausfordernde Zusatzaufgaben freuen. Der/die freiheitsmotivierte Schüler:in hingegen geht völlig in Einzelarbeit auf und vertieft sich in umfangreiche und selbstgestaltete Projekte. Dabei gilt, dass hier vereinfachte Prototypen beschrieben werden, denn jeder Schüler und jede Schülerin weist ein individuelles Profil von Motiven auf und es heißt auch nicht, dass jede Unterrichtssituation vollständig nach den Motiven gestaltet werden kann und soll (so muss auch der/die anschlussmotivierte Schüler:in in einer Gruppenarbeit den Leistungszielen des Curriculums gerecht werden). Jede Sozialform (Großgruppe, Kleingruppe, Einzelarbeit) hat Aspekte, die die unterschiedlichen Motivlagen der Schüler:innen unterschiedlich stark ansprechen, gleiches gilt für die Art der Aufgaben. Für eine individualisierte Gestaltung von Lernwegen ist es für Lehrer:innen wichtig, die Motivlagen von Schülern und Schülerinnen zu erkennen und ihren Unterricht dementsprechend individuell bzw. allgemein vielfältig zu gestalten. Dabei kommt es vor allem darauf an, den Blick über die eigene Motivlage hinweg zu weiten. Es besteht die Gefahr, dem einfachen Fehlschluss zu unterliegen: Was mich motiviert, motiviert auch andere! So motiviert der/die leistungsmotivierte Sportlehrer:in durch Wettrennen, der/die machtmotivierte Mathelehrer:in dadurch, dass stärkere Schüler:innen Schwächeren helfen dürfen, der/die anschlussmotivierte Deutschlehrer:in durch Gruppenarbeit und der/die freiheitsmotivierte Geschichtslehrer:in durch Projektarbeit. Der Fehlschluss wird dadurch bestärkt, dass es immer Schüler:innen geben wird, die über ein ähnliches Profil verfügen wie der/die Lehrer:in und daher motiviert an die Sache herangehen. Das kann in Zeugniskonferenzen auffallen, wenn die Eindrücke von einzelnen Schülern und Schülerinnen in Bezug auf die Motivation zwischen verschiedenen Lehrern und Lehrerinnen divergieren. Hier gilt es, variabel zu bleiben, denn es gilt der Merksatz: Was mich motiviert, motiviert vielleicht auch andere, aber sicher nicht alle! Dies in Seminaren, sowohl in der ersten als auch zweiten Phase der Lehramtsausbildung, zu vermitteln und anhand eigener Unterrichtserfahrungen praktisch zu reflektieren, erscheint als ein wichtiger Anwendungsfall. Als Erinnerung, Vertiefung oder neue Ergänzung bietet es sich an, diesen Gedankengang auch in Weiterbildungen von Lehrkräften zu integrieren.

7.5 Weiterbildung von Lehrerinnen und Lehrern

Die Thematisierung von Motiven und Motivation konnte, im Gegensatz zu den formulierten Ideen zur Integration in das Lehramtsstudium, schon in einer Weiterbildung für Lehrer:innen an einer Schule in Thüringen (im Rahmen eines Weiterbildungstages für das komplette Kollegium) umgesetzt werden. Im Folgenden werden

Aufbau und Ergebnisse beschrieben. Eine systematische Evaluation und weitere Erprobungen stellen ein Desiderat dar. Jedoch zeigt das erste Beispiel, dass eine Umsetzung möglich ist und von den Lehrkräften als positiv wahrgenommen wird.

Um in das Thema einzuführen, wurde zunächst nach der allgemeinen Studienmotivation gefragt: „Warum wollten Sie Lehrer:in werden? Warum wollen Sie Lehrer:in sein?“ Um diese Frage zu beantworten wurden den Lehrkräften einige biografische Reflexionsfragen an die Hand gegeben: Gehen Sie noch einmal zurück in ihrer beruflichen Laufbahn. Versetzen Sie sich jeweils in die Zeit zurück:

- Nach der Schule. Was hat Sie damals als Abiturient:in motiviert Lehramt zu studieren? Welche Gründe haben für Sie selbst gezählt? Was haben Sie Ihren Eltern erzählt? Wie haben Sie sich gegenüber Freund:innen gerechtfertigt?
- Nach dem Studium. Stellen Sie sich vor, es hätte Bewerbungsgespräche für das Referendariat gegeben. Was hätten Sie gesagt, warum Sie Lehrer:in werden wollen? Warum haben Sie sich für geeignet gehalten?
- Nach dem Referendariat. Stellen Sie sich vor, sie hätten sich klassisch bewerben müssen. Was hätten Sie nun geantwortet, warum Sie den Lehrer:innenberuf ergreifen möchten? Welche Stärken und Schwächen machten Sie aus?
- Heute. Stellen Sie sich vor, Sie müssten sich noch einmal an dieser Schule bewerben. Der/die Schulleiter:in fragt Sie, warum sind sie Lehrer:in geworden? Was antworten Sie? Was würden Sie Ihren Schüler:innen antworten?

Anschließend wurden die Lehrer:innen gebeten, aktuelle/immer noch aktuelle Motivationen sowie frühere Motivationen auf Metaplankarten zu notieren und an die Tafel zu heften. Unter dem Stichwort *früher* wurden genannt: „Vorbereitung der Schüler auf die Zukunft, abwechslungsreich, berufliche Perspektiven, Begeisterung für das Fach, Begeisterung für Fächer, Fachinhalte/eigene Bildung, Persönlichkeit fördern, Jugendliche v. a. fachlich schulen, freie Zeiteinteilung, besser machen als eigene Lehrer:innen, Arbeit mit Kindern und Jugendlichen, Spaß am Vermitteln von verschiedenen Kompetenzen, Besser Unterrichten als die Lehrer:innen die man selbst hatte, eigene Lehrer:innen als Vorbilder, handfester Beruf, Interesse fürs Fach weitergeben, fürs Fach begeistern, Lehrereltern als Vorbild, Beamtenstatus, Kreativität, Motivation durch eigene gute Vorbilder, Psychologie, eigene didaktische Stärken nutzen“.

Als *aktuell* wurden folgende Punkte beschrieben: „mit Familienleben vereinbar, fürs Leben prägen, familienfreundlicher Job, Sicherheit, Berufung, Lebensberatung/-orientierung, zu selbstständig denkenden kritischen Menschen erziehen, erst in Praxis erkannt - Beruf mit viel Selbstbestimmung, Flexibilität, lässt Zeit für weitere Projekte, mit Menschen arbeiten, Interesse für eigene Fächer weitergeben, Interessen für eigene Fächer wecken, Fachwissen, hoher Anteil an Selbstständigkeit, Ferien, Ferien, Ferien, Arbeit mit Kindern und Jugendlichen, Kontakt mit Menschen, Abwechslungsreiche Tätigkeit mit Menschen, Zusammenarbeit mit Schülern/Jugendlichen, Arbeit mit Jugendlichen, Arbeit mit Kindern und Jugendlichen, Psychologie, Menschen stärken, mit jungen Leuten austauschen, Interesse an Persönlichkeitsstrukturen, Begeisterung fürs Fach, Schülernähe, Vorbereitung der Schüler auf die Zukunft, bei Schülern Horizont erweitern, Begeisterung für das Fach vermitteln, Weitergabe von Erkenntnissen, Freiheit in der Unterrichtsgestaltung, Abwechslung, kein Stammtischniveau, Burn-Out-Gefahr als Warnung, Zeit nach der Schule (nach 15 Uhr) frei planbar - erst Freizeit dann korrigieren, Arbeit und Kind kombinierbar, Impulsgeber sein" (Abschrift Metaplankarten).

In den Antworten zeigen sich große Parallelen zu den Berufswahlmotiven und der Studienmotivation, die im Rahmen dieser Studie bei Lehramtsstudierenden erhoben wurden. Vor dem Hintergrund der Motivtheorie lassen sich viele Aussagen leicht den bereits bekannten Motiven zuordnen. Anschließend wurde den Lehrkräften eine Gedankenreise als Aufgabe gestellt. Diese zielt auf die mentale Repräsentation einer Energie- bzw. Motivationskurve ab. Dabei geht es darum, sich Momente vor Augen zu führen, in denen man im Vergleich zu anderen mehr motiviert war. Als Anleitung wurde folgender Text gegeben:

> „Lehnen Sie sich zurück. Schließen Sie die Augen und entspannen Sie sich. Gehen Sie durch den heutigen Tag, die letzten Tage zurück, denken Sie an das Wochenende und die letzte Woche. Stellen Sie sich ihre Energiekurve vor. Wann waren Sie voller Energie und motiviert? In welchen Aufgaben, Momenten und Themen konnten Sie voll aufgehen? Vergleichen Sie diese Momente. Was waren Kennzeichen und Gemeinsamkeiten?"

Aufbauend auf diesem Gedankengang sollten die Lehrer:innen das gemeinsame der Momente abstrahieren, verbalisieren und in Beziehung zu den Begriffen der anderen setzen:

> „Versuchen Sie Begriffe/Schlagwörter/kurze Stichpunkte zu finden für die gemeinsame Motivation? Schreiben Sie anschließend die wichtigsten ein bis drei Stichpunkte auf die Metaplankarten und heften Sie diese vorne an die Tafel. Wenn Sie ähnliche Stichpunkte sehen, können Sie diese ruhig zusammenhängen."

Dabei wurden die folgenden Begriffe/Begriffsgruppen genannt: „Spaß, Zeit mit der Familie, gemeinsame Zeit mit der Familie, Zeit für die Familie haben und nicht an Schule denken müssen, Freizeit mit der Familie, Draußen, Draußen sein, Erholung/ Freizeit, Entspannung, Erholung/Freizeit, unter Menschen, Zeit mit Familie und Freunden, bei Bewegung, erfolgreiche Stunde, Input, Natur genießen, positive Rückmeldung in Gemeinschaft, Erfolgsmomente, Erfolge der Schüler:innen, gelungener Unterricht, gelungene Schulaktionen, eigener Wissenszuwachs, Diskussion und Austausch, über persönliche Erlebnisse austauschen, Erfahrungsaustausch mit Gleichgesinnten, gemeinsam etwas erreichen/erleben, freie Zeit, Freizeit, Zeit für mich, Möglichkeiten zur Entspannung, kein Gedanke an Schule, Nichts tun, Zeit alleine, Erholung, Erholung, Freizeit, nur für mich verantwortlich sein, Erfolgserlebnis, Probleme kreativ lösen, persönliche Weiterentwicklung, Menschliches Miteinander gelingt, Konzentration, Konzentration, Englisch Denken" (Abschrift Metaplankarten).

Anschließend wurde die Theorie der Basismotive allgemein erklärt und die Begriffe und Begriffsgruppen – soweit möglich – den Motiven zugeordnet, z. B. draußen sein, Zeit alleine (Freiheit), Zeit mit der Familie, Freunden (Anschluss), Erfolgserlebnis, Input, erfolgreiche Stunde (Leistung) und positive Rückmeldung in Gemeinschaft (Macht). Wichtig dabei war die Feststellung, dass dieselbe Aktivität durchaus jeweils unterschiedliche Motive für die Einzelnen bedient.

Nach der theoretischen Klärung wurden beide Übungen zueinander in Bezug gesetzt. Dazu sollten die Lehrer:innen die Passung ihrer (bewussten) Motivstruktur sowie genannter Berufsmotivationen mit ihrer aktuellen beruflichen Situation beurteilen:

> „An welchen Punkten sehen Sie Überschneidungen zwischen Ihren allgemeinen Motivationen und der „formalen“ Berufsmotivation? Wie gut entspricht Ihre aktuelle berufliche Situation sowohl Ihren allgemeinen Motivationsbedürfnissen als auch Ihrer grundlegenden Berufsmotivation? Kleben Sie einen Punkt auf die Skala von 1 (gar nicht) und 10 (voll und ganz).“

Das Ergebnis deckte ein weites Spektrum ab, zeigte jedoch tendenziell ein positives Bild: 1 = 0; 2 = 3; 3 = 0; 4 = 4; 5 = 4; 6 = 4; 7 = 6; 8 = 8; 9 = 0; 10 = 0. Abweichungen nach unten führten zu Thematisierung konkreter Schwierigkeiten. Sie wurden, wie im Nachgespräch erwähnt, als Verstärkung wahrgenommen, diesbezüglich mit der Schulleitung in Kontakt zu treten bzw. die Berufsentscheidung im Rahmen eines Coachings nochmals aktiv zu überdenken. Ein solches direkt zu ermöglichen, war durch den Workshopcharakter der Veranstaltung nicht möglich, jedoch wurde als abschließende Übung die Möglichkeit zu einem kleinen kollegialen Coachinggespräch gegeben. Dazu wurde ein strukturiertes Mikrocoaching mit zeitlichen Rahmen, klaren Rollen und vorgegebenen Grundfragen angeleitet.

> Micro-Coaching: „Finden Sie sich in 3er-Gruppen zusammen. Es gibt jeweils drei Rollen: Berater:in, Klient:in, aufmerksamer Zuhörer:in. Es gibt drei Durchgänge von jeweils 5 Minuten. Zunächst fragt der/die Beraterin den/die Klient:in nach dem Punktegrad der Passung (Es darf auch ein anderer Grad genannt werden als der „Veröffentlichte“) und nach einer <u>kurzen</u> Begründung für diese Einschätzung. Anschließend wird die Frage gestellt: Was <u>müsstest du tun</u>, damit der Punktewert um einen Punkt sinkt? Danach wird die Frage gestellt: Was <u>müsstest du tun</u>, damit der Punktewert um einen Punkt steigt? Nachfragen (auch kritische) sind erlaubt. Sollen aber vor allem darauf abzielen, das Verständnis für die Ideen zu fördern. Zum Abschluss fasst der/die Zuhörer:in die Idee zusammen, die er für die am schnellsten umsetzbare hält. Anschließend werden die Rollen reihum getauscht.“

Die Gespräche wurden bewusst kollegial gehalten, so dass der oder die Workshopleitende keine Information zur Thematisierung der Motive und anderer Themen erhielt. Jedoch wurde die Methode als produktiv erlebt. Dabei kam auch die Idee auf, entsprechendes auch mit älteren Schülern und Schülerinnen machen zu können. Infolge der theoretischen Klärung der Motive sowie der In-Bezug-Setzung zur eigenen Berufsmotivation wurden im Dialog mögliche praktische Implikationen für den Unterricht thematisiert und diskutiert. Dabei wurden oben genannte Chancen der Reflexion des eigenen motivierenden Handelns ebenso diskutiert wie die Möglichkeit der individuellen Analyse und Förderung der Motivation einzelner Schüler:innen. Im anschließenden Feedback wurde sowohl betont, wie sinnvoll die Selbstreflexion über Motive und Berufssituation gewesen ist (auch im Dialog mit Kollegen und Kolleginnen). Darüber hinaus wurde auch genannt, dass neue Ideen in Bezug auf das Thema der Motivation von Schülern und Schülerinnen gewonnen wurden.

Wie schon erwähnt, fand eine wissenschaftliche Evaluation der Weiterbildung nicht statt, auch da es sich zunächst um ein einmaliges Angebot handelte. Dieser erste Versuch spricht jedoch für ein solches Angebot mit entsprechender Begleitung. Von den Lehrkräften in der Weiterbildung kam darüber hinaus selbst der Wunsch nach einer wissenschaftlichen Analyse von Motiven von Lehrkräften im Beruf, um diese mit Lehramtsstudierenden zu vergleichen.

8 Diskussion und Desiderata

Basismotive als Bedingung für Motivation stellen ein bislang wenig erforschtes Gebiet in der Lehrkraftforschung dar. Die vorliegende Erhebung betritt damit theoretisches Neuland, um bestehende Interpretationslücken und Verzerrungen in der Erhebung von Studien- und Berufsmotivationen Lehramtsstudierender zu vermeiden.

Erstes Ziel der Studie war es, mögliche Diskrepanzen zwischen expliziten und impliziten Basismotiven von Lehramtsstudierenden zu untersuchen. So lassen sich Konfliktpotenziale in Bezug auf Motivstrukturen durch den Vergleich von bewussten und unbewussten Motiven identifizieren. Die Studie zeigt dabei vor allem ein mögliches Konfliktpotenzial in Hinblick auf ein starkes, eher unbewusstes Machtmotiv und ein weniger stark unterfüttertes Anschlussmotiv auf (bei welchem die soziale Erwünschtheit sowie eine falsche Zuordnung des Helfens zur Vermeidung der Machtzuordnung vermutet wird). Die fehlende „Mächtigkeit" im Studium könnte dabei als ein Grund für Unzufriedenheit im Studium gesehen werden. Diese mündet in dem oftmals geäußerten Wunsch nach Praxis, in welcher Eigenmächtigkeit und Machtausübung scheinbar stärker gewährleistet sind. Die Reflexion des Helfens und Vermitteln-Wollens als Ausdruck eines Machtmotivs sollte wichtiger Bestandteil der professionellen Entwicklung sein, ebenso wie die kritische Auseinandersetzung mit Machtkonflikten und Ohnmachtserfahrungen. Der Einsatz von Motiv-Testverfahren in der Beratung kann daher wertvolle Reflexionshilfe sein und das Bewusstsein für (Motivations-)Ressourcen erhöhen. Auf diese Weise könnten Studienabbrüche durch fehlende Motivation vermieden werden[19]. Dies gilt in der Folge auch für Motivationsverluste im Lehrberuf. Bei fehlender Kongruenz impliziter und expliziter Motive kann eine Beratung Strategien aufzeigen, das Studium gut zu bewältigen; bei einem auffallend niedrigen impliziten Machtmotiv hingegen kann ein früher Studienwechsel Ressourcen schonen. Daneben sollten aufgezeigte Ängste vor Entwertung und Alleinsein ernst genommen werden (hier zeigen sich weitere Abbruch- und Stressrisiken) und insbesondere durch beraterische Angebote aufgefangen werden. Die Doppelfunktion der Auswertungsgespräche als konkretes Beratungsangebot für Studierende und als leitfadengestütztes Interview erwies sich als produktiv. Zum einen erhöhte die Aussicht auf eine persönliche Auswertung die Bereitschaft, an einer aufwendigen Studie teilzunehmen; zum anderen konnte so direkt der Beratungsnutzen der eingesetzten Testverfahren und ihrer Hintergrundtheorien erprobt werden. Die Rückmeldungen der Studierenden in Bezug auf den Nutzen des Auswertungsgesprächs waren dabei überwiegend positiv.

In der Deutung sowie der Beimessung von Bedeutung des Machtmotivs für den Lehrberuf kann ein ambivalentes Bild gezeichnet werden. So erfährt das Machtmotiv

---

19 In einer bundesweiten Befragung von 2008 kamen Heublein et al. (2010) zum Ergebnis, dass die wichtigsten drei Abbruchgründe bei Lehramtsstudierenden vor allem in finanziellen Problemen (23 %), Leistungsproblemen (18 %) und mangelnder Studienmotivation (18 %) zu finden sind

auch stark negative Deutungen (Pflicht, negative Führung) und wird als weniger bedeutend im Lehrkraftideal genannt; stattdessen spielt das Anschlussmotiv im Lehrkraftideal der Befragten eine größere Rolle. Aber auch die gegenteilige Ansicht, das Machtmotiv sei zentral für den Lehrberuf, wird zum Ausdruck gebracht. Hier finden sich Deutungen als natürliche Führungsqualität (Autorität) und Teil der Verantwortung. Als Alleinstellungsmerkmal dieser Studie kann gelten, die sehr weit gefassten Kategorien der Berufswahlmotive Lehramtsstudierender im Hinblick auf ihre Deutung präzisiert zu haben. Durch die implizit hohe Ausprägung des Machtmotivs kann angenommen werden, dass sich hinter vermeintlich sozial- und anschlussorientierten Berufswahlmotiven wie der Arbeit mit Kindern und Jugendlichen auch unbewusst ein starkes Machtmotiv zeigt. Dieses verdeckte, erst implizit zu Tage tretende Motiv sollte in Bezug auf den Aspekt der prosozialen Führung in Inventaren zur Eignung für den Lehrberuf stärker berücksichtigt werden. In Bezug auf Studienerfolg und -abbruch sowie perspektivisch die Zufriedenheit und Gesundheit im Beruf, ist Motivation eine entscheidende Komponente (vgl. Herfter, Grüneberg & Knopf, 2015). Dazu bedarf es einer Auseinandersetzung mit der eigenen Motivlage, insbesondere, wenn sich eher negative Umsetzungsmodi finden. Dabei ist einschränkend zu diskutieren, ob die gezeigte Differenz und die Problematisierung des Machtmotivs sich auf wirkliche Verständnis- und Handlungsdifferenzen (basierend auf einem anderen Selbstverständnis) zurückführen lassen oder nicht auch wesentlich durch kulturell gefärbte Unterschiede im Begriffsverständnis geprägt sind. Zur weiteren Interpretation dieser und anderer Aspekte ist der Vergleich mit anderen Studien angezeigt bzw. können Desiderata benannt werden.

Obgleich der Nutzen der PSI-Theorie für ein tieferes Verständnis der Lehrprofession in mehreren Publikationen dargelegt worden ist (exemplarisch Kuhl, Schwer, Solzbacher 2014), werden die Basismotive angehender wie auch berufstätiger Lehrer:innen erst seit Kurzem erforscht. Bisher liegen u. E. lediglich zwei Artikel (Wagner, Baumann, Hank, 2016 sowie Baumann, Chatterjee, Hank 2016) und ein Sammelband (Martinek et. al. 2018) vor, welche nach der Durchführung unserer Vertiefungsstudie erschienen. Ein Vergleich der hier aufgeführten Ergebnisse mit den in den Artikeln präsentierten Ergebnissen ist nur eingeschränkt möglich. Die Studien beziehen sich zwar auf denselben Themenbereich wie die vorliegende Studie; in der Fragestellung und den Erhebungsmethoden differieren sie jedoch erheblich, was nicht zuletzt in der fehlenden Darstellung der konkreten Werte der impliziten und expliziten Umsetzungsmodi der Basismotive deutlich wird. Wagner, Baumann und Hank (2016) interessieren sich für den Zusammenhang zwischen dem Wohlbefinden von Lehrkräften verschiedener Schulformen (N = 170) und der Übereinstimmung ihres impliziten und expliziten Machtmotivs; zur Erhebung des expliziten Machtmotivs nutzen sie Teile des MUT und BIP (Bochumer Inventar zur berufsbezogenen Persönlichkeitsbeschreibung, Hossiep, Paschen 2003; 2008). Das höchste Wohlbefinden weisen diejenigen Lehrer:innen auf, bei denen implizites und explizites Machtmotiv übereinstimmen. Als der Gesundheit besonders abträglich erweist sich eine Kombination aus hohem implizitem Machtmotiv und niedriger expliziter Repräsentation, wenn die

Testpersonen gleichzeitig eine niedrige emotionale Stabilität aufwiesen. In Bezug auf die Motivkonfiguration findet sich letzteres Muster bei der Mehrzahl der befragten Lehramtsstudierenden. Baumann, Chatterjee, Hank (2016) hingegen erkunden den Zusammenhang zwischen Selbstregulation und prosozialer Machtausübung sowie die Vorteile prosozialer Machtausübung für das Individuum. Sie können anhand einer Stichprobe von Studierenden des Lehramts (N = 191, Studie 1) und Studierenden der Psychologie (N = 233, Studie 2) zeigen, dass ein Zusammenhang zwischen einem stark ausgeprägten prosozialen Umsetzungsmodus des Machtmotivs (Modus 1, s. o.) und hoch ausgeprägten Fähigkeiten zur Selbstregulation (Handlungsorientierung) besteht und bei zukünftigen Lehrkräften eine hohe Ausprägung des prosozialen Umsetzungsmodus mit einem hohen expliziten Führungsmotiv verknüpft ist (die Autoren und Autorinnen der Studie erheben nicht die explizite Machtmotivation, sondern die „Führungsmotivation“ mithilfe des BIP). Da in unserer Studie statt der prosozialen Führung eher negative Umsetzungsmodi bei den Studierenden dominieren und Macht zum Teil sehr negativ gedeutet wird, stellt sich die Frage, ob die Selbstregulationsfähigkeiten zu Beginn des Studiums eher niedrig ausgeprägt sind.

Näher am hier vorgestellten Ansatz sind die jüngsten Ergebnisse von Keller, Martinek, Kipmann (2018) zu verorten, welche auf Basis der PSI-Theorie die Beziehungen zwischen motivationalen Kausalorientierungen impliziter und expliziter Motivumsetzung und Stresserleben von Lehramtsstudierenden untersuchen. Sie arbeiten erfreulicherweise mit deutlich größeren Testkohorten, was die Belastbarkeit der statistischen Auswertungen erhöht. In einer Stichprobe von 600 Studierenden in der Lehramtsausbildung in Österreich (Durchschnittsalter 21,3 Jahre, durchschnittlich zwei Semester im Lehramtsstudium, 70 % weiblich) im Jahr 2015 (und damit in etwa zur gleichen Zeit wie die hier vorliegende Studie) wurden ebenfalls die Testverfahren MUT und OMT zum Einsatz gebracht (vgl. ebd., S. 45 ff.). Die Ergebnisse (vgl. ebd., S. 53) decken sich im Wesentlichen mit den hier vorgestellten quantitativen Auswertungen und zeigen somit, dass die Grundtendenzen, die sich in unser quantitativen Auswertung finden, sich auch in einer größeren Stichprobe reproduzieren lassen; Auswertungsgespräche und eine damit verbundene qualitative Auswertung fanden im Gegensatz zu der hier dargestellten Studie nicht statt. Wie auch in dieser Studie dominierten beim Machtmotiv in den Umsetzungsstilen des OMT die Modi 4 (konflikthafte Macht) und 5 (Ohnmacht). Die Autoren und Autorinnen kommen daher zu einem ähnlichen Fazit wie wir und unterstreichen die Wichtigkeit der Reflexion von Macht und Machtumsetzung im Hinblick auf die eigene Professionalität und damit auch qualitative Wirkung im Hinblick auf die Schüler:innen:

> „Formen der Machtumsetzung aufzuzeigen und kritisch zu reflektieren zählt somit zu einem der wichtigen Ziele im Rahmen der Lehramtsausbildung. Wenn es gelingt, Studierende für lernhemmende und beziehungsstörende Formen der Machtumsetzung zu sensibilisieren und gleichzeitig ihr Vertrauen in die Selbstbestimmungskompetenzen ihrer Schüler/innen zu stärken, kann eine wichtige Grundlage für späteres selbstbestimmtes Lehren und Lernen gelegt werden“ (ebd., S. 57).

Bezüglich der Stichprobengröße, -zusammensetzung und Methodik hat unsere Studie eher explorativen Charakter: So sind wesentliche Einschränkungen der Aussagekraft in Bezug auf die Repräsentativität vorzunehmen. Die dargestellten ersten Interpretationsansätze bieten jedoch gute Ausgangspunkte für Folgestudien und praktische Ableitungen.

Aufgrund der hohen Kosten der Testverfahren und des hohen zeitlichen sowie personellen Aufwands für die Beratungsgespräche musste die Fallzahl in dieser Studie stark beschränkt werden. Das Interesse zur Teilnahme überstieg die vorhandenen Testlizenzen, daher ist der Ausfall von Teilnehmenden von fast einem Drittel besonders bedauerlich. Folgestudien könnten über eine stärkere Kommunikation ggf. eine höhere Verbindlichkeit schaffen. Kleinere Verzerrungen in der Erhebungsgruppe und schon bestehende Verzerrungen in der gesamten Stichprobe führen jedoch dazu, dass die Repräsentativität für Lehramtsstudierende im Allgemeinen nicht anzunehmen ist.

Eine Erhebung von Längsschnittdaten sowie eine größere Testgruppe wären wünschenswert, konnten jedoch aus Kostengründen nicht realisiert werden. Eine Längsschnittuntersuchung wiederum könnte Hypothesen bezüglich möglicher Schwierigkeiten in Studium und Beruf in den Blick nehmen sowie Auskunft über Motiventwicklungen und -stabilität geben[20]. Besonders interessant ist hierbei dann die Erhebung von Studien- und Berufszufriedenheit im Kontext der Motivausrichtung[21]. Perspektivisch wäre in diesem Zusammenhang ein Vergleich zwischen Studierenden unterschiedlicher Schularten von Interesse. Mit dem Vorliegen der Items für das Freiheitsmotiv im MUT und OMT könnte dieses in weiteren Studien mitgetestet und untersucht werden (vgl. Alsleben 2018), da es zum einen neben dem Leistungsmotiv einen weiteren Gegenpol zu den soziozentrischen Motiven (Anschluss und Macht) bildet und zum anderen weitere mögliche Diskrepanzen in Bezug auf Studien- und Berufssituation aufgezeigt werden können.

Es erscheint u. a. aus Gründen der Kosten und des Aufwands wenig sinnvoll, eine solche psychologische Diagnostik flächendeckend für alle Lehramtsstudierenden zur Verfügung zu stellen – es sei denn, es bestünde die Möglichkeit, diese in Self-Assessments für CCT-Germany oder den Lehramtskompass einzubinden[22]. Jedoch zeigt vor allem die produktive Auseinandersetzung mit der Theorie der Basismotive und insbesondere mit dem Machtmotiv, dass hier ein erhebliches Potenzial für auf Professionalisierung ausgerichtete Reflexion besteht. Es erscheint denkbar und wünschenswert, diese Theorie als Analyserahmen in reflexionsorientierten Seminaren bzw. Praktika zu Beginn des Lehramtsstudiums ebenso wie in Lehrkraftweiterbildungen einzubinden. Folgeprojekte zu dieser Erhebung zielen auf eben diese Integration ab. Insbesondere zum Umgang mit Macht im Beruf und möglichen inneren Konflikten diesbe-

20 Eine vom Ansatz vergleichbare qualitative Studie ist z. B. Wiza 2014.

21 Für die spezifischen Berufswahlmotive ergeben sich Hinweise auf langfristige Wirkungen. So konstatiert Mayr (2009, S. 4), dass sich intrinsische Berufswahlmotive positiv auf Studienleistungen auswirken und auch im Beruf erhalten bleiben; sie können durch extrinsische Motive zusätzlich gestützt werden.

22 Im Selbsterkundungstool (SET) der Bundesagentur für Arbeit (Name: „Check-U") findet sich eine solche Testung von Basismotiven zumindest auf der bewussten Ebene als frei zugängliches und kostenloses Instrument.

züglich erscheint ein Angebot in der Beratung von Lehrkräften im Berufsleben als gewinnbringend. Die Testverfahren, insbesondere unter Berücksichtigung der Umsetzungsmodi, könnten bei der lösungsorientierten Beratung von Studienzweifelnden oder bei psychosozialen Problemen, insbesondere bei Auswirkungen auf die Motivation, ein gutes Hilfsmittel und Ankerpunkt für Gespräche sein. Die Evaluation solcher Beratungs- und Seminarangebote stellt ein weiteres wesentliches Desiderat dar.

Ausgangspunkt der Studie war die Idee, dass Diskrepanzen zwischen bewussten und unbewussten Motiven sowie bestimmte Motivkonstellationen wertvolle Hinweise in Bezug auf die Studienzufriedenheit sowie einen eventuellen Abbruch des Studiums liefern könnten. In der Studie ließen sich vor allem Diskrepanzen in Bezug auf das Anschlussmotiv und das Machtmotiv aufzeigen. Die fehlende „Mächtigkeit" im Studium könnte dabei als ein Grund für den Wunsch nach Praxis gedeutet werden. Thematisierte Ängste vor Entwertung und Alleinsein sollten ernst genommen werden und insbesondere durch beraterische Angebote aufgefangen werden. Die Reflexion des Helfens und Vermitteln-Wollens als Ausdruck eines Machtmotivs sollte wichtiger Bestand der professionellen Reflexion sein, ebenso wie die kritische Auseinandersetzung mit Machtkonflikten und Ohnmachtserfahrungen. Der Einsatz von Motiv-Testverfahren in der Beratung kann wertvolle Reflexionshilfe sein und das Bewusstsein für (Motivations-)Ressourcen erhöhen.

Als wesentlicher Befund der Studien lässt sich festhalten, dass Lehramtsstudierende unbewusst deutlich stärker von Macht motiviert sind, als sie bewusst angeben. Die Analyse der Umsetzungsmodi des Machtmotivs und der Auswertungsgespräche zeigen ein ambivalentes Bild. Macht wird sowohl als Verantwortung und positive Führungsqualität als auch als Pflicht und negative Führungsqualität eingeschätzt. In den Umsetzungsmodi dominieren Ausschläge bei konflikthafter Macht bis hin zu Ohnmacht. Dieser Befund kann ein guter Ausgangspunkt für eine auf Professionalisierung gerichtete Reflexion und Beratung bei motivationalen Schwierigkeiten im Studium sein. Praktische Ideen dazu wurden aufgezeigt. In Praxis und Forschung zeigen sich einige Desiderata. Es braucht nur die richtige Motivation, diese anzugehen.

9 Quellen

Achinger, G. (1969). Das Studium des Lehrers. Pädagogische Hochschule und Universität im Urteil ihrer Studenten. Berlin: Duncker & Humblot.

Alexander, D., Chant, D., Cox, B. (1994). What Motivates People to Become Teachers. Australian Journal of Teacher Education, 19 (2), 40–49.

Alsleben, P. (2008). Das Bedürfnis nach Freiheit. Selbstintegration als viertes Basismotiv. Saarbrücken: VDM-Verlag.

Alsleben, P. (2018). Freeing the Self: The Freedom Motive in Counseling and Therapy. In: Baumann, N., Kazén, M., Quirin, M., Koole, S. L. (Eds.): Why People Do the Things They Do. Building on Julius Kuhl's Contributions to the Psychology of Motivation and Volition. Götting u. a.: Hogrefe Publishing, S. 411–428.

Asmussen, J. (2006). Leistungsmotivation, intrinsische Studienmotivation und Berufsorientierung als Determinanten der Studienfachwahl. In: Schmidt, U. (Hg.): Übergänge im Bildungssystem. Motivation, Entscheidung, Zufriedenheit. 1. Aufl. Wiesbaden: VS Verlag für Sozialwissenschaften (Hochschulforschung, Bd. 3), S. 93–157.

Atkinson, J. W. (1964). An introduction to motivation. Princeton, NJ: Van Nostrand.

Bastick, T. (2000): Why Teacher Trainees choose the Teaching Profession. Comparing Trainees in Metropolian and Developing Countries. International Review of Education, 46, 343–349.

Baumann, N., Chatterjee, M. B., Hank, P. (2016). Guiding others for their own good: Action orientation is associated with prosocial enactment of the implicit power motive. Motivation and Emotion, 40 (1), 56–68.

Baumann, N., Kaschel, R., Kuhl, J. (2005). Striving for unwanted goals: Stress-dependent discrepancies between explicit and implicit achievement motives reduce subjective well-being and increase psychosomatic symptoms. Journal of Personality and Social Psychology, 89 (5), 781–799.

Baumann, N., Kaschel, R., Kuhl, J. (2007). Affect sensitivity and affect regulation in dealing with positive and negative affect. Journal of Research in Personality, 41 (1), 239–248.

Baus, M., Jacoby, K., Uhl, E. (1977). Studien- und Berufswahlmotive von Lehrerstudenten bei den gegenwärtigen geringen Einstellungschancen. Zeitschrift für empirische Pädagogik, 4, 26–46.

Beckmann, V. (2016). Studien- und Berufswahlmotive am Anfang des Lehramtsstudiums. In: Boeger, A. (Hg.): Eignung für den Lehrerberuf. Auswahl und Förderung. Wiesbaden: Springer VS. S. 115–135.

Bergau, M., Mischke, M., Herfter, C. (2013). Erwartungen von Studierenden an das Lehramtsstudium. Ergebnisse einer qualitativen Interviewstudie mit Lehramtsstudierenden an der Universität Leipzig (Zentrum für Lehrerbildung und Schulforschung, Projektbericht). Verfügbar unter: http://nbn-resolving.de/urn:nbn:de:bsz:15-qucosa-151462 [29.04.2022]

Berweger, S., Kappler, C., Keck Frei, A., Bieri Buschor, C. (2015). Geschlechtsuntypische Laufbahnpläne. Wie interessant ist der Lehrerberuf für Gymnasiasten? Schweizerische Zeitschrift für Bildungswissenschaften, 37 (2), 321–339.

Besa, K.-S. (2018). Studien zur lehramtsbezogenen Berufswahlmotivation in schulpraktischen Ausbildungsphasen. Hildesheim: Universitätsverlag Hildesheim.

Boeger, A. (Hg.) (2016). Eignung für den Lehrerberuf. Auswahl und Förderung. Wiesbaden: Springer VS.

Bohndick & Kohlmeyer (2016). Der LehramtsNavi der Universität Paderborn zur Identifizierung und Weiterentwicklung überfachlicher Kompetenzen von Lehramtsstudierenden. In: A. Boeger (Hg.): Eignung für den Lehrerberuf. Auswahl und Förderung. Wiesbaden: Springer VS. S. 215–228.

Bosse, D. (2020). Beratung und Eignungsabklärung in der Lehrerinnen- und Lehrerbildung. In: Cramer, C., König, J., Rothland, M., Blömeke, S. (Hrsg.): Handbuch der Lehrerinnen- und Lehrerbildung. Bad Heilbrunn: Verlag Julius Klinkhardt, S. 756–763.

Brandstätter, H., Mayr, J. (1994). Die "Lehrer-Persönlichkeits-Adjektivskalen" (LPA). Ein Instrument zur Selbsteinschätzung berufsrelevanter Persönlichkeitsmerkmale. In: Mayr, J. (Hg.): Lehrer/in werden. Innsbruck: Studienverlag, S. 231–247.

Brandstätter, V., Job, V., Schulze, B. (2016). Motivational incongruence and well-being at the workplace: Person-job fit, job burnout, and physical symptoms. Verfügbar unter: https://doi:10.3389/fpsyg.2016.01153 [30.05.2019]

Brookhart, S. M., Freeman, D. J. (1992). Characteristics of Entering Teacher Candidates. Review of Educational Research, 62 (1), 37–60.

Brunstein, J. C. (2010). Implicit Motives and Explicit Goals: The Role of Motivational Congruence in Emotional Well-Being. In Schultheiss, O. C., Brunstein, J. C. (Eds.): Implicit Motives. New York, NY: Oxford University Press, S. 347–374.

Brunstein, J. C. (2010). Implizite und explizite Motive. In: Heckhausen, J., Heckhausen, H. (Hg.): Motivation und Handeln. 4. überarb. u. erw. Auflage. Berlin: Springer, S. 237–256.

Caselmann, C. (1949/1970). Wesensformen des Lehrers. Stuttgart: Klett.

CCT – Career Conselling for Teachers. Gemeinnütziger Verein. Institut für Unterrichts- und Schulentwicklung der Alpen-Adria-Universität Klagenfurt. Online-Zugang via www.cct-germany.de [29.08.2018]

Chasiotis, A., Hofer, J. (2018). Implicit prosocial power motivation: Views from evolutionary and developmental cross-cultural psychology. In: Baumann, N., Kazen, M., Quirin, M., Koole, S. (Eds.): Why people do the things they do: Building on Julius Kuhl's contributions to motivation and volition psychology. Göttingen: Hogrefe, S. 73–86.

Cohen, J. (1960). A coefficient of agreement for nominal scales. Educational and Psychological Measurement. 20, S. 37–46.

Cramer, C. (2016a). Forschung zum Lehrerinnen- und Lehrerberuf. Systematisierung und disziplinäre Verortung eines weiten Forschungsfeldes. Bad Heilbrunn: Verlag Julius Klinkhardt.

Cramer, C. (2016b). Personale Merkmale Lehramtsstudierender als Ausgangslage der professionellen Entwicklung, Dimensionen, Befunde und deren Implikation für die Lehrerbildung. In: Boeger, A. (Hg.): Eignung für den Lehrerberuf. Auswahl und Förderung. Wiesbaden: Springer VS, S. 31–56.

Cramer, C., König, J., Rothland, M., Blömeke, S. (Hg.). (2020). Handbuch der Lehrerinnen- und Lehrerbildung. Bad Heilbrunn: Verlag Julius Klinkhardt.

Dann, H.-D., Lechner, T. (2001). Berufswahlmotive Nürnberger Lehramtsstudierender. In: Mitteilungen der Erziehungswissenschaftlichen Fakultät. Universität Erlangen-Nürnberg, S. 1–3.

Deci, E. L., Ryan, R. M. (2000). The "what" and "why" of goal pursuits: Human needs and the self-determination perspective. Psychological Inquiry, 11, 227–268.

Denzinger, F., Brandstätter, V. (2018). Stability and changes in implicit motives. A narrative review of empirical studies. Verfügbar unter: https://doi.org/10.3389/fpsyg.2018.00777 [30.05.2019]

Dietrich, S., Latzko, B. (2016). Welche Vorstellungen haben Lehramtsstudierende im ersten Semester über ihr Studium und den Lehrerberuf? In: Boeger, A. (Hg.). Eignung für den Lehrerberuf. Auswahl und Förderung. Wiesbaden: Springer VS, S. 137–151.

DIPF Leibnitz-Institut für Bildungsforschung und Bildungsinformation (Hg.) (2021). Wissen über Bildung. Bericht 2019–2020. Frankfurt a. M./Berlin.

Dorsch-Lexikon. Online Lexikon der Psychologie. Hogrefe. Verfügbar unter: https://dorsch.hogrefe.com/stichwort/projektive-tests-projektive-verfahren [27.4.2022]

Döring-Seipel, E. & Seip, M. (2016). Projekt „Psychosoziale Basiskompetenzen“: Standortbestimmung und Selbstprofessionalisierung. In: A. Boeger (Hg.): Eignung für den Lehrerberuf. Auswahl und Förderung. Wiesbaden: Springer VS.S. 275–301

Dresing, T., Pehl, T. (2015). Praxisbuch Interview. Transkription & Analyse. Anleitungen und Regelsysteme für qualitativ Forschende. 6. Aufl. Marburg: Eigenverlag.

Eberle, T., Polack, G. (2006). Studien- und Berufswahlmotive von Passauer Lehramtsstudierenden. Paradigma, 1 (1), S. 19–38.

Ecarius, J., Miethe, I. (Hg.) (2011). Methodentriangulation in der qualitativen Bildungsforschung. Leverkusen, Farmington Hills, Mich: Budrich-Verlag.

Eder, F., Dämon, K., Hörl, G. (2013). Universität oder Pädagogische Hochschule? Persönlichkeitsmerkmale als Prädiktoren für Niveau-Entscheidungen im Lehramtsstudium. Zeitschrift für Bildungsforschung, 3, 3–25.

Eulenberger, J., Piske, A., Thiele, A. (2015). Verbleib und berufliche Orientierung von Lehramtsabsolvent_innen in Sachsen (VEBOLAS). Leipzig: Leipziger Universitätsverl. (Beiträge zur Professionalisierung der Lehrerbildung, Bd. 6).

Flach, H., Lück, J., Preuss, R. (1995). Lehrerausbildung im Urteil ihrer Studenten. Zur Reformbedürftigkeit der deutschen Lehrerausbildung. Frankfurt a. M.: Peter Lang Verlag.

Foerster, F. (2008). Personale Voraussetzungen von Grundschullehramtsstudierenden. Eine Untersuchung zur prognostischen Relevanz von persönlichkeitsmerkmalen für den Studien- und Berufserfolg. Münster u. a.: Waxmann.

Friede, C. K. (1975). Motive bei der Studien- und Berufswahl des Lehramtes an Grund- und Hauptschulen. Eine empirische Untersuchung in der ersten Phase der Ausbildung über Aspekte der beruflichen Sozialisation und des Lehrerbildes. Frankfurt/M.: Lang.

Großmann, D. (2012). Studienmotivation und ihr Einfluss auf Evaluationsergebnisse. Eine explorative Analyse. Soziologie, 41 (4), 443–457. Verfügbar unter: https://publikationen.soziologie.de/index.php/soziologie/article/view/748/542 [16.08.2021]

Grüneberg, T. (2019). Mit den richtigen Fragen zum richtigen Studium: Selbsteinschätzung rund um die Studienwahl. Berlin: Springer.

Grüneberg, T., Herfter, C., Knopf, A. (2015). Der Abbruch des Lehramtsstudiums – Zahlen, Gründe und Emotionserleben. Zeitschrift für Evaluation, 1, 57–82.

Grüneberg, T., Knopf, A., Herfter, C. (2013). Positive und negative Aspekte des Lehramtsstudiums aus Sicht der Studierenden. Ergebnisse aus Fragebogenstudien mit Lehramtsstudierenden an der Universität Leipzig (Zentrum für Lehrerbildung und Schulforschung, Projektbericht). Verfügbar unter https://nbn-resolving.org/urn:nbn:de:bsz:15-qucosa-151478 [29.04.2022]

Grüneberg, T., Knopf, A., Süß, A. (2017). Studienmotivation im Lehramt. Ergebnisse quantitativer und qualitativer Fragebogenstudien mit Lehramtsstudierenden der Universität Leipzig (Zentrum für Lehrerbildung und Schulforschung, Projektbericht). Verfügbar unter: https://nbn-resolving.org/urn:nbn:de:bsz:15-qucosa2-210244 [29.04.2022]

Grüneberg, T., Knopf, A., Süß, A. (2019). Anschluss, Leistung, Macht: Basismotive von Lehramtsstudierenden. Lehrerbildung auf dem Prüfstand 12/2, S. 143–161

Hechinger, M. (2016). PArcours: Kompetenzanalyse und Eignungsberatung angehender Lehramtsstudierender. In: A. Boeger (Hg.): Eignung für den Lehrerberuf. Auswahl und Förderung. Wiesbaden: Springer VS. S. 229–257

Heckhausen, H. (Verf.) (1989). Motivation und Handeln. 2. überarb. u. erg. Aufl. Berlin, Heidelberg, New York, London, Paris, Tokyo, Hong Kong: Springer.

Heinz, M. (2015). Why Choose Teaching? An International Review of Empirical Studies Exploring Student Teachers' Career Motivations and Levels of Commitment to Teaching. Educational Research and Evaluation, 21 (3), 258–297.

Herfter, C., Grüneberg, T., Knopf, A. (2015). Der Abbruch des Lehramtsstudiums – Zahlen, Gründe und Emotionserleben. Zeitschrift für Evaluation, 1, 57–82. Verfügbar unter: https://www.degeval.org/de/zeitschrift-fuer-evaluation/ausgaben/heft-12015/ [29.04.2022]

Herfter, C., Schroeter, E., Bergau, M. (2011). Die Gründe für die Wahl der Schulform. Ergebnisse einer qualitativen Interviewstudie mit Lehramtsstudierenden an der Universität Leipzig (Zentrum für Lehrerbildung und Schulforschung, Projektbericht).

Hericks, U. (2004). Verzahnung der Phasen der Lehrerbildung. In: Blömeke, S., Reinhold, P., Tulodziecki, G., Wildt, J. (Hg.): Handbuch Lehrerbildung. Bad Heilbrunn: Klinkhardt, S. 301–311.

Herlt, S., Schaarschmidt, U. (2007). Fit für den Lehrerberuf?! In: Schaarschmidt, U., Kieschke, U. (Hg.): Gerüstet für den Schulalltag. Psychologische Unterstützungsangebote für Lehrerinnen und Lehrer. Weinheim: Beltz, S. 157–187.

Herzog, W., Herzog, S., Brunner, A., Müller, H.P (2007). Einmal Lehrer, immer Lehrer? Eine vergleichende Untersuchung der Berufskarrieren von (ehemaligen) Lehrpersonen. Bern: Haupt.

Herzog, W., Makarova, E. (2014). Anforderungen an und Leitbilder für den Lehrerberuf. In: Terhart, E., Bennewitz, H., Rothland, M. (Hg.): Handbuch der Forschung zum Lehrerberuf. 2. überarb. u. erw. Aufl. Münster: Waxmann, S. 83–102.

Heublein, U., Ebert, J., Hutzsch, C., Isleib, S., König, R., Richter, J., Woisch, A. (2017). Zwischen Studienerwartungen und Studienwirklichkeit. Ursachen des Studienabbruchs, beruflicher Verbleib der Studienabbrecherinnen und Studienabbrecher und Entwicklung der Studienabbruchquote an deutschen Hochschulen. Hannover: DZHW Deutsches Zentrum für Hochschul- und Wissenschaftsforschung (Forum Hochschule, Bd. 1).

Heublein, U., Hutzsch, C., Schreiber, J., Sommer, D., Besuch, G. (2010). Ursachen des Studienabbruchs in Bachelor- und in herkömmlichen Studiengängen – Ergebnisse einer bundesweiten Befragung von Exmatrikulierten des Studienjahres 2007/08. Verfügbar unter: http://ids.hof.uni-halle.de/documents/t1944.pdf [30.09.2019]

Hochschulbildungsreport 2020. Stifterverband für die Deutsche Wissenschaft e. V. (Hg.).Verfügbar unter: https://www.hochschulbildungsreport2020.de [12.2.2022] Bezug nehmend auf die Diskussionspapiere Nr. 6 „Schule im Wandel" (2022); Nr. 3 „Future Skills" (2021) und Nr. 4 „Tech Spezialisten gesucht!" (2021) Jahresbericht 2019. Verfügbar unter: https://www.hochschulbildungsreport2020.de/2019/schwerpunkt thema-future-skills [12.2.2022]

Horn, H. (1968). Volksschullehrernachwuchs – Untersuchungen zur Quantität und Qualität. Weinheim: J. Beltz.

Hossiep, R., Paschen, M. (2003). Bochumer Inventar zur berufsbezogenen Persönlichkeitsbeschreibung. 2. Aufl. Göttingen: Hogrefe.

Hossiep, R., Paschen, M. (2008). BIP – Business-focused inventory of personality. Oxford: Hogrefe.

Hussy, W., Schreier, M., Echterhoff, G. (2010). Forschungsmethoden in Psychologie und Sozialwissenschaften für Bachelor. Springer: Berlin, Heidelberg.

Kahls, D. (2018). Lehrermangel zum Schulstart in Sachsen. Verfügbar unter: https://www.mdr.de/sachsen/lehrermangel-schulstart-sachsen-bildung-100.html [09.08.2018]

Kazén, M., Kuhl, J. (2011). Directional discrepancy between implicit and explicit power motives is related to well-being among managers. Verfügbar unter: https://doi.org/10.1007/s11031-011-9219-8 [24.09.2019]

Keller, H. (1997). Entwicklungspsychopathologie: Das Entstehen von Verhaltensproblemen in der frühesten Kindheit. In: Keller, H. (Hg.): Handbuch der Kleinkindforschung. 2. Aufl. Bern: Huber, S. 625–642.

Keller, J. M., Martinek, D., Kipman, U. (2018). Motivationale Profile und Stresserleben bei Lehramtsstudierenden. In: Martinek, D., Hofmann, F., Müller, F. H. (Hg.): Motivierte Lehrperson werden und bleiben. Analysen aus der Perspektive der Theorien der Persönlichkeits-System-Interaktionen und der Selbstbestimmung. Münster: Waxmann (Salzburger Beiträge zur Lehrer/innen/bildung, Bd. 3), S. 45–60.

Keller, J. M., Martinek, D., Kipmann, U. (2018). Motivationale Profile und Stresserleben bei Lehramtsstudierenden. Motivationale Kausalorientierungen, Motivumsetzung und Stresserleben im Studium. In: Martinek, D., Hofmann, F., Müller, F. H. (Hg.): Motivierte Lehrperson werden und bleiben. Analysen aus der Perspektive der Theorien der Persönlichkeits-System-Interaktionen und der Selbstbestimmung. 1. Aufl. Münster: Waxmann (Salzburger Beiträge zur Lehrer/innen/bildung, Bd. 3), S. 45–59.

Klusmann, U., Trautwein, U., Luedtke, O., Kunter, M., Baumert, J. (2009). Eingangsvoraussetzungen beim Studienbeginn. Werden die Lehramtskandidaten unterschätzt? Zeitschrift für pädagogische Psychologie, 23 (3–4), 265–278.

König, J. & Rothland, M. (2012). Motivations for choosing teaching as a career: effects on general pedagogical knowledge during initial teacher education. Asia-Pacific Journal of Teacher Education, 40 (3), 289–315.

König, J., Rothland, M., Darge, K., Lünnemann, M., Tachtsoglou, S. (2013). Erfassung und Struktur berufswahlrelevanter Faktoren für die Lehrerausbildung und den Lehrerberuf in Deutschland, Österreich und der Schweiz. Zeitschrift für Erziehungswissenschaft 16 (3), 553–577. DOI: 10.1007/s11618-013-0373-5.

Krauss, S., Kunter, M., Brunner, M., Baumert, J., Blum, W., Neubrand, M., Jordan, A., Löwen, K. (2004). COACTIV: Professionswissen von Lehrkräften, kognitiv aktivierender Mathematikunterricht und die Entwicklung von mathematischer Kompetenz. Verfügbar unter: https://www.researchgate.net/profile/Juergen-Baumert-3/publication/48188128_Professionswissen_von_Lehrkraften_kognitiv_aktivierender_Mathematik unterricht_und_die_Entwicklung_von_mathematischer_Kompetenz_COACTIV_Do kumentation_der_Erhebungsinstrumente/links/0f31753a7ea340bcfd000000/Profes sionswissen-von-Lehrkraeften-kognitiv-aktivierender-Mathematikunterricht-und-die-Entwicklung-von-mathematischer-Kompetenz-COACTIV-Dokumentation-der-Erhe bungsinstrumente.pdf [12.2.2022]

Krečič, M. J., Grmek, M. I. (2005). The reasons students choose teaching professions. Educational Studies, 31 (3), 265–274.

Kriesche, J., & Kahlert, J. (2015). Online Praxiseinblicke zur Eignungsreflexion für das Lehramt.

SeLF - Selbsterkundung zum Lehrerberuf mit Filmimpulsen. SchulVerwaltung, Nordrhein-Westfalen, 26 (2015) 9, 241–244.

Kuhl, J. (2001). Motivation und Persönlichkeit: Interaktionen psychischer Systeme. Göttingen: Hogrefe.

Kuhl, J. (2005). Eine neue Persönlichkeitstheorie (PSI-Light). Universität Osnabrück. Online-PDF unter: http://www.wilob.ch/Eine%20neue%20Persönlichkeitstheorie %20PSI-Theorie-light%20Julius%20Kuhl-1.pdf [13.03.2018]

Kuhl, J. (2010a). Individuelle Unterschiede in der Selbststeuerung. In: Heckhausen, J., Heckhausen, H. (Hg.): Motivation und Handeln. 4. überarb. und erw. Aufl. Berlin: Springer, S. 337–364.

Kuhl, J. (2010b). Lehrbuch der Persönlichkeitspsychologie – Motivation, Emotion und Selbststeuerung. Göttingen: Hogrefe.

Kuhl, J. (2013). OMT Auswertungsmanual für den Operanten Multi-Motiv-Test. Vollständig revidierte Fassung 2013 – Basierend auf Julius Kuhl und David Scheffer (2009.) Institut für Motivations- und Persönlichkeitsentwicklung – IMPART. Münster: Sonderpunkt Wissensverlag.

Kuhl, J., Alsleben, P. (2009). Manual für die Trainingsbegleitende Osnabrücker Persönlichkeitsdiagnostik TOP. 1. Aufl. Münster: Sonderpunkt Wissenschaftsverlag.

Kuhl, J., Alsleben, P. (2012). TOP Manual für die Trainingsbegleitende Osnabrücker Persönlichkeitsdiagnostik. Institut für Motivations- und Persönlichkeitsentwicklung – IMPART (Hrsg.). 1. Limitierte Nachauflage 2012. Erstauflage: 2009. Münster: sonderpunkt Verlag.

Kuhl, J., Schwer, C., Solzbacher, C. (2014). Professionelle pädagogische Haltung: Versuch einer Definition des Begriffes und ausgewählte Konsequenzen für Haltung. In: Solzbacher, C., Schwer, C. (Hg.): Professionelle pädagogische Haltung. Bad Heilbrunn: Verlag Julius Klinkhardt, S. 107–120.

Kultusministerkonferenz (2013): Empfehlungen zur Eignungsabklärung in der ersten Phase der Lehrerausbildung. Beschluss der Kultusministerkonferenz vom 07.03.2013. Verfügbar unter: https://www.kmk.org/fileadmin/Dateien/veroeffentlichungen_beschluesse/2013/2013-03-07-Empfehlung-Eignungsabklaerung.pdf [10.2.2022]

Kultusministerkonferenz (2019): Lehrereinstellungsbedarf und -angebot in der Bundesrepublik Deutschland 2019–2030. Zusammengefasste Modellrechnungen der Länder Beschluss der Kultusministerkonferenz vom 05.12.2019. STATISTISCHE VERÖFFENTLICHUNGEN DER KULTUSMINISTERKONFERENZ Dokumentation Nr. 221 – Dezember 2019. Verfügbar unter: https://www.kmk.org/fileadmin/Dateien/pdf/Statistik/Dokumentationen/Dok_221_Bericht_LEB_LEA_2019.pdf [27.4.2022]

Kunter, M. (2020). „Ertrag und Entwicklung des universitären bildungswissenschaftlichen Wissens - Validierung eines Kompetenztests für Lehramtsstudierende“ (BilWiss-UV) : Abschlussbericht für den Zeitraum 01.02.2016 bis 30.04.2019. Frankfurt a. M. Verfügbar unter: https://www.tib.eu/de/suchen?tx_tibsearch_search%5Baction%5D=download&tx_tibsearch_search%5Bcontroller%5D=Download&tx_tibsearch_search%5Bdocid%5D=TIBKAT%3A1759330302&cHash=3568c8d5ec62cee708f9a8ca4c2afa53#download-mark [12.2.2022]

Kunter, M., Baumert, J., Blum, W., Klusmann, U., Krauss; S., Neubarndt, M. (Hg.). (2011). Professionelle Kompetenzen von Lehrkräften: Ergebnisse des Forschungsprogramms COACTIV. Münster: Waxmann.

Lang, J. W. B. (2014). A dynamic Thurstonian item response theory of motive expression in the picture story exercise: Solving the internal consistency paradox of the PSE. Psychological Review, 121 (3), 481–500.

Lauermann, F., Benden, D., Evers, M. (2020). Motive und Interessen. In: Cramer, C., König, J., Rothland, M., Blömeke, S. (Hg.): Handbuch der Lehrerinnen- und Lehrerbildung. Bad Heilbrunn: Verlag Julius Klinkhardt, S. 791–797.

Mais, R. (1963). Der Lehrerberuf und der Lehrermangel aus studentischer Sicht. Pädagogische Rundschau, 17, S. 783–795.

Martinek, D., Hofmann, F., Müller, F. H. (Hg.). (2018). Motivierte Lehrperson werden und bleiben. Analysen aus der Perspektive der Theorien der Persönlichkeits-System-Interaktionen und der Selbstbestimmung. 1. Aufl. Münster: Waxmann (Salzburger Beiträge zur Lehrer/innen/bildung, Bd. 3).

Mayr, J. (1998a). Die „Lehrer-Interessen-Skalen" (LIS). Ein Instrument für Forschung und Laufbahnberatung. In: Abel, J., Tarnai, C. (Hg.): Pädagogisch-psychologische Interessenforschung in Studium und Beruf. Münster: Waxmann, S. 111–125.

Mayr, J. (1998b). Fragebögen zur Erkundung des Lehrens und Lernens an der Pädagogischen Akademie. Eine Materialsammlung. Linz: Pädagogische Akademie der Diözese Linz.

Mayr, J. (2009). Studien- und Berufswahlmotive von Lehrpersonen. Wie sie entstehen, wie sie sich verändern und was sie bewirken. Kommentierte Folien zum Referat bei der 5. Tagung der Sektion „Empirische Bildungsforschung" der Deutschen Gesellschaft für Erziehungswissenschaft (DGfE) in Landau, 24. März 2009. Verfügbar unter: https://www.researchgate.net/publication/277020758_Studien-und_Berufswahl motive_von_Lehrpersonen_Wie_sie_entstehen_wie_sie_sich_verandern_und_was_sie_bewirken [04.07.2019]

Mayr, J. (2014). Der Persönlichkeitsansatz in der Förderung zum Lehrerberuf: Konzepte, Befunde und Folgerungen. In: Terhart, E., Bennewitz, H., Rothland, M. (Hg.): Handbuch der Forschung zum Lehrerberuf. 2. Aufl. Münster: Waxmann, S. 189–215.

Mayr, J. (Hg.) (1994). Lehrer/in werden. Studien zur Bildungsforschung & Bildungspolitik, Bd. 11. Innsbruck: Österreichischer Studien Verlag.

Mayr, J., Neuweg, G. H. (2006). Der Persönlichkeitsansatz in der Lehrer*innenforschung. Grundsätzliche Überlegungen, exemplarische Befunde und Implikationen für die Lehrer*innenbildung. In: Greiner, U., Heinrich, M. (Hg.): Schauen, was 'rauskommt. Kompetenzförderung, Evaluation und Systemsteuerung im Bildungswesen. Münster: Lit, S. 183–206.

Mayring, P. (2010). Qualitative Inhaltsanalyse. Grundlagen und Techniken. 11. Aufl. Weinheim: Beltz.

Mayring, P., Brunner, E. (2010). Qualitative Inhaltsanalyse. In: Friebertshäuser, B., Langer, A., Prengel, A. (Hrsg.). Handbuch qualitative Forschungsmethoden in der Erziehungswissenschaft (Neuausgabe) (S. 323–333). Weinheim: Juventa.

McAdams, D. P. (1985). Power, intimacy, and the life story: Personological inquiries into identity. Homewood, IL: Dorsey Press.

McClelland, D. C. (1975). Power: The inner experience. New York: Irvington.

McClelland, D. C., Koestner, R., Weinberger, J. (1989). How Do Self-Attributed and Implicit Motives Differ? Psychological Review, 96 (4), S. 690–702.

McClelland, D. C. (1985). Human motivation. Glenview, IL: Cott, Foresman & Co.

Merten, J. (2003). Einführung in die Emotionspsychologie. Stuttgart: Kohlhammer.

Murray, H. A. (1938). Explorations in personality. New York: Oxford University Press.

Merten, K. (1995). Inhaltsanalyse: Einführung in Theorie Methode und Praxis. VS Verlag für Sozialwissenschaften: Wiesbaden

Monitor Lehrerbildung (2014). Strategisches Recruitment von zukünftigen Lehrerinnen und Lehrern sinnvoll und machbar?! Verfügbar unter: https://2020.monitor-lehrerbildung.de/export/sites/default/.content/Downloads/Monitor_Lehrerbildung_Strategisches_Recruitment_04_2014.pdf [10.2.2022]

Murray, H. A. (1943). Thematic Apperception Test. Cambridge: Harvard University Press.

Neugebauer, M. (2014). Wer wird Lehrer – und warum?: Ursachen der Studienwahl, Eingangsvoraussetzungen von Studierenden und die Beurteilung des Lehramtsstudiums: Schlussbericht: Projektlaufzeit: 1.10.2010–31.12.2013, Universität Mannheim, Mannheimer Zentrum für Europäische Sozialforschung. Mannheim, Hannover.

Nieskens, B. (2009). Wer interessiert sich für den Lehrerberuf – und wer nicht? Berufswahl im Spannungsfeld von subjektiver und objektiver Passung. Göttingen: Cuvillier.

Nieskens, B. (2016). Eignungsabklärung und Zulassungssteuerung für den Lehrerberuf: Perspektiven, Instrumente und Erfahrungen. In: Boeger, A. (Hg.): Eignung für den Lehrerberuf. Auswahl und Förderung. Wiesbaden: Springer VS, S. 155–180.

Nieskens, B., Mayr, J., Meyerdierks, I. (2011). CCT - Career Counselling for Teachers. Evaluierung eines Online-Beratungsangebots für Studieninteressierte. Lehrerbildung auf dem Prüfstand, 4 (1), 8–32. Verfügbar unter: https://www.pedocs.de/volltexte/2018/14717/pdf/LbP_2011_1_Nieskens_Mayr_Meyerdierks_CCT_Career_Counselling_for_Teachers.pdf [12.2.2022]

Nolle, T. (2016). Eingangsvoraussetzungen für einen sich ständig verändernden Beruf. In: Boeger, A. (Hg.). Eignung für den Lehrerberuf. Auswahl und Förderung. Wiesbaden: Springer VS, 13–30.

Nussbaum, A., Storch, M. (2018). Ich packs! Selbstmanagement für Jugendliche. Ein Trainingsmanual für die Arbeit mit dem Züricher Ressourcen Modell. Göttingen: Hogrefe.

Oesterreich, D. (1987). Die Berufswahlentscheidung von jungen Lehrern. Studien und Berichte 46. Max-Planck-Institut für Bildungsforschung. Stuttgart: Klett-Kotta.

ONLINE LEXIKON STANGL: Online Lexikon für Psychologie und Pädagogik. Verfügbar unter: http://lexikon.stangl.eu/7206/autoritativer-erziehungsstil/ [16.03.2018]

Ortony, A., Clore, G. L., Collins, A. (1988). The Cognitive Structure of Emotions. Cambridge: Cambridge University Press.

OVET *Student Selection to Teacher Education in Finland – Anticipatory Work for Future* (Eng. DOORS). Verfügbar unter: https://sites.utu.fi/ovet/en/ [7.2.2022]

Papoušek, H., Papoušek, M. (1987). Intuitive Parenting: A dialectic counterpart to the infant's integrative competence. In: Osofsky, J. D. (Hg.). Handbook of infant development. 2nd ed. New York: Wiley, 669–720.

Pohlmann, B., Möller, J. (2010). Fragebogen zur Erfassung der Motivation für die Wahl des Lehramtsstudiums (FEMOLA). Zeitschrift für Pädagogische Psychologie, 24 (1), 73–84.

Porsch, R. (2021). Quer- und Seiteneinsteiger*innen im Lehrer*innenberuf. Thesen in der Debatte um die Einstellung nicht traditionell ausgebildeter Lehrkräfte. In: Reintjes, C., Idel, T.-S., Bellenberg, G., Thönes, K. V. (Hg.). Schulpraktische Studien und Professionalisierung: Kohärenzambitionen und alternative Zugänge zum Lehrberuf. Münster: Waxmann, S. 207–222.

Rabel, M. (2011). Berufswahlmotive angehender Lehrer/innen. Eine empirische Arbeit über die Auswirkungen aktueller Entwicklungen auf die Studienmotivation von Lehramtsstudierenden der Fächer Psychologie/Philosophie und Deutsch. Dissertation. Wien: Universität Wien.

Raithel, J. (2008). Qualitative Forschung. Ein Praxisbuch 2. Aufl. Wiesbaden: VS Verlag für Sozialwissenschaften.

Reintjes, C., Idel, T.-S., Bellenberg, G., Thönes, K. V. (Hg.). (2021). Schulpraktische Studien und Professionalisierung: Kohärenzambitionen und alternative Zugänge zum Lehrberuf. Münster: Waxmann (Schriftenreihe der Internationalen Gesellschaft für Schulpraktische Studien und Professionalisierung IGSP, Bd. 6).

Rheinberg , F., Vollmeyer , R. (2019). Motivation. 9. erweiterte und überarbeitete Auflage. Stuttgart. Kohlhammer.

Rheinberg, F. (2008). Motivation. In: Salisch, M.., Selg, H., Ulbrich, D. (Hg.). Grundriss der Psychologie, Bd. 6. 7. aktual. Aufl. Stuttgart: Verlag Kohlhammer.

Richardson, P., Watt, H. (2006). Who chooses teaching and why? Profiling characteristics and motivations across three Australian universities. Asia-Pacific Journal of Teacher Education, 34 (1), 27–56.

Rischke, M., Baedorf, D., Müller, U. (2014). Strategisches Recruitment von zukünftigen Lehrerinnen und Lehrern – sinnvoll und machbar? Sonderpublikation der monitor-lehrerbildung.de als pdf-Broschüre, Ausgabe September 2014. Verfügbar unter: http://www.monitor-lehrerbildung.de/export/sites/default/.content/Downloads/Monitor_Lehrerbildung_Strategisches_Recruitment_04_2014.pdf [07.03.2018]

Roloff, J. (2020). Persönlichkeitsmerkmale. In: Cramer, C., König, J., Rothland, M., Blömeke, S. (Hg.). Handbuch der Lehrerinnen- und Lehrerbildung. Bad Heilbrunn: Verlag Julius Klinkhardt, S. 779–784.

Rothland, M. (2011). Warum entscheiden sich Studierende für den Lehrerberuf? In: Terhart, E., Bennewitz, H., Rothland, M. (Hg.). Handbuch der Forschung zum Lehrerberuf. Münster/New York/München/Berlin: Waxmann, S. 243–295.

Rothland, M. (2013). Belastung und Beanspruchung im Lehrerberuf: Modelle, Befunde, Interventionen. 2. vollst. überarb. Aufl. Wiesbaden: Springer VS.

Rothland, M. (2014). Warum entscheiden sich Studierende für den Lehrerberuf? Berufswahlmotive und berufsbezogene Überzeugungen von Lehramtsstudierenden. In: Terhart, E., Bennewitz, E., Rothland, M. (Hg.). Handbuch der Forschung zum Lehrerberuf. 2. überarb. u. erw. Aufl. Münster: Waxmann, S. 349–385.

Rothland, M., Cramer, C., Terhart, E. (2018). Forschung zum Lehrerberuf und zur Lehrerbildung. In: Tippelt, R., Schmidt-Hertha, B. (Hg.). Handbuch Bildungsforschung. Wiesbaden: Springer, S. 1011–1034.

Runge, J. M., Lang, J. W. B., Engeser, S., Schüler, J., den Hartog, S. C., Zettler, I. (2016). Modeling motive activation in the Operant Motives Test: A psychometric analysis using dynamic Thurstonian item response theory. Motivation Science, 2 (4), 268–286.

Scarano, N. (2011). Motivation. In: Düwell, M., Hübenthal, C., Werner, M. H. (eds) Handbuch Ethik. J. B. Metzler, Stuttgart. S. 448–453

Schaarschmidt, U., Kieschke, U., Fischer, A. (2017). Lehrereignung. Voraussetzungen erkennen –Kompetenzen fördern – Bedingungen gestalten. Stuttgart: Kohlhammer.

Scheffer, D. (2001). Entwicklungsbedingungen impliziter Motive: Bindung, Leistung & Macht. Dissertation, Universität Osnabrück, PDF-Dokument, verfügbar unter: https://repositorium.uni-osnabrueck.de/handle/urn:nbn:de:gbv:700-2001092518 [10.03.2018]

Scheller, P., Isleib, S., Sommer, D. (2013). Studienanfängerinnen und Studienanfänger im Wintersemester 2011/12.Tabellenband. Hannover: HIS.

Schiefele, U., Jacob-Ebbinghaus, L. (2006). Lernermerkmale und Lehrqualität als Bedingungen der Studienzufriedenheit. Zeitschrift für Pädagogische Psychologie, 20 (3), 199–212.

Schmidt-Atzert, L., Peper, M., Stemmler, G. (2014). Emotionspsychologie. Ein Lehrbuch. 2. vollst. überarb. u. erw. Aufl. Stuttgart: Kohlhammer.

Schnell, R., Hill, P. B., Esser, E. (2005). Methoden der empirischen Sozialforschung. 7. Aufl. München: Oldenbourg Wissenschaftsverlag.

Schreiber, M., Darge, K., Tachtsoglou, S., König, J., Rothland, M. (2012). EMW – Entwicklung von berufsspezifischer Motivation und pädagogischem Wissen in der Lehrerausbildung. Codebook zum Fragebogen, Messzeitpunkt 1, Teil 1, DE/AT/CH. Fragen zur Person und zur berufsspezifischen Motivation. Universität zu Köln. Verfügbar unter http://kups.ub.uni-koeln.de/4702 [17.03.2014]

Schüle, C., Besa, K.-S., Denger, C., Feßler, F., Arnold, K.-H. (2014). Lehrerbelastung und Berufswahlmotivation: ein ressourcentheoretischer Ansatz. Lehrerbildung auf dem Prüfstand, 7 (2), 175–189.

Schuler, H. (2006). Noten als Prädiktoren von Studien- und Berufserfolg. In: Rost, D. H. (Hg.). Handwörterbuch Pädagogische Psychologie. 3. Aufl. Weinheim u. a.: Beltz, S. 535–541.

Schüler, J., Brandstätter, V., Wegner, M., Baumann, N. (2015). Testing the convergent and discriminant validity of three implicit motive measures: PSE, OMT, and MMG. Verfügbar unter: https://doi:10.1007/s11031-015-9502-1 [24.09.2019]

Schwietring, T. (2010). Macht/Herrschaft/Gewalt. In: Sandkühler, H. J. (Hg.): Enzyklopädie Philosophie, Band 2: I bis P. Hamburg: Meiner, S. 458–470.

Statistisches Landesamt des Freistaat Sachsen – „Statistischer Bericht – Studierende an den Hochschulen im Freistaat Sachsen 2015“ (BIII 1 – j/15). Verfügbar unter: https://www.statistik.sachsen.de/download/100_Berichte-B/B_III_1_j15_SN.pdf [23.9.2016]

Statistisches Landesamt des Freistaat Sachsen, 2016, GENESIS Online-Datenbank. Verfügbar unter: https://www.statistik.sachsen.de/genonline/online/logon [23.9.2016]

Stäudel, L. (1982). Intellektuelle Befriedigung und praktisches Arbeiten. Motive für ein naturwissenschaftliches Lehrerstudium. Soznat. Blätter für soz. Aspekte des naturwissenschaftlichen Unterrichts, 5 (4), 103–106.

Steigleder, S. (2008). Die strukturierende qualitative Inhaltsanalyse im Praxistest. Eine konstruktiv kritische Studie zur Auswertungsmethodik von Philipp Mayring. Marburg: Tectum-Verl.

Steltmann, K. (1980). Motive für die Wahl des Lehrerberufs. Zeitschrift für Pädagogik 26, 581–586.

Storch, M., Krause, F. (2014). Selbstmanagement – ressourcenorientiert: Theoretische Grundlagen und Trainingsmanual für die Arbeit mit dem Zürcher Ressourcen Modell (ZRM). Bern: Verlag Hans Gruber.

Storch, M., Kuhl, J. (2013). Die Kraft aus dem Selbst. Sieben PsychoGyms für das Unbewusste. 2. überarb. Aufl. Bern: Huber.

Terhart, E. (1994). Lehrer/in werden – Lehrer/in bleiben: berufsbiographische Perspektiven. In: Mayr, J. (Hg.): Lehrer/in werden. Innsbruck: Studienverlag,17–46.

Terhart, E. (2020). Gedanken über Lehrermangel. In: Jungkamp, B., Pfafferott, M. (Hg.): Sprung ins kalte Wasser. Stärkung von Seiten- und Quereinsteiger_innen an Schulen. Berlin: Friedrich-Ebert-Stiftung, 10–17.

Terhart, E., Bennewitz, H., Rothland, M. (Hg.) (2011). Handbuch der Forschung zum Lehrerberuf. Münster/New York/München/Berlin: Waxmann.

Terhart, E., Bennewitz, H., Rothland, M. (Hg.) (2014). Handbuch der Forschung zum Lehrerberuf. 2. überar. und erw. Aufl. Münster (u. a.): Waxmann.

Thurmond, V. A. (2001). The Point of Trinangulation. Journal of Nursing Scholarship 33/3, S. 253–258 https://doi.org/10.1111/j.1547-5069.2001.00253.x

Tillmann, K.-J. (2019). Von einer Notmaßnahme zu einem dauerhaften Konzept? Der Seiteneinstieg in den Lehrerberuf. Pädagogik, 71 (6), 11–14.

Tremp, P. (2000). Rousseaus Émile als Experiment der Natur und Wunder der Erziehung: ein Beitrag zur Geschichte der Glorifizierung von Kindheit. Opladen: Leske und Budrich.

Ulich, K. (2004). Ich will Lehrer/in werden. Eine Untersuchung zu den Berufsmotiven von Studierenden. Weinheim/Basel: Beltz Verlag.

Urban, W. (1996). Erwartungshaltungen, Berufsmotive, Berufsorientierung sowie Streß- und Copingverhalten angehender Lehrer. In: Mayr, J. (Hg.): Empirische Erkundungen zum Studium an der Pädagogischen Akademie. Wien: Bundesministerium für Unterricht, S. 5–22.

Wagner, L., Baumann, N., Hank, P. (2016). Enjoying influence on others: Congruently high implicit and explicit power motives are related to teachers' well-being. Verfügbar unter: https://doi:10.1007/s11031-015-9516-8 [24.09.2019]

Watt, H. M. G., Richardson, P. W. (2007). Motivational factors influencing teaching as a career choice: development and validation of the FIT-Choice scale. Journal of Experimental Education, 75, 167–202.

Watt, H. M. G., Richardson, P. W., Klusmann, U., Kunter, M., Beyer, B., Trautwein, U., Baumert, J. (2012). Motivations for choosing teaching as a career: An international comparison using the FIT-Choice scale. Teaching and Teacher Education, 28 (6), 791–805.

Weiß, S., Braune, A., Kiel, E. (2010). Studien- und Berufswahlmotive angehender Lehrkräfte. Sind GymnasiallehrerInnen anders? Journal für Lehrerinnen- und Lehrerbildung, 3, 66–73.

Weiß, S., Keller-Schneider, M., Neuss, N., Albrecht, C., Kiel, E. (2016). Warum Fruehpaedagog/in werden? Eine vergleichende Studie zu Berufswahlmotiven von angehenden Fruehpaedagog/innen und Lehrer/innen an Grundschulen und Gymnasien. Verfügbar unter: https://www.wiso-net.de/document/XPSY__513184B78218250C9A30A5115F0B7080 [10.03.2018]

Wigfield, A., Eccles, J. S. (1992). The development of achievement task values: A theoretical analysis. Developmental review, 12 (3), 265–310.

Willer, K.-I. (1993). Die familiale und schulische Sozialisation von Grund- und Hauptschullehrerstudenten. Frankfurt/M.: Lang.

Willich, J., Buck, D., Heine, C., Sommer, D. (2011). Studienanfänger im Wintersemester 2009/10. Wege zum Studium, Studium- und Hochschulwahl, Situation bei Studienbeginn. HIS: Forum Hochschule (5).

Winter, D. G. (1994). Manual for scoring motive imagery in running text (version 4.2). Unpublished manuscript. Department of Psychology, University of Michigan, Ann Arbor.

Wiza, S. (2014). Motive für die Studien- und Berufswahl von Lehramtsstudierenden: eine qualitative Wiederholungsmessung. Dissertation zur Erlangung des akademischen Grades Dr. phil. an der Universität Duisburg-Essen, Fakultät für Bildungswissenschaften, Institut für Psychologie. Verfügbar unter: http://duepublico.uni-duisburg-essen.de/servlets/DerivateServlet/Derivate-37808/MotiveSW.pdf [21.09.2018]

Abbildungsverzeichnis

Tabellenverzeichnis

10 Anhang

A) Beispielerklärung (aus Interview) zur Funktionsweise und Zusammenhänge der vier Makrosysteme

„Kuhl geht davon aus, dass es vier Systeme gibt und mit diesen Systemen setzen wir die Motive, die wir haben, um. Jeder Mensch nutzt die vier Systeme dabei unterschiedlich stark. Und auch bei jedem Motiv anders.

Das Objekterkennungssystem (blauer Balken): Dabei geht es um das Empfinden, also Unstimmigkeiten entdecken, vielleicht auch eine gewisse Ängstlichkeit aufzuweisen. Wo kommt das her?: Archaische Zeiten – du suchst den Tiger im Gebüsch, und wenn du den Tiger als Objekt nicht von anderen Objekten unterscheiden kannst, ihn also nicht (als Detail) wahrnimmst und unterscheiden kannst, wirst du gefressen. Dafür ist das OES also gut.

Das OES hat einen Antagonisten, also ein System, das ihm konträr gegenübersteht, aber auch zusammenarbeitet. Das ist in diesem Fall das Extentionsgedächtnis (EG). Im Folgenden hier als Fühlen wiedergegeben (gelber Balken). Dieses ist ganz wichtig, um Dinge auch aus dem Überblick betrachten zu können.

Zusammengefasst: Beim OES sind wir bei etwas Einzelnem, einem Detail, laut unserem Beispiel suchen wir den Tiger im Busch oder das Haar in der Suppe. Das EG verschafft uns hingegen Überblick, mit Hilfe dessen sehen wir das große Ganze. Das wird auch als der Selbstzugang bezeichnet, also was sind eigentlich meine Ziele, die ich nicht aus dem Auge verlieren darf/will. Wenn ich also das Wasserloch suche und dann so ängstlich bin und nur noch nach dem Tiger Ausschau halte, verdurste ich. Umgekehrt ist es aber auch so, wenn ich nur die Dinge aus dem Überblick betrachte, dabei gar nicht mehr so richtig die Einzelheiten auf dem Schirm habe und die Umwelt beachte, werde ich vom Tiger gefressen, weil ich ihn nicht rechtzeitig entdeckt habe. Und so arbeiten die beiden ein bisschen zusammen. Es geht nicht, dass eins gar nicht ausgeprägt ist und das andere unglaublich stark, das führt zu einer Disbalance und ins Verderben.

Dann gibt es noch einen zweiten Antagonismus: Das ist zum einen das Intentionsgedächtnis (IG) (roter Balken). Das Denken: also Dinge erstmal aus einem Abstand betrachten, nicht gleich loslegen, sondern erstmal Planen und eine Strategie entwickeln.

Der Antagonist ist das Intuieren (grün): super spontan, ein Macher, „zack ich mach das jetzt, ohne großartig darüber nachzudenken“. Auch hier merkt man wieder, dass beide ein stückweit zusammenarbeiten müssen. Denn der Typ, der total viel plant und Strategien entwickelt und immer wieder neue planerische Ideen entwickelt etwas so und so zu machen, so stellt er die Aufgabe nie fertig. Umgekehrt: Wenn das Spontansein zu stark ausgeprägt ist, man keinen wirklichen Plan hinter der Sache hat, fängt man an, gibt aber mit Sicherheit relativ schnell wieder auf, weil man nicht weiterkommt.“

Vertiefende Erklärungen zu den fünf Modi der Befriedigungsformen (OMT) und der Messskalen des MUT des Anschlussmotivs

OMT-Befriedigungsmodi für das Anschlussmotiv:

Ebene 1 (A1): Hierbei besteht eine hohe Korrelation (r = 0.70) mit warmherzigem Verhalten („Wärme“). Das meint beispielsweise den Dialog ohne Dominanzgehabe, das zum Ausdruckbringen positiver Gefühle gegenüber dem anderen, Vertrauen, das Nachvollziehen von Gedanken (vgl. Kuhl 2001 S. 560; Kuhl 2013, S. 29), also die unbedingte Akzeptanz des Gegenübers (vgl. Kuhl 2013, S. 30). Dabei bedarf es hoher Spontanität im Umgang mit dem Gegenüber (vgl. ebd., S. 560). Kern des Motivs sind Empfindungen, die mit dem Gefühl der Freude gekoppelt sind.

A1 wird „als die intrinsische Komponente der Bindungsmotivfamilie bezeichnet“ (ebd., S. 29). Dazu muss laut PSI-Theorie der positive Affekt selbstgesteuert sein und „die positiven Gefühle in einen umfassenden Kontext des eigenen und erlebten fremden Selbst eingebettet sein.“ (ebd., S. 30) Der positive Affekt ist in diesem Fall an das Selbstsystem (IVS) angebunden. Die Motivumsetzung ist demzufolge durch die Funktionsmerkmale des ganzheitlichen Fühlens (Echtheit, Selbstkongruenz, Wahrnehmung der anderen Person, Kreativität in der Beziehungsgestaltung, Flexibilität bei auftauchenden Schwierigkeiten) charakterisiert (vgl. Kuhl 2013, S. 30).

Ebene 2 (A2): PSI-theoretisch stehen auch bei A2 positive Gefühle im Vordergrund, die jedoch hedonistischer getönt sind, also kurzfristiger bzw. stärker an die momentane Situation gebunden sind. Auch erscheinen sie egoistischer, da sie nicht die unbedingte Akzeptanz der anderen Person bedeuten (vgl. Kuhl 2013, S. 32). Die dennoch positiven Gefühle sind weiterhin mit äußeren Anreizen gekoppelt. Das Geselligkeitsmotiv ist also anders als auf Ebene 1 nicht intrinsischer Natur. Der Unterschied zu A1 wird also „durch eine gewisse Unverbindlichkeit in der Kontaktsuche“ (ebd., S. 31) beschrieben. Bedürfnisziel ist in diesem Fall die Erregung, „z. B. durch gute Unterhaltung oder Flirten“ (ebd., S. 31).

Ebene 3 (A3): Anders ausgedrückt: bindungsthematische negative Gefühle werden aktiv selbstgesteuert bewältigt. Mit einem „Trick“ gelingt es dem Motivationssystem, „diese defizitären Zustände kognitiv umzuwerten“ (Kuhl 2013, S. 33), indem der negative Gehalt mittels Uminterpretation reduziert wird (vgl. ebd., S. 33). Für Personen mit starker Ausprägung in Kategorie 3 ist also die Fähigkeit charakteristisch, die anfangs noch „negativ erscheinenden Signale von Interaktionspartnern [...] zu ignorieren und so umzudeuten, dass doch eine gute Atmosphäre entsteht.“ (ebd., S. 33) Dies wird auch im Titel „Beziehung wiederherstellen: Bewältigung von Distanz“ deutlich.

Ebene 4 (A4): Aus den Modulationsannahmen der PSI-Theorie lässt sich ableiten: „Negativer Affekt hemmt das ganzheitliche Fühlen [(IVS); Anm. A. S.] zugunsten des analytischen Denkens und Planens.“ (Kuhl 2013, S. 35). Die Aktivität des Objekterkennungssystems (OES) in diesem Modus würde bedeuten, dass die eigenen Gefühle,

Einstellungen und Verhaltensweisen ständig hinsichtlich der Kompatibilität mit denen des Interaktionspartners oder der Interaktionspartnerin überwacht werden, wodurch eine kontinuierliche Abgrenzung zwischen dem Selbst und dem Gegenüber erfolgt. „Beim Modus 4 des Bindungsmotivs stehen dagegen [aufgrund der Umdeutungsstrategie (Hoffnung/Sehnsucht); Anm. A. S.] eindeutig die Gemeinsamkeiten im Vordergrund [...]“ (ebd., S. 36), welche sich in einem Harmoniebedürfnis ausdrücken (vgl. ebd., S. 36).

Im Unterschied zu Modus 3, wo Probleme an sich gelöst werden sollen, „wird auf Ebene 4 kurzfristig der negative Affekt durch zielorientierte Verhaltenssteuerung überdeckt“ (ebd., S. 37).

Ebene 5 (A5): Wo liegt nun der Nutzen dieser passiven Vermeidung? Grund Nummer eins ist das Auslösen von Mitleid beim Gegenüber durch den affektiven Ausdruck von Traurigkeit und Verzweiflung. Eventuell wird dem Klagenden dann auch Hilfe angeboten, wodurch Beziehung hergestellt werden kann. „Passive Traurigkeit [kann] auch als Art Energiekonservierung angesehen werden.“ (Kuhl 2013, S. 37). Diese handlungshemmende Wirkung der Passivität kann den Organismus des Betreffenden davor schützen, „seine Energien in aussichtlosen Aktivitäten zu verschwenden.“ (ebd., S. 37) Als dritter Grund ist denkbar, dass Traurigkeit als Emotion, jegliche Form der Motivumsetzung hemmt und somit „die Bedeutung des Verlusts auf der Ebene des Selbst erfahrbar“ (ebd., S. 37) macht.

Diese Motivebene ist nicht durchweg von negativen Aspekten bestimmt, positive Seiten der passiven Vermeidung sind beispielsweise in der Grundlegung von Verbindlichkeit in Beziehungen zu sehen, d. h., dass der Person Loyalität und Hingabe besonders wichtig sind (vgl. Kuhl 2013, S. 38).

Erklärung der Messskalen des MUT für das Anschlussmotiv:
A´1: Die intuitive Beziehungsaufnahme ist idealtypisch für die Umsetzung des Beziehungsmotivs. Die Aktivität des IVS stellt hier das entsprechende Repertoire für die Interaktion mit dem Gegenüber bereit, um auf diesen „spontan zugehen zu können, Smalltalk zu führen oder adäquat mit dem eigenen verbalen und non-verbalen Ausdruck auf andere zu reagieren.“ (Kuhl, Alsleben 2012, S. 48). Die Messskala gibt also Auskunft darüber, wie spontan und offen sich die Person in sozialen Beziehungen verhält und andere emotional anrühren kann (vgl. ebd., S. 48). Hohe Ausprägungen stehen für geselligen, oberflächlichen Kontakt. In schwierigen sozialen Situationen reagiert die Person eher impulsiv und wenig diplomatisch. Niedrige Messwerte deuten darauf hin, dass die Person Schwierigkeiten hat, auf andere zuzugehen oder spontan/herzlich zu reagieren. Die Person ist eher zurückhaltend und sozial distanziert, es gelingt ihr kaum, jemand anderen emotional anzustecken, weshalb sie auf diese eher kühl wirkt (vgl. ebd., S. 48).

A´2: Die Skala der geselligen Beziehungsaufnahme zeigt an, „ob jemand [...] dazu neigt unkomplizierte oder oberflächliche bzw. gesellige soziale Kontakte zu suchen. Es handelt sich um eine Unterkategorie der intuitiven Beziehungsaufnahme.“ (Kuhl, Alsleben 2012, S. 48). Auch hier stehen hohe Werte für nette, eher oberflächliche, unverbindliche Gespräche. Bei sehr hohen Ausprägungen sollen im Kontakt mit anderen Spaß und gute Stimmung im Vordergrund stehen. Geringere Werte deuten darauf hin, dass die Person lieber tiefgründigere/persönliche Kontakte sucht, oder aber „Erfüllung" im Alleinsein findet (vgl. ebd., S. 48 f.).

A´3: Integrative Beziehungsgestaltung zeigt an, „wie stark jemand seine Lebenserfahrung im Umgang mit anderen Personen nutzt und somit besonnen, umsichtig und integrativ in seinen Beziehungen agiert." (Kuhl, Alsleben 2012, S. 49). Hierbei spielt das EG eine wichtige Rolle: Sein „allumfassender" Überblick hilft „flexibel, kreativ und lösungsorientiert mit zwischenmenschlichen Konflikten und anderen Schwierigkeiten in sozialen Beziehungen umzugehen." (ebd., S. 49). Das meint auch ein gutes Gespür für andere zu haben, zu wissen, was der oder die andere braucht oder in bestimmten Situationen erwartet, um die eigenen Bedürfnisse auf die anderer abzustimmen. Dabei kommt es zum Austausch echter Gefühle. Dieser Umsetzungsstil erleichtert „persönliche, vertrauensvolle und tragfähige Beziehungen aufzubauen und zu erhalten." (ebd., S. 49) Hohe Werte stehen für ein günstiges Verhandlungsgeschick, wobei die Person oftmals der Konfliktschlichter oder die Konfliktschlichterin ist. In Teamsituationen bringt die Person Zusammenhalt in die Gruppe. Unter zu hoher Ausprägung leidet jedoch die Fähigkeit zur Selbstkritik. Bei niedriger Ausprägung fehlt in sozialen Kontakten das schnelle Gespür für die eigenen Bedürfnisse und die Wünsche der anderen. Auch verfügt die Person über wenige oder keine flexiblen Handlungsoptionen im Kontaktbereich bzw. sind diese rasch ausgeschöpft (vgl. ebd., S. 49).

A´4: Schwierige Beziehungen (sachlich-analytische Beziehungsgestaltung) – Auf dieser Ebene wird das IG aktiviert, da hier sachlich-analytisches Vorgehen und Verarbeiten hilfreich sind. In sozialen Beziehungen meint das, dass Problemlösekompetenz und Analysefähigkeit gefragt sind, um zwischenmenschliche Konflikte zu lösen (vgl. Kuhl, Alsleben 2012, S. 49). Hohe Werte stehen für Sachlichkeit und Zuverlässigkeit in sozialen Beziehungen. Dabei ist jedoch zu beachten, dass die Person auch schnell Gefahr laufen kann als kühl, berechnend oder manipulativ eingeschätzt zu werden, da der emotionale, persönliche Kontakt zu kurz kommt. Auch kann es sein, dass die Person mehr über soziale Beziehungen nachdenkt, anstatt sich darauf einzulassen. Nützlich erscheint dieser Umsetzungsstil in kooperativen Beziehungen (z. B. Teambeziehungen im beruflichen Kontext), da es dort nicht vordergründig um die Beziehung an sich geht, sondern um die gemeinsame Zielerreichung (vgl. ebd. S. 50). „Sehr niedrige Werte können ein Indiz dafür sein, dass jemand in Konfliktsituationen schneller den ‚Kopf verliert', nicht nüchtern und sachlich bleibt und die eigenen Ziele aus den Augen verliert." (ebd., S. 50)

A´5: Wie im OMT spielt hier die Furchtkomponente die tragende Rolle des Motivs, weshalb A´5 auch die Bezeichnung „Beziehungsangst" trägt (unsichere Beziehungsmotivation). Durch die Aktivität des unstimmigkeitssensiblen OES reagiert die Person besonders sensibel auf Äußerungen und Signale anderer Menschen. Dabei ist sie insbesondere wachsam für Unstimmigkeiten und Probleme im zwischenmenschlichen Bereich. Bei hohen Ausprägungen besteht die Gefahr, dass die Person ihre eigenen Beziehungen eher kritisch-distanziert, passiv oder gar ängstlich gestaltet. Die Angst vor dem Verlassenwerden, der Zurückweisung, der Nicht-Zugehörigkeit führt dazu, dass andere kaum kritisiert werden und sie sich auch vor Kritik an der eigenen Person fürchtet, da diese Ablehnung suggeriert. Diese Personen haben mitunter „ein größeres Bedürfnis nach Harmonie und Sicherheit in Beziehungen“ (Kuhl, Alsleben 2012, S. 50). Sehr niedrige Werte stellen dagegen den eher robusten Umgang mit anderen dar. Oder aber negative Gefühle und Stimmungen in Beziehungen können nicht ausgehalten werden, weshalb diese durch Aktionismus oder Rücksichtlosigkeit übergangen werden (vgl. ebd., S. 50).

Vertiefende Erklärungen zu den fünf Modi der Befriedigungsformen (OMT) und der Messskalen des MUT des Leistungsmotivs

OMT-Befriedigungsmodi für das Leistungsmotiv:

Ebene 1 (L1): Diese „intrinsische Freude“ geht auch mit dem Flow-Erleben (nach Csikszentmihalyi 1975) einher. „Flow beschreibt [...] einen Zustand intensiver, kreativer und strukturierter Interaktion mit einer Aufgabe“ (Kuhl 2013, S. 41), der von einem kontinuierlichen „Fluß“ positiver Gefühle (insbesondere Neugier, Interesse und Konzentration) bestimmt ist (vgl. ebd., S. 41). Dabei wird die Leistung nicht durch Ich- oder Selbstzuschreibung erzielt, sondern ist „gerade durch Selbstvergessenheit gekennzeichnet“ („Ich-Vergessenheit“; Kuhl 2001, S. 594 f.). Das Selbst ist nur bedingt beteiligt, aber nicht auf einer dem analytischen Bewusstsein zugänglichen Ebene (vgl. Kuhl 2001, S. 595). Die stetige Selbstmotivierung über einen längeren Zeittraum ist jedoch notwendig, da die Tätigkeit im Grunde kein Ziel oder Ergebnis verfolgt. Es geht primär um das Aufgehen in der Tätigkeit selbst. Das Flow-Erleben wird als eine wesentliche Komponente des Erkenntnisstrebens betrachtet.

Es soll noch angemerkt werden, dass das Flow-Erleben nur in bestimmten Tätigkeiten erreicht werden kann, diese sind beispielsweise künstlerische Berufe, u. U. in der Forschung und bei komplexen Sportarten, da hier auch nach langer intensiver Beschäftigung immer noch Anregungsgehalt besteht. Auch das Lernen kann „als prototypische Flow-Aktivität gelten, wenn es ohne Druck geschieht und durch Interesse energetisiert ist.“ (Kuhl 2013, S. 42). Im Schulunterricht ist die Flow-Variante von Leistung jedoch nur schwer umsetzbar, da dieser „mehr auf rezeptives Lernen in stark durch von außen strukturierte Situationen“ (ebd., S. 42) geprägt ist.

PSI-theoretisch stehen hierbei positiver Affekt und Selbstsystem in Verbindung. D. h. die Selbstmotivierung geschieht über eine eigenständige Heraufregulierung positiven Affekts, da auftretenden Schwierigkeiten als Herausforderungen angesehen werden (vgl. ebd., S. 40).

Ebene 2 (L2): Die vorherrschenden Emotionen auf dieser Motivebene sind Bestätigung, Freude und Stolz über das zu erwartende oder eintretende positive Ergebnis. Ein entsprechendes Synonym ist der Ausdruck „Gütemaßstab“ (Kuhl 2013, S. 43.). Die „hier erörterte Kategorie ‚innerer Gütemaßstab‘ handelt [...] im Sinne der PSI-Theorie

[...] [von einer; Anm. A. S.] als Introjekt[23] internalisierte Fremdsteuerung (welche auch ohne die Präsenz relevanter Bezugspersonen funktioniert) [...].“ (ebd., S. 44)

In der PSI-Theorie stehen auf Ebene 1 und 2 positive Affekte im Vordergrund. Im Leistungsmotiv sind diese aber zunächst als „negative“ Affekt-Komponenten zu beschreiben, was „auf der Tatsache beruht, dass Leistungshandeln immer durch die Konfrontation mit zu überwindenden Schwierigkeiten charakterisiert ist (Atkinson 1985)“ (Kuhl 2013, S. 43). Durch das Erreichen des Ziels (Lösungsfindung) wird anschließend die Heraufregulierung positiven Affekts hervorgerufen.

Ebene 3 (L3): Die lernorientierte Leistungsmotivation knüpft dabei an das EG und das darin gespeicherte Selbst an. Somit geht lernorientierte Leistungsmotivation mit Selbstentwicklung einher. „Die Bedeutung des zu Lernenden für persönliche Bedürfnisse und Ziele wird auf ganzheitlicher Ebene ‚gefühlt‘, so daß es zur Identifikation mit der Lernabsicht kommt und damit alle Funktionen der Selbstregulation zur Unterstützung ihrer Realisierung zur Verfügung stehen [...].“ (Kuhl 2001, S. 591). Der reduzierte positive Affekt wird, wie in der 5. Modulationsannahme beschrieben, durch die Selbstmotivierung heraufreguliert und durch die Selbstberuhigung (4. Modulationsannahme) wandelt sich die Bedrohung (schwierige Aufgabe) um, wodurch die Person handlungsfähig bleibt und immer neue Lösungswege generieren kann.

„Im Unterscheid zu dem in den Kategorien L1 und L2 thematisierten Schwierigkeitsbegriff steht hier nicht die Wiederherstellung oder Vermeidung von verlorener Freude im Vordergrund [...], sondern die Bewältigung aversiver, besonders selbstwertbelastender Emotionen, die mit einem evtl. Misserfolg verbunden sind.“ (Kuhl 2013, S. 45). Obwohl es sich um eine positive Kategorie handelt, können von dem Probanden oder der Probandin durchaus Befürchtungen und andere negative Gefühle genannt werden (vgl. ebd, S. 45).

Ebene 4 (L4): Im Unterscheid zu L2 tritt hier die Angst vor dem Scheitern oder der soziale Vergleich ganz in den Vordergrund. Die Person ist demzufolge bestrebt, sich im Hinblick auf das angestrebte Ergebnis von ihren Befürchtungen zu „erlösen“ (Kuhl 2013, S. 47). Ziel ist also die Reduzierung von Angst oder Unsicherheit.

Im Unterschied zum dritten Modus geschieht die Umsetzung nicht durch aktive Bewältigung (z. B. Umbewertung), sondern durch aktive Tätigkeit (Aktionismus) (vgl. Kuhl 2013, S. 47). „Der aktive Vermeidungsmodus des Leistungsmotivs (L4) ist in Situationen adaptiv, in denen es darum geht, unter Stress Leistung zu bringen.“ (ebd., S. 47)

Besonders gut kommt dies mit dem Kategorientitel „Leistungsdruck“ zum Ausdruck, man will der sozialen Norm genügen oder aber sogar besser sein als andere. Die Orientierung an anderen bzw. an Leistungsstandards ruht hier ebenfalls auf dem Thema Verbesserung/Veränderung (vgl. ebd., S. 46 f.).

Ebene 5 (L5): Implizit (d. h. nicht unbedingt geäußert) geht diese Motivstrategie mit dem Ziel einher, doch Hilfe zu bekommen. Hierfür stellt der Appell-Charakter des Emotionsausdrucks die Basis des Motivsystems (vgl. Kuhl 2013, S. 49).

23 „Introjekt“ meint laut PSI-Theorie den eines Teams, einer Organisation oder einer bestimmten Kultur übernommenen Gütemaßstab (Kuhl 2013, S. 43).

Auch diese Motivebene ist nicht durchweg von negativen Aspekten bestimmt. „Die (oft übersehene) positive Seite dieser Komponente lässt sich mit dem Begriff ‚Selbstkritik' beschreiben, also der Fähigkeit, Misserfolge zum Anlass zu nehmen, das eigene Selbstkonzept gründlich zu revidieren (was möglicherweise eine Phase der Hilflosigkeit erfordert). [...] Auch die Konservierung von energetischen Ressourcen könnte ebenso eine Rolle spielen [...].“ (ebd., S. 49)

Erklärung der Messskalen des MUT für das Leistungsmotiv:
Im Anschluss an die Darlegung der unbewussten Motivmodi der Leistung, adäquat zum Anschlussmotiv, nun die bewussten Motivumsetzungsstile anhand der MUT-Skalen:

L´1: Schwierigkeitsvermeidung (intuitives Leistungsstreben) – Die Skala gibt an, wie spontan bzw. intuitiv jemand mit neuen Aufgaben und Herausforderungen umgeht bzw. wie routiniert er an diese herangeht. Voraussetzung dafür ist, dass die Person selbst bestimmen kann, was zu tun ist. Dabei unterstützt das aktive IVS, sodass die Aufgabe mit relativ wenig Energie- und Kraftaufwand erledigt werden kann. Schnelligkeit und (bzw. durch) Routine sind maßgeblich für diese Form. „Die Fähigkeit wird durch eine positive Stimmungslage gesteigert, die den Zugriff auf vorhandene bzw. erlernte Techniken, Vorgehensweisen oder Lösungskompetenzen erleichtert und Spaß an der Ausführung der Arbeit vermittelt.“ (Kuhl, Alsleben 2012, S. 51). Darüber hinaus ist dieser Umsetzungsstil empfänglich für Belohnungen und Verlockungen, die den positiven Affekt darstellen, der in Verbindung mit der Aufgabe steht. Das Lernen und Arbeiten geht (dadurch) leichter von der Hand und ermöglicht schnelle Erfolge bzw. Lösungen (vgl. Kuhl, Alsleben 2012, S. 51).

Die zu hohe Ausprägung birgt die Gefahr, dass es zu vorschnellem und unüberlegtem Handeln kommt. Auch kann es zu Ablenkbarkeit aufgrund der Belohnungen kommen oder die Person geht schwierigen Leistungszielen gänzlich aus dem Weg (vgl. ebd., S. 51).

Niedrige Ausprägungen hingegen geben Hinweis darauf, dass die Person einfache routinemäßige Lösungen übersieht und zur Aufgabenbewältigung mehr Kraftaufwand braucht. Misslich ist in diesem Fall auch die mehr und mehr verlorengehende Freude an der Tätigkeit, wodurch die positive Erfolgsorientierung aus dem Blickfeld gerät (vgl. ebd., S. 51).

L´2: Ehrgeizige Leistungsziele (strategisches Leistungsstreben) – Die Skala misst die sachlich-analytische und strategische Umsetzung von Aufgaben und Herausforderungen. Für die Lösung besonders schwieriger Aufgaben ist in diesem Modus das zugrundeliegende System EG (Absichtsgedächtnis) und das damit verbundene analytische Denken aktiv, da für die Lösung insbesondere konzeptionelles und vorausschauendes Vorgehen gefragt sind. Dabei werden eigene Ziele im Auge behalten, Konzepte und Arbeitsstrukturen konsequent anhand der Verfolgung der eigenen Lern- und Leistungsziele entwickelt.

Die einseitige hohe Ausprägung von L´2 birgt die Gefahr des zu starken Analysierens und Abwägens von Alternativen. Die Person verliert dadurch notwendige

Handlungsenergien für die Zielumsetzung oder verpasst den richtigen Handlungszeitpunkt (vgl. Kuhl, Alsleben 2012, S. 52).

> „Niedrige Messwerte in dieser Skala können ein Hinweis darauf sein, dass Kompetenzen zum planvollen Vorgehen in komplexen Leistungssituationen fehlen und größere Anforderungen deshalb gemieden werden." (ebd., S. 52)

L´3: Umsichtiges Leistungsstreben – Gemessen wird der umsichtige, besonnene und kreative Umgang mit schwierigen Aufgaben. Schwierigkeiten und Misserfolgsrisiken treten dabei deutlich in den Vordergrund und werden von der Person bewusst wahrgenommen. Durch die Aktivität des EG und dessen Funktion des ganzheitlichen Fühlens erlangt die Person den notwendigen inneren und äußeren Überblick über die vielfältigen Anforderungen der Situation. Das EG ermöglicht auch den kreativen und flexibel nutzbaren Umgang mit dem vorhandenen Wissen (eigenem Erfahrungsschatz), sodass breitere Handlungsräume und Lösungsalternativen generiert werden können. Wichtig ist hierbei auch die Identifikation der Person mit den Aufgaben und Zielen und deren gegenseitige Übereinstimmung (persönliche Involviertheit): Hohe Ausprägungen begünstigen die starke persönliche Beteiligung an Aufgaben, im Extremen steht diese Beteiligung jedoch auch für Eigenwilligkeit (besonders im Fall von fremdbestimmten Aufgaben). Von einer geringen inneren Beteiligung an Leistungszielen ist bei niedrigen Messwerten auszugehen, evtl. sogar bedingt durch stärkere Fremdorientierung (vgl. Kuhl, Alsleben 2012, S. 52).

L´4: Konkurrenzbetontes Leistungsmotiv (sozialer Vergleich) – Erst aus einer Konkurrenzsituation mit anderen heraus entwickelt die Person Handlungsenergien und Tatkraft, um sich für zu erbringende Leistung zu motivieren. Der soziale Vergleich, besser als andere abschneiden zu wollen, spielt hierbei die tragende Rolle. Diese starke Außenorientierung führt nicht selten zu Stress und Belastungen. Fehlt jedoch das wettbewerbsorientierte Umfeld, fühlt sich die Peron nicht in der Lage bzw. nur eingeschränkt motiviert, ihr Leistungspotenzial abzurufen, evtl. kann sie sich durch den fehlenden äußeren Anreiz nicht eigenständig für die Bewältigung der Aufgabe motivieren. Sehr niedrige Skalenwerte stehen im Gegensatz zum Genannten dafür, dass die Person sich eher aus sich selbst heraus für anspruchsvolle Ziele motivieren kann und partnerschaftliche bzw. teamorientierte Zusammenarbeit dem Konkurrenzbestreben vorzieht (vgl. Kuhl, Alsleben 2012, S. 53).

L´5: Leistungsangst (sensitive Leistungsmotivation) – Der Wunsch der Person ist es, Aufgaben und Herausforderungen besonders gründlich zu erledigen, ausgehend von der Befürchtung, den Anforderungen nicht gerecht zu werden. Hierbei geht es also um Perfektion und Genauigkeit, was sich sowohl als Vorteil aber auch als Nachteil erweisen kann. Hohe Skalenwerte deuten darauf hin, dass die Person in der Regel frühzeitig auf Risiken, Gefahren und Qualitätsdefizite aufmerksam wird. Dieses Verhalten ist förderlich, da somit abgewogen werden kann, ob das Ziel erreicht wird oder ob die Zielverfolgung im Scheitern und Misserfolg endet. Zudem bemüht sich die Person dadurch um ständige Optimierung ihrer Arbeitsweise und -ergebnisse. Gefahr läuft sie dann, wenn der Qualitätsanspruch zu hoch gesteckt wird, da dies zu

Unzufriedenheit mit der eigenen Arbeit führen kann. Im Extremfall entwickelt sich eine regelrechte Leistungsangst, wenn die Person sich vorschnell von Fehlern und Fehlschlägen entmutigen lässt. Dabei wird nicht mehr in die eigene Leistungsfähigkeit vertraut und die Problemlösung von anderen erwartet. Eine niedrige Merkmalsausprägung auf der Skala kann Indiz dafür sein, dass die Person unvorsichtig und mit nur wenig Gewissenhaftigkeit arbeitet, die Aufgabe wird somit wenig detailorientiert gelöst, Fehler(quellen) wurden z. T. übersehen und auch die Person besitzt keine Bereitschaft zur Reflexion über ihren Misserfolg (vgl. Kuhl, Alsleben 2012, S. 53).

Vertiefende Erklärungen zu den fünf Modi der Befriedigungsformen (OMT) und der Messskalen des MUT des Machtmotivs

OMT-Befriedigungsmodi für das Machtmotiv:

Kodierungs-Hinweise für M1 und M2: Wichtig für die richtige Kodierung der Antworten in der Unterscheidung von M1 und M2 ist, dass die Macht im Modus 1 „intrinsisch aus dem impliziten Selbst ‚herausfließt' (Kuhl 2013, S. 50 f.) (ähnlich dem Flow bei L1). Auf der zweiten Ebene des Machtmotivs geht es ebenfalls wie in Modi 1 um das Helfen oder Führen, es wird aber eher als Rat Geben verstanden. Anderen zu helfen oder sie zu führen wird dabei mehr durch explizite Intentionen gesteuert. Die Person orientiert sich an der eigenen Rolle (z. B. der Lehrer unterrichtet oder der Vater gibt in seiner Rolle des Erziehers und Vorbilds seinem Kind einen Ratschlag) (vgl. Kuhl 2013, S. 51). Weiterhin ist für M1 wichtig zu beachten, dass das Führen nicht mit Schwierigkeiten oder ärgerlichen, gespannten Gefühlen verknüpft ist[24]. Häufiges Thema dieser Kategorie ist die Hilfe und Unterstützung anderer, welche in dieser Form Überlegenheit vermittelt. Weiterhin wird M1 verrechnet, wenn Macht als altruistisches Motiv geäußert wird, d. h. wenn das Belangen und das Wohlergehen anderer Menschen als ebenso wichtig angesehen werden. Diese Fähigkeit, Werte oder das Selbstkonzept anderer durchaus auch im Sinne anderer zu beeinflussen, setzt „[d]ie Beteiligung des Selbst im 1. Modus" (ebd., S. 51) voraus. Dadurch wird ermöglicht, dass fremde Perspektiven berücksichtigt werden können, „ohne die eigenen Anliegen und Interessen aus dem Auge zu verlieren." (ebd., S. 51).

Wie beim Leistungsmotiv muss auch für das Machtmotiv angenommen werden, dass „eine auf die gehemmte positive Affektivität ausgelöste analytische und rationale Ausrichtung wichtig ist." (ebd., S. 51). Affektwechsel wird also auch für das Machtmotiv konstitutiv angesehen.

> „Bei der Machtmotivation rücken Adjektive, die auf die Beseitigung negativer Affektlagen hinweisen, eine Stufe höher Richtung positiver Emotionalität, weil die negative affektive Komponente stärker als integraler Bestandteil auch der positiven Ausrichtung des Machtmotivs anzusehen ist." (Kuhl 2013, S. 56)

24 Besteht die Kombination von Macht und Schwierigkeiten oder ärgerlichen Emotionsäußerungen, so muss M4 kategorisiert werden (vgl. Kuhl 2013, S. 51).

Beschreibungen zu den Umsetzungsmodi des Machtmotivs bezogen auf das MUT-Verfahren:

M´1: Das altruistische Machtmotiv geht der Frage nach, „wie stark jemand bereit ist, sich für andere einzusetzen und ihnen zu helfen“ (Kuhl, Alsleben 2012, S. 54). Diese Motivform kann als positive Variante des intuitiven Machtmotivs gesehen werden. Dabei geht es um (positive) emotionale Ansteckung anderer, durch die man Dritte für eine gute Sache gewinnen kann. Das Machtstreben ist dabei auf Uneigennützigkeit ausgerichtet (vgl. ebd., S. 54).

Hohe Ausprägungen der Skala bergen die Gefahr, „dass sich jemand gegenüber Hilfe- und Ratsuchenden nicht mehr abgrenz[t]“ (ebd., S. 54). Durch dieses Nicht-nein-sagen-Können werden die eigenen Interessen aus dem Auge verloren.

M´2: Beim intuitiven Machtmotiv geht es um schnelles Reagieren, wenn es darauf ankommt, seinen Einfluss geltend zu machen und die eigenen Interessen bzw. Ideen zu vertreten sowie den eigenen Standpunkt gegenüber anderen durchzusetzen. Dabei unterstützt die aktive IVS das Durchsetzungsvermögen, „indem sie spontane Verhaltensweisen und Routinen zur Verfügung stellt sowie den Zugriff auf die eigenen „Instinkte“ bahnt. Die Art der Einflussnahme ist dabei nicht selbstlos, da die eigenen Wünsche unausgesprochen im Vordergrund stehen, ohne jedoch strategisch zu wirken.“ (vgl. Kuhl, Alsleben 2012, S. 54)Diese Selbstzentriertheit der IVS gibt der Person das Gefühl von Überlegenheit, den nötigen Respekt anderer fordert sie nonverbal ein (vgl. ebd., S. 54).

Sind die Skalenwerte sehr hoch, kann das in komplexen risikobehafteten Situationen nachteilig sein, da davon auszugehen ist, dass die Person unüberlegt und impulsiv handelt.

> „Ein sehr geringer Wert ist Hinweis auf eine eher passive Unterordnung gegenüber anderen und Mangel an Spontaneität in der Hilfsbereitschaft.“ (ebd., S. 55)

M´3: Umsichtig-integratives Machtstreben (EG) – „Diese Skala gibt an, wie gut die Fähigkeit entwickelt ist, sich umsichtig und besonnen durchzusetzen sowie prosozial führen zu können.“ (ebd., S. 55) Durch Aktivierung des EG hat die Person den notwendigen inneren und äußeren Überblick, kann dadurch mithilfe ihres Erfahrungswissens die Situation kreativ und flexibel beurteilen und dementsprechend agieren. Die äußerst positive Fühlfunktion des EG macht, dass die Person integrativ wirkt und es versteht, reflektiert und überlegen zu handeln (Reifeentscheidungen). Die Person ist also offen, lernbereit und verständnisvoll für Ideen und Interessen anderer, verliert dabei aber nicht ihre Selbstbestimmtheit im Handeln (vgl. ebd., S. 55).

Ein niedriger Wert deutet auf Selbstunsicherheit und Nachgiebigkeit in Situationen der Selbstbehauptung. In diesen Momenten fehlt der Person also „das Gespür für den eigenen Standpunkt, die Kraft zur Durchsetzung und die Kreativität der Handlung“ (ebd., S. 55).

M´4: Kontrolliertes Machtmotiv (strategisches Machtstreben). Mittels dieser Skala wird das sachlich-analytische Durchsetzen gemessen. Es lässt sich also auch beurteilen, wie gut die Person in gerade schwierigen Situation das IG nutzt, um den eigenen Standpunkt, die eigenen Interessen zu vertreten und Einfluss auszuüben. Die Aktivität des IG ermöglicht also die Zielerreichung durch die Planung konkreter Schritte, die Verwendung der richtigen Strategien und das Überzeugen anderer durch passende Argumente. Dabei bleibt die Person konsequent in der Verfolgung ihrer Positionen und Interessen, verhält sich emotional sachlich, neutral und kann somit die Sachebene gut von der Beziehungsebene trennen (vgl. ebd., S. 55).

Hohe Werte auf dieser Skala zeigen, dass die Person zu einer einseitigen Bevorzugung des analytischen Denkens tendiert. Dadurch geht ihr der notwendige souveräne Überblick verloren, auch fehlt es ihr an emotionaler Ausstrahlung, um andere zu überzeugen und von den eigenen Zielen zu begeistern. Es besteht weiterhin die Gefahr, dass die Hartnäckigkeit in Verbissenheit umschlägt. Dies erschwert wiederum die für die Zielverfolgung nötige Flexibilität des Reagierens auf die berechtigten Interessen anderer. Außerdem kommt es „zu einer unverhältnismäßigen Orientierung an äußerlichen Strukturen und Hierarchien [, da; Anm. A. S.] das Gespür für die eigenen Werte und Bedürfnisse verloren geht." (Kuhl, Alsleben 2012, S. 55).

> „Eine schwache Ausprägung spricht für eine starke Zurückhaltung in hierarchischen Strukturen und geringe Ambitionen, sich eine höhere Position zu erkämpfen." (ebd., S. 56)

M´5: Durchsetzungsangst (sensitiv-empfindsames Machtstreben): Durch die Aktivität des OES ist die Person sehr sensitiv und empfindsam für Einzelheiten, da diese aus dem Kontext gelöst und isoliert betrachtet werden. Bei der Durchsetzung ihrer Interessen achtet sie besonders auf Unstimmigkeiten (vor allem, wenn diese Angst auslösen) und entwickelt dadurch frühzeitig ein Gefühl für Interessenskonflikte (vgl. ebd., S. 56).

„Bei sehr hohen Messwerten [...] ist die eigene Aufmerksamkeit stark auf Aspekte gerichtet, die die eigene Position schwächen" (ebd., S. 56) (z. B. Unterlegenheitsgefühl, Macht- und Einflusslosigkeit). Dies geht soweit, dass die Person ihren eigenen Durchsetzungsanspruch negiert und somit auf Einfluss- und Gestaltungsmöglichkeiten verzichtet (vgl. ebd., S. 56).

Eine geringe Merkmalsausprägung zeigt an, dass die Person zu einem eher robusten Durchsetzungsverhalten tendiert, sich von abweichenden Interessen, Ablehnung oder Kritik nicht einschüchtern lässt, bzw. beachtet sie die Signale anderer gar nicht erst (vgl. ebd., S. 56).

Im Machtbereich existiert auf der 5. Ebene noch eine Zusatzskala „Angst vor Verantwortung". Diese gibt Aufschluss darüber, wie bereitwillig jemand Verantwortung für andere oder für Aufgaben übernimmt. Diese kann mit stark negativen und angstbesetzten Gefühlen verbunden sein, was über hohe Messwerte angezeigt wird. Die Person wird folglich Situationen, in denen sie Verantwortung übernehmen soll, eher meiden (vgl. ebd., S. 56). Niedrige Werte deuten auf eine positive Einstellung gegenüber der Übernahme von Zuverlässigkeit und Gewissenhaftigkeit hin. Die Person übernimmt Verantwortung für Arbeitsergebnisse bzw. bei der Leistung einer Gruppe und lässt sich nicht von negativen Gefühlen beirren (vgl. ebd., S. 56).

B) Beispielgrafiken

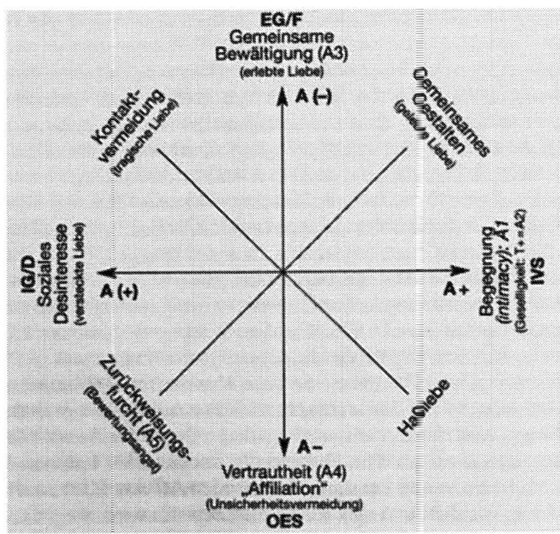

Abbildung 6: Systemtheoretische Unterscheidung der acht Formen der Anschlussmotivation (Quelle: Kuhl 2001, S. 568)

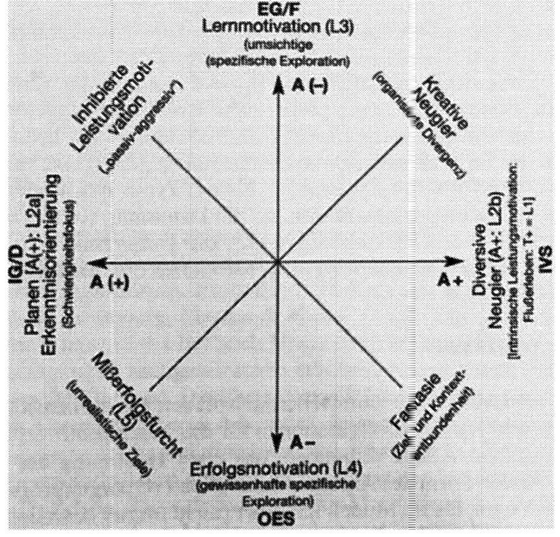

Abbildung 7: Systemtheoretische Unterscheidung der acht Formen der Leistungsmotivation (Quelle: Kuhl 2001, S. 587)

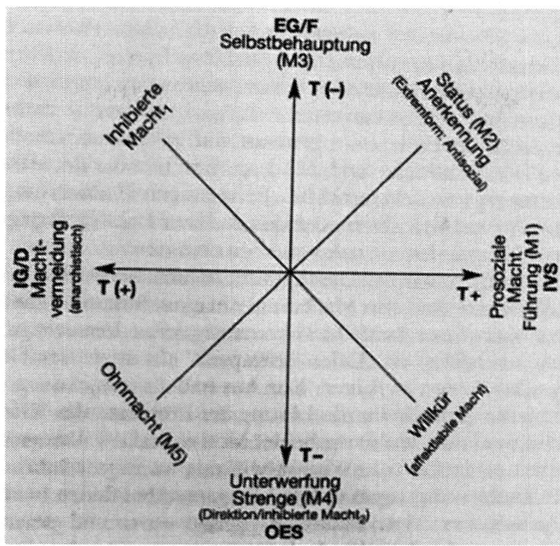

Abbildung 8: Systemtheoretische Unterscheidung der acht Formen der Machtmotivation (Quelle: Kuhl 2001, S. 582)